# 我国刑法侵犯财产罪之财产概念研究

A Study on the Concept of Property
in Property Crime of Chinese Criminal Law

周旋 著

上海三联书店

# 国家社科基金后期资助项目
## 出版说明

　　后期资助项目是国家社科基金设立的一类重要项目，旨在鼓励广大社科研究者潜心治学，支持基础研究多出优秀成果。它是经过严格评审，从接近完成的科研成果中遴选立项的。为扩大后期资助项目的影响，更好地推动学术发展，促进成果转化，全国哲学社会科学规划办公室按照"统一设计、统一标识、统一版式、形成系列"的总体要求，组织出版国家社科基金后期资助项目成果。

全国哲学社会科学规划办公室

# 目　录

# 导　言

## 一、研究动机

侵犯财产罪作为人类最古老却又与时俱进的犯罪,[①]对于人类社会生活有着非常重要的影响。一方面,由于财产主要表现为维持人类生活的基本物质前提;另一方面,自近世以来,财产更被视为自由之保障、自由之物化。而就刑事司法实践来说,侵犯财产罪仍然是我国刑事犯罪中最为主要的类型。根据最高人民法院公布的数据,2009 年全国法院审结的刑事一审案件中侵犯财产罪案件共计 314173 件,占全国法院审结的刑事一审案件的 40.98%;2008 年全国法院审理的刑事一审案件中侵犯财产罪案件共计 330811 件,占全国法院审理的刑事一审案件的 43.07%;而在前此 20 年的 1988 年,这一比例更是达到了 51.91%。[②] 侵犯财产罪之重要性由此可见一斑。

不过,尽管在日常观念中,财产概念似乎是非常明确的;作为刑法中最为传统的领域,侵犯财产罪也应当是最容易把握的。然而,一旦细究起来,却又有些说不清道不明的味道。由于我国刑法侵犯财产罪之财产概念,在法条上表述得极为简单,因而在实践中,随着社会生活之发展,过于简洁的法条难以为司法实践提供有效的指引。司法实践因循其自身发展的逻辑展开,寻求就事论事的解决方案,却始终缺乏理论的梳理与型构。

---

① 关于侵犯财产罪历史发展的一般论述,参见张天一:《财产犯罪在欧陆法制史上之发展轨迹——从罗马法时代至现代德国法》,载《玄奘法律学报》第 8 期(2007 年)。

② 参见《2009 年全国法院审理刑事一审案件情况统计表》,最高人民法院网,http://www.court.gov.cn/qwfb/sfsj/201004/t20100408_3855.htm(访问日期:2010 年 5 月 15 日);《2008 年全国法院审理刑事一审案件情况统计表》,最高人民法院网,http://www.court.gov.cn/qwfb/sfsj/201002/t20100221_1410.htm(访问日期:2010 年 5 月 15 日);《六十载光辉历程　一甲子司法为民——数说人民法院审判工作 60 年》,最高人民法院网,http://www.court.gov.cn/qwfb/sfsj/201002/t20100221_1368.htm(访问日期:2010 年 5 月 15 日)。

　　而就法学研究而言,自 20 世纪 80 年代以来,由于法学研究与法律教育的巨大断裂,复苏的法学研究往往直接挪用舶来的法律理论解释中国问题,既忽略了舶来的法律理论在其母国的规范与学说背景,也完全忽略了我国刑法自身的逻辑与实践的解释。

　　就刑法侵犯财产罪的财产概念而论,举其要者,先是 20 世纪 80 年代中期对日本学说的继受,因此有了本权说与占有说的问题,①日本刑法"本权说"与"占有说"问题,与日本旧刑法(1880 年)第 366 条"窃取他人之所有物者,为窃盗罪"之规定与日本新刑法(1907 年)第 235 条"窃取他人的财物的,是盗窃罪"之规定的理解直接相关。本权说的理由之一即为从旧刑法到新刑法的沿革,主张新刑法把窃盗罪的客体规定为"他人的财物"即属于他人所有的财物,而没有规定为"他人占有的财物",就表明了这一点。而占有说则认为从新刑法第 235 条没有像旧刑法第 366 条那样明文规定"他人之所有物"来看,可以认定窃盗罪的客体不限于所有物,而且,与保护所有权相比,更应该把窃盗罪的机能之重点放在保护被占有的财物的财产性秩序上。② 但我国刑法分则侵犯财产罪章所保护的是社会主义所有制,而非所有权。我国刑法客体理论继受自苏联的犯罪客体理论,强调犯罪客体为"刑法所保护的社会关系",所有制而非所有权才是犯罪客体,因此,自不必有本权说、占有说的争论。本权说与占有说的兴盛与法益说的引入有直接关系,法益说主张犯罪客体为刑法所保护的利益。法益说一方面与权利侵害说有着难以割断的联系,所谓刑法所保护的利益核心仍为权利(德国法学理论中法益说取代权利侵害说的实质在于西方法律传统下的主观

① 日本刑法"本权说"与"占有说"问题,与日本旧刑法(1880 年)第 366 条"窃取他人之所有物者,为窃盗罪"之规定与日本新刑法(1907 年)第 235 条"窃取他人的财物的,是盗窃罪"之规定的理解直接相关。本权说的理由之一即为从旧刑法到新刑法的沿革,主张新刑法把窃盗罪的客体规定为"他人的财物"即属于他人所有的财物,而没有规定为"他人占有的财物",就表明了这一点。而占有说则认为从新刑法第 235 条没有像旧刑法第 366 条那样明文规定"他人之所有物"来看,可以认定窃盗罪的客体不限于所有物,而且,与保护所有权相比,更应该把窃盗罪的机能之重点放在保护被占有的财物的财产性秩序上。参见〔日〕大塚仁:《刑法概说·各论》(第 3 版),冯军译,中国人民大学出版社 2003 年版,第 182～183 页;张明楷:《法益初论》(修订版),中国政法大学出版社 2003 年版,第 508～512 页。我国刑法理论中较早系统介绍日本这一学说的当为何鹏教授,参见何鹏:《外国刑法简论》,吉林大学出版社 1985 年版,第 198～211 页;亦见甘雨沛、何鹏:《外国刑法学》(下册),北京大学出版社 1985 年版,第 929～930 页。

② 参见〔日〕大塚仁:《刑法概说·各论》(第 3 版),冯军译,中国人民大学出版社 2003 年版,第 182～183 页;张明楷:《法益初论》(修订版),中国政法大学出版社 2003 年版,第 508～512 页。我国刑法理论中较早系统介绍日本这一学说的当为何鹏教授,参见何鹏:《外国刑法简论》,吉林大学出版社 1985 年版,第 198～211 页;亦见甘雨沛、何鹏:《外国刑法学》(下册),北京大学出版社 1985 年版,第 929～930 页。

权利与客观法的区分）；另一方面德日法益说传统并不严格区分犯罪客体与犯罪对象，所谓犯罪客体往往指向我国刑法所谓的犯罪对象。① 我国刑法分则第五章表述为"侵犯财产罪"以及该章条文所表述的"公私财物"亦未自限于所有权，②在这一意义上，本权说与占有说的区分于中国语境称之为伪问题亦无不可。③

　　20 世纪 90 年代开始，我国刑法学研究从民国刑法典、台湾地区的刑法理论与实践、日本刑法理论与实践引入的物与财产性利益的区分，亦有其自身的规范背景，即民法上的物的概念。④ 如我国台湾地区民法典总则

---

① 关于苏联与我国犯罪客体理论，参见薛瑞麟：《犯罪客体论》，中国政法大学 2008 年版，第 1～100 页；关于法益说与权利侵害说的关联，参见张明楷：《法益初论》（修订版），中国政法大学出版社 2003 年版，第 6～157 页；关于犯罪客体与犯罪对象，参见杨兴培等：《"犯罪客体"的反思与批评》，法律出版社 2009 年版，第 1～74 页、第 189～210 页。需要说明的是，本书不拟涉及犯罪客体存废的争议，只是表明，不同理论逻辑的简单嫁接可能会带来严重的混乱。当然，我国刑法理论中喜好将侵犯财产罪的客体直接界定为所有权，与马克思在《关于林木盗窃法的辩论》一文中所称的盗窃林木这一"犯罪行为的实质并不是对物质的林木侵犯，而是对林木的国家神经即财产权本身的侵犯"这一名言总是被频繁引用不无关系。参见〔德〕马克思、恩格斯：《马克思恩格斯全集》（第 1 卷），中共中央马克思恩格斯列宁斯大林著作编译局译，人民出版社 1995 年版，第 276 页。

② 尽管张明楷教授否认犯罪客体理论，但他同时主张我国刑法亦未将侵犯财产罪保护对象限于所有权。参见张明楷：《法益初论》（修订版），中国政法大学出版社 2003 年版，第 597～598 页。

③ 至于盗窃自己之物、违禁品与非法所得等问题未必需要借助于本权说、占有说才能厘清，善用"所有制"或"社会关系"亦可解决。另外，如以我国刑法第 91 条第 2 款论，该款所谓的"以公共财产论"，究为"所有权"抑或"占有"？

④ 台湾地区民法典总则编第 3 章即规定了"物"（第 66 条"不动产"、第 67 条"动产"），台湾地区刑法典侵犯财产罪各罪则之使用了"物"（第 335 条、第 336 条、第 337 条、第 339 条、第 339 条之一、第 339 条之二、第 341 条、第 346 条等）、"动产"（第 320 条、第 325 条）、"不动产"（第 320 条）、"不法利益"（第 339 条、第 339 条之一、第 339 条之二、第 341 条、第 346 条等）的不同措词，并于第 323 条专门规定了"准动产"。日本民法典总则编第 3 章（"物"）第 85 条明确规定"本法所称的物，为有体物"，第 86 条明确规定了"不动产、动产"，日本刑法典侵犯财产罪各罪则分别使用了"财物"（第 235 条、第 236 条第 1 款、第 238 条、第 239 条、第 242 条、第 245 条、第 246 条第 1 款、第 248 条、第 249 条、第 252 条、第 253 条、第 254 条）、"财产上不法利益"（第 236 条第 2 款、第 246 条第 2 款、第 248 条、第 249 条）"不动产"（第 235 条之二）的措词；而日本旧刑法（1880 年）则同时使用了"物"（第 366 条、第 371 条等）、"财物"（第 378 条、第 383 条、第 395 条等）的措词。德国民法典总则编第 2 章规定了"物和动物"（第 90 条"物的概念"、第 91 条、第 92 条均使用"动产"概念），且明确"法律意义上的物，仅为有体的标的"，德国刑法典因之使用了"动产"（第 242 条、第 246 条、第 249 条）、"财产利益"（第 263 条、第 266 条）的不同措词。上述各法典使用译本为：《日本民法典》，王书江译，中国法制出版社 2000 年版；《德日刑法典》，蔡墩铭译，台湾五南图书出版有限公司 1993 年版；《日本刑法典》，张明楷译，法律出版社 1998 年版；《日本刑法典》（1880 年），载《新译日本法规大全（点校本）》（第 2 卷），南洋公学译书院初译，商务印书馆编译所补译校订，李秀清点校，商务印书馆 2007 年版，第 465～522 页；《德国民法典》，陈卫佐译注，法律出版社 2006 年第 2 版；《德意志联邦共和国民法典》，上海社会科学院法学研究所译，法律出版社 1984 年版；《德国刑法典》（附德文），冯军译，中国政法大学出版社 2000 年版。

编第 3 章即规定了"物"(第 66 条"不动产"、第 67 条"动产"),台湾地区刑法典侵犯财产罪各罪因之使用了"物"(第 335 条、第 336 条、第 337 条、第 339 条、第 339 条之一、第 339 条之二、第 341 条、第 346 条等)、"动产"(第 320 条、第 325 条)、"不动产"(第 320 条)、"不法利益"(第 339 条、第 339 条之一、第 339 条之二、第 341 条、第 346 条等)的不同措词,并于第 323 条专门规定了"准动产"。日本民法典总则编第 3 章("物")第 85 条明确规定"本法所称的物,为有体物",第 86 条明确规定了"不动产、动产",日本刑法典侵犯财产罪各罪则分别使用了"财物"(第 235 条、第 236 条第 1 款、第 238 条、第 239 条、第 242 条、第 245 条、第 246 条第 1 款、第 248 条、第 249 条、第 252 条、第 253 条、第 254 条)、"财产上不法利益"(第 236 条第 2 款、第 246 条第 2 款、第 248 条、第 249 条)"不动产"(第 235 条之二)的措词;而日本旧刑法(1880 年)则同时使用了"物"(第 366 条、第 371 条等)、"财物"(第 378 条、第 383 条、第 395 条等)的措词。德国民法典总则编第 2 章规定了"物和动物"(第 90 条"物的概念"、第 91 条、第 92 条均使用"动产"概念),且明确"法律意义上的物,仅为有体的标的",德国刑法典因之使用了"动产"(第 242 条、第 246 条、第 249 条)、"财产利益"(第 263 条、第 266 条)的不同措词。① 我国民法迟至 2007 年《物权法》才确立民法上的物的概念,刑法上亦自无所谓财产性利益与物的区分问题,仍不过是民法通则式的笼而统之的财产概念。② 而随着物权法的颁布,民法领域德日传统的复兴,以及前述德日刑法理论与实践的大规模引入,物与财产性利益的区分的影响将进一步强化。

20 世纪 90 年代中期经由日本引入的德国理论——法律的财产说、经济的财产说与法律—经济的财产说,同样也有其自身的背景。与前述物与财产性利益的区分相关联,德国刑法将财产犯罪区分为对个别财产的犯罪与对整体财产的犯罪,对个别财产的犯罪实则对物的犯罪,对整体财产的犯罪则涵盖财产性利益,又由于对整体财产的犯罪(诈欺罪、背信罪、勒索

---

① 上述各法典使用译本为:《日本民法典》,王书江译,中国法制出版社 2000 年版;《德日刑法典》,蔡墩铭译,台湾五南图书出版有限公司 1993 年版;《日本刑法典》,张明楷译,法律出版社 1998 年版;《日本刑法典》(1880 年),载《新译日本法规大全(点校本)》(第 2 卷),南洋公学译书院初译,商务印书馆编译所补译校订,李秀清点校,商务印书馆 2007 年版,第 465~522 页;《德国民法典》,陈卫佐译注,法律出版社 2006 年第 2 版;《德意志联邦共和国民法典》,上海社会科学院法学研究所译,法律出版社 1984 年版;《德国刑法典》(附德文),冯军译,中国政法大学出版社 2000 年版。

② 本书作者承认以德国式的精密学理改造中国民刑法有其巨大意义,但就现有法律体系而言,径直使用这一区分而不交待区分背景,不无添乱之嫌。

罪等)以"财产"(Vermögen)作为行为客体,而且行为人之相关行为,必须导致"财产损害"(Vermögensschaden)发生,始能成立犯罪。① 由此,德国刑法理论与实践得以衍化出法律的财产说、经济的财产说与法律—经济的财产说,并深刻影响了日本与台湾地区刑法学说。② 我国刑法财产犯罪未尝明确规定"财产损害"要件,以"数额较大"直接套用"财产损害",③无疑过于简单化,亦可谓添乱之举。

上述理论在最近十余年的刑法学界颇为盛行,进而影响了司法实践,法官们亦开始在判决中讨论本权还是占有、财产性利益以及法律—经济的财产说,可以说,这些理论在判例中的大量援引在相当程度上改变了我国刑法侵犯财产罪之财产概念的面貌。④

基于上述动机,本书欲通过梳理我国现行刑法侵犯财产罪之财产概念的历史演化、刑法文本与法体系中的财产概念以及司法实践中侵犯财产罪的财产概念呈现我国刑法侵犯财产罪之财产概念的基本面貌及其内涵。

## 二、文献检阅

侵犯财产罪作为最古老、最普通的犯罪,相关论述汗牛充栋。几乎所有刑法教科书以及研究侵犯财产罪、研究侵犯财产罪章各罪的书籍均设专门章节讨论侵犯财产罪的对象或"何为公私财物"的问题。⑤ 但直接讨论

---

① 参见德国刑法典第253条(恐吓取财)、第263条(诈骗)、第266条(背信);日本刑法典第247条(背任)规定"财产受到损失";台湾地区刑法典第342条(背信罪)亦规定"致生损害于本人之财产或其他利益"、第355条(间接毁损罪)规定"致生财产上之损害"。

② 参见张天一:《刑法上之财产概念——探索财产犯罪之体系架构》,台湾辅仁大学博士学位论文,2007年,第132～181页;张明楷:《法益初论》(修订版),中国政法大学出版社2003年版,第535～567页;刘明祥:《财产罪比较研究》,中国政法大学出版社2001年版,第9～11页、第243页。

③ 刘明祥教授即持此说,参见刘明祥:《财产罪比较研究》,中国政法大学出版社2001年版,第239页。

④ 当然,近十余年来,依据德国式学理(包括日本及我国台湾地区)重塑我国基本法律体系已渐成潮流,其影响亦从学界波及到立法、司法领域,所涵盖的范围亦不限于民、刑法,亦已渐次及于行政法、宪法、社会法等领域。这一潮流将在多大程度上改变我国自20世纪50年代以来继受的苏联法的底色,未为可知,但可以肯定的是,现有的体系(如果称得上"体系"的话)本身如果不是扭曲这一重塑的进程,至少也将多多少少影响这一进程。因此,本书的讨论仍有其意义。

⑤ 重要的著作主要有:王作富主编:《刑法分则实务研究》(中册),中国方正出版社2007年第3版;刘宪权主编:《中国刑法理论前沿问题研究》,人民出版社2005年版;马忠志:《刑法疑案详解》(下册),群众出版社1989年版;张明楷:《法益初论》(修订版),中国政法大学出版社2003年版;张勇:《犯罪数额研究》,中国方正出版社2004年版;李庆海、孙丕志编写:《浅谈侵犯财产罪》,黑龙江人民出版社1981年版;金子桐、郑大群、顾肖荣:《罪与罚:侵犯财产罪和妨害婚姻、家庭罪的理论与实践》,上海社会科学院出版社1987年版;赵秉志主编:《侵犯财产罪研究》,(转下页)

侵犯财产罪的财产概念的中文文献却是少之又少。目前所见,仅有林敏生律师的《论刑法上财物之概念》、①张天一博士的《刑法上之财产概念——探索财产犯罪之体系架构》②以及刘清华、韦丽婧的《财产型犯罪中财物的界定》等3篇论文。③ 其中,林敏生律师的《论刑法上财物之概念》一文虽则距今已有五十余年,大体依据日本学说依次讨论财产是否必须限于可动物体、窃盗罪客体是否限于有体物、使用窃盗之可罚性以及人体、违禁物、文书、权利等特殊标的物,④对中文论著讨论刑法中的财产概念影响深远。张天一博士的《刑法上之财产概念——探索财产犯罪之体系架构》一文结构宏大,论文从财产权及财产犯罪的发展历程出发,在对刑法上的财产概念的相关理论(主要是德日理论)进行详细分析的基础上,结合民法上财产权之支配关系重新界定刑法上的财产概念,并以这一财产概念为基础,围绕着财产损害概念提出重建我国台湾地区刑法财产犯罪体系的具体主张。⑤ 该文有望对汉语学界财产犯罪之财产概念的深入研究提供基本参照,亦对本书理解德日及台湾地区财产犯罪之财产概念提供了巨大的帮助。刘清华、韦丽婧的《财产型犯罪中财物的界定》一文为大陆刑法学界以

---

(接上页)中国法制出版社 1998 年版;赵秉志主编:《侵犯财产罪》,中国人民公安大学出版社 2003 年版;赵秉志主编:《中国刑法案例与学理研究(第 4 卷)侵犯公民人身权利·民主权利罪、侵犯财产罪》,法律出版社 2004 年版;丁天球:《侵犯财产罪重点疑点难点问题判解研究》,人民法院出版社 2005 年版;顾军主编:《侵财犯罪的理论与司法实践》,法律出版社 2008 年版;赵永林:《我国刑法中盗窃罪的理论与实践》,1989 年版;王礼仁:《盗窃罪的定罪与量刑》,人民法院出版社 2008 年版;董玉庭:《盗窃罪研究》,中国检察出版社 2002 年版;沈志民:《抢劫罪论》,吉林人民出版社 2005 年版;张国轩:《抢劫罪的定罪与量刑》(修订版),人民法院出版社 2008 年版;张明楷:《诈骗罪与金融诈骗罪研究》,清华大学出版社 2006 年版;张志勇:《诈骗罪研究》,中国检察出版社 2008 年版;刘志伟:《侵占犯罪的理论与司法适用》,中国检察出版社 2000 年版;郑厚勇:《挪用型职务犯罪新论》,中国检察出版社 2005 年版;刘树德:《敲诈勒索罪判解研究》,人民法院出版社 2005 年版;等。另外,外国刑法和比较刑法著作中亦有大量讨论,参见何鹏:《外国刑法简论》,吉林大学出版社 1985 年版;甘雨沛、何鹏:《外国刑法学》(下册),北京大学出版社 1985 年版;郑伟:《刑法个罪比较研究》,河南人民出版社 1990 年版;赵秉志主编:《外国刑法各论·大陆法系》,中国人民大学出版社 2006 年版;张明楷:《外国刑法纲要》,清华大学出版社 2007 年版;刘明祥:《财产罪比较研究》,中国政法大学出版社 2001 年版。

① 林敏生:《论刑法上财物之概念》,载蔡墩铭主编:《刑法分则论文选辑》(下),台湾五南图书出版公司 1984 年版,第 713~730 页(原载《刑事法杂志》第 3 卷〔1959 年〕第 3 期)。

② 张天一:《刑法上之财产概念——探索财产犯罪之体系架构》,台湾辅仁大学博士学位论文,2007 年。

③ 刘清华、韦丽婧:《财产型犯罪中财物的界定》,载《广西警官高等专科学校学报》2006 年第 3 期。

④ 参见林敏生:《论刑法上财物之概念》,载蔡墩铭主编:《刑法分则论文选辑》(下),台湾五南图书出版公司 1984 年版,第 713~730 页。

⑤ 参见张天一:《刑法上之财产概念——探索财产犯罪之体系架构》,台湾辅仁大学博士学位论文,2007 年。该博士论文的主要观点曾公开发表,参见张天一:《论刑法上"财产概念"之内涵》,载《刑事法杂志》第 47 卷第 1 期。

此为题的惟一一篇论文,但该文之论说失于宽泛,对本书写作反倒帮助不大。大陆学界值得关注的相对集中讨论本书所涉主题的文献为邓超、王玉珏两位博士的博士论文。① 两篇论文结构严谨,论述深入且富于条理,对本书写作帮助较大。

此外,我国刑法学界对刑法中的财产概念的研究尚有几篇论文可以参照,如唐世月教授的《评刑法对公、私财产之解释》、黄自强先生的《论没收财产刑中的"财产"》、白云先生的《论受贿罪的贿赂标的:"财物"》、刘伟先生的《论贿赂罪中的财物——兼论刑法意义上"物"的概念》以及曾淑瑜教授的《刑法第二百六十六条第一项赌博罪所称"财物"》诸文。② 其中,唐世月教授的《评刑法对公、私财产之解释》一文对我国刑法第 91 条、第 92 条的批评值得特别注意。

当然,我国刑法学界往往也在犯罪对象概念下讨论大致相同的问题,以此为题的文献非常之多,涉及侵犯财产罪及各罪犯罪对象的一般性论述的主要文献如刘明祥的《论侵犯财产罪的对象》,蔡英的《盗窃罪犯罪客体及对象研究》,童伟华《论盗窃罪的对象》,肖松平的《刑法第 265 条探究——兼论我国财产犯罪的犯罪对象》,赵秉志、于志刚的《论侵占罪的犯罪对象》,魏东的《侵占罪犯罪对象要素之解析检讨》,肖中华、闵凯的《侵占罪中"代为保管的他人财物"之含义》,王震、范伟的《试论故意毁坏财物罪的客观方面及犯罪对象》,刘明祥的《论诈骗罪中的财产损害》,张明楷的《论诈骗罪中的财产损失》,陈洪兵的《经济的财产说之主张》,潘玉森的《财产犯罪客体和犯罪对象之理论冲突与协调》诸文,③ 均可参看;④ 另外,亦有

① 参见邓超:《财产犯罪原理论》,中国政法大学博士学位论文,2007 年;王玉珏:《刑法中的财产性质及财产控制关系研究》,华东政法大学博士学位论文,2008 年。参见王玉珏:《刑法中的财产性质及财产控制关系研究》,法律出版社 2009 年版。

② 参见唐世月:《评刑法对公、私财产之解释》,载《法学评论》2003 年第 5 期;黄自强:《论没收财产刑中的"财产"》,载《太原大学学报》2007 年第 4 期;白云:《论受贿罪的贿赂标的:"财物"》,载《长沙铁道学院学报(社会科学版)》2004 年第 1 期;刘伟:《论贿赂罪中的财物——兼论刑法意义上"物"的概念》,载《黑龙江省政法管理干部学院学报》2002 年第 3 期;曾淑瑜:《刑法第二百六十六条第一项赌博罪所称"财物"》,载《法令月刊》第 50 卷(1999 年)第 10 期。

③ 参见刘明祥:《论侵犯财产罪的对象》,载《法律科学》1999 年第 6 期;蔡英:《盗窃罪犯罪客体及对象研究》,载《西南政法大学学报》2005 年第 4 期;童伟华:《论盗窃罪的对象》,载《东南大学学报(哲学社会科学版)》2009 年第 4 期;肖松平:《刑法第 265 条探究——兼论我国财产犯罪的犯罪对象》,载《政治与法律》2007 年第 5 期;赵秉志、于志刚:《论侵占罪的犯罪对象》,载《政治与法律》1999 年第 2 期;魏东:《侵占罪犯罪对象要素之解析检讨》,载《中国刑事法杂志》。

④ 关于侵犯财产罪主要各罪犯罪对象的研究状况,分别参见赵秉志主编:《刑法学各论研究述评(1978～2008)》,北京师范大学出版社 2009 年版,第 343～344 页(抢劫罪)、第 379～391 页(盗窃罪)、第 407～408 页(诈骗罪)、第 438～447 页(侵占罪)、第 463 页(职务侵占罪)。（转下页）

大量讨论侵犯财产罪及各罪特殊犯罪对象的文献值得注意,如刘复光的《试论侵犯非法财产的犯罪问题》,周光权的《死者的占有与犯罪界限》,李果的《盗窃罪的特殊对象问题新探》,张春宇、刘中发的《窃取公权力支配下的本人财物之行为定性研究》,王骏的《抢劫、盗窃利益行为探究》,张明楷的《财产性利益是诈骗罪的对象》,刘晖的《侵犯财产罪犯罪对象的演变及发展——以网络虚拟财产为视角》,陈云良、周新的《虚拟财产刑法保护路径之选择》,赵秉志、阴建峰的《侵犯虚拟财产的刑法规制研究》,叶巍、茅仲华的《侵犯"网络财产"行为的刑法规制》,于志刚的《论网络游戏中虚拟财产的法律性质及其刑法保护》,侯国云的《论网络虚拟财产刑事保护的不当性——让虚拟财产永远待在虚拟世界》诸文。① 而由于我国刑法理论中犯罪对象与犯罪客体之间的密切关联,亦有论文在侵犯财产罪及各罪的犯罪客体的名目下讨论本书所涉相关问题,这类文献主要有何承斌的《侵犯财产罪客体新探》,张克文的《对盗窃罪保护客体的重新认识》,齐文远、张克文的《对盗窃罪客体要件的再探讨》以及黄金富、黄曙的《盗窃、诈骗犯罪中

---

(接上页)2005 年第 5 期;肖中华、闵凯:《侵占罪中"代为保管的他人财物"之含义》,载《法学家》2006 年第 5 期;王震、范伟:《试论故意毁坏财物罪的客观方面及犯罪对象》,载《黑龙江省政法管理干部学院学报》2009 年第 4 期;刘明祥:《论诈骗罪中的财产损害》,载《湘潭工学院学报(社会科学版)》2001 年第 1 期;张明楷:《论诈骗罪中的财产损失》,载《中国法学》2005 年第 5 期;陈洪兵:《经济的财产说之主张》,载《华东政法大学学报》2008 年第 1 期;潘玉森:《财产犯罪客体和犯罪对象之理论冲突与协调》,载《黑龙江省政法管理干部学院学报》2007 年第 4 期。另外,台湾地区的相关文献亦值得参考,参见林东茂:《窃盗罪的动产》,载《月旦法学教室》第 5 期;林东茂:《诈欺罪的财产损害》,载氏著:《一个知识论上的刑法学思考》(增订 3 版),中国人民大学出版社 2009 年版,第 144~153 页;蔡圣伟著:《概说:所有权犯罪与侵害整体财产之犯罪》(上),载《月旦法学教室》第 69 期;蔡圣伟:《概说:所有权犯罪与侵害整体财产之犯罪》(下),载《月旦法学教室》第 70 期。

① 参见刘复光:《试论侵犯非法财产的犯罪问题》,载《法学家》1992 年第 5 期;周光权:《死者的占有与犯罪界限》,载《法学杂志》2009 年第 4 期;李果:《盗窃罪的特殊对象问题新探》,载《法学家》1996 年第 5 期;张春宇、刘中发:《窃取公权力支配下的本人财物之行为定性研究》,载《中国刑事法杂志》2009 年第 8 期;王骏:《抢劫、盗窃利益行为探究》,载《中国刑事法杂志》2009 年第 12 期;张明楷:《财产性利益是诈骗罪的对象》,载《法律科学(西北政法学院学报)》2005 年第 3 期;刘晖:《侵犯财产罪犯罪对象的演变及发展——以网络虚拟财产为视角》,载《山西省政法管理干部学院学报》2009 年第 3 期;陈云良、周新:《虚拟财产刑法保护路径之选择》,载《法学评论》2009 年第 2 期;赵秉志、阴建峰:《侵犯虚拟财产的刑法规制研究》,载《法律科学(西北政法大学学报)》2008 年第 4 期;叶巍、茅仲华:《侵犯"网络财产"行为的刑法规制》,载《法律适用》2005 年第 5 期;于志刚:《论网络游戏中虚拟财产的法律性质及其刑法保护》,载《政法论坛(中国政法大学学报)》2003 年第 6 期;侯国云:《论网络虚拟财产刑事保护的不当性——让虚拟财产永远待在虚拟世界》,载《中国人民公安大学学报(社会科学版)》2008 年第 3 期。

的客体问题研究》诸文。① 随着法益概念的兴起,亦不无在侵犯财产罪及各罪的法益的名目下讨论相关问题的论著,如黄桂武、刘跃挺、孟媛媛的《新论财产罪法益——与张明楷教授商榷》,黎宏的《论财产犯罪的保护法益》,陈洪兵的《财产罪法益上的所有权说批判》,童伟华的《财产罪的法益——修正的"所有权说"之提倡》诸文。② 此外,如时延安的《论民法意义的所有权与刑法意义的所有权之间的关系》、童伟华的《诈欺不法原因给付财物与利益之刑法分析》、黎宏的《论财产犯中的占有》、陈兴良的《盗窃罪的认定与处罚》、王昭振的《数额犯中"数额"概念的展开》以及吴正顺的《论刑法上物之持有》诸文③对本论题亦有一定的参考价值。

### 三、研究范围与方式的简要说明

如前所述,当下我国刑法学界对侵犯财产罪之财产概念或犯罪对象的研究已经非常发达,但由于舶来理论的强势影响以及新事物的不断出现,论者往往或径直套用舶来的学理"牵强附会",或就事论事"专注于"新事物,④但少有认真描述、梳理我国现行刑法侵犯财产罪之财产概念的历史、体系与实践的文献。本书就此欲无视目前上述宏富的研究成果,将研究范围仅限于我国现行刑法侵犯财产罪之财产概念的历史、体系与实践。具体而言,本书拟详细梳理作为我国现行刑法源头的苏联刑法侵犯财产罪之财

---

① 何承斌:《侵犯财产罪客体新探》,载《河北法学》2004 年第 1 期;张克文:《对盗窃罪保护客体的重新认识》,载《中央政法管理干部学院学报》1999 年第 5 期;齐文远、张克文:《对盗窃罪客体要件的再探讨》,载《法商研究》2000 年第 1 期;黄金富、黄曙:《盗窃、诈骗犯罪中的客体问题研究》,载《中国刑事法杂志》2006 年第 6 期。

② 黄桂武、刘跃挺、孟媛媛:《新论财产罪法益——与张明楷教授商榷》,载《学术交流》2007 年第 1 期;黎宏:《论财产犯罪的保护法益》,载《人民检察》2008 年第 23 期;陈洪兵:《财产罪法益上的所有权说批判》,载《金陵法律评论》2008 年春季卷;童伟华:《财产罪的法益——修正的"所有权说"之提倡》,载《安徽大学法律评论》2009 年第 1 辑。早期讨论这一问题的中文专文参见吴正顺:《财产犯罪之本质、保护法益》,载蔡墩铭主编:《刑法分则论文选辑》(下),台湾五南图书出版公司 1984 年版,第 667~686 页。

③ 时延安:《论民法意义的所有权与刑法意义的所有权之间的关系》,载《中国刑事法杂志》2003 年第 1 期;童伟华:《诈欺不法原因给付财物与利益之刑法分析》,载《汕头大学学报(人文社会科学版)》2009 年第 1 期;黎宏:《论财产犯中的占有》,载《中国法学》2009 年第 1 期;陈兴良:《盗窃罪的认定与处罚》,载姜伟主编:《刑事司法指南》2002 年第 3 期,法律出版社 2002 年版,第 1~67 页;王昭振:《数额犯中"数额"概念的展开》,载《法学论坛》2006 年第 3 期;吴正顺:《论刑法上物之持有》,载蔡墩铭主编:《刑法分则论文选辑》(下),台湾五南图书出版公司 1984 年版,第 787~804 页。

④ 舶来理论的影响从上述文献综述中讨论"法益"、"所有权与占有"、"经济的财产说"、"财产性利益"的论述大量出现为证;而"新事物"的影响可从上世纪 80 年代至 90 年代末无数文献讨论侵占罪、近十年无数文献讨论"虚拟财产"可见一斑。

产概念以及我国自 20 世纪 50 年代以来刑事立法实践中侵犯财产罪之财产概念的沿革；整理我国刑法文本中财产概念的具体表述及其内涵，讨论我国法体系中尤其是宪法、民法（侧重物权法与侵权法）中的财产概念，并对我国刑法第 91 条、第 92 条所谓的"财产定义"作较深人的考察；以司法解释与司法判例为中心，梳理我国刑事司法实践中侵犯财产罪之财产概念，以期较完整地呈现我国刑法侵犯财产罪之财产概念的基本面貌。① 与此同时，上述论题亦限定了本书的基本研究方式，即历史研究的方式、体系研究的方式以及实证研究（着重于判例的分析整理）的方式。

本书因此亦无意于对一般意义上的财产概念展开论说，无意于整理我国刑法学就此问题的学说演化，对侵犯财产罪之财产概念的外国法与比较法分析，亦不拟专门涉及。② 本书之目的在于尽可能说明我国刑法侵犯财产罪中的财产概念之所是，亦不拟专门讨论我国刑法侵犯财产罪中的财产概念之所应是，特此说明。

---

① 本书亦因此将侵犯财产罪中之财产概念视为一个整体加以讨论，不拟就侵犯财产罪章各罪犯罪对象之差异具体展开讨论。
② 就这一领域，郑伟教授、刘明祥教授均已有很好的论述。参见郑伟：《刑法个罪比较研究》，河南人民出版社 1990 年版；刘明祥：《财产罪比较研究》，中国政法大学出版社 2001 年版。

# 第一章　我国刑法侵犯财产罪财产概念之历史渊源与沿革

自清末修律以来,我国刑法无可避免地走上了西化的道路。《大清新刑律》继受德日刑法体系为其肇始,其后 1928 年《中华民国刑法》与 1935 年《中华民国刑法》接续之,后者在我国台湾地区沿用至今。与此同时,德日刑法理论得以全面继受。近十余年来,大陆地区重新继受德日刑法体系的呼声也日渐高涨,刑法理论更是首当其冲,依据德日刑法理论解释我国现行刑法渐成潮流。但就总体而言,新中国的刑法是在彻底否定清末以来继受德日的旧法统,移植苏联刑事立法经验的基础上开始起步的。[①] 进言之,如果说我国刑法至今仍未摆脱苏联刑法体系似亦不为过。因此,欲明了我国现行刑法问题,必须首先关注苏联相关刑事立法之理论与实践。

## 第一节　苏联刑法中的侵犯财产罪之财产概念

全国人大常委会法律室在 1957 年 6 月 29 日印发的《关于〈中华人民共和国刑法草案(初稿)〉草拟经过和若干问题的说明》中曾写道:

> 起草刑法草案的准备工作,是以中华人民共和国宪法为依据,从我国的实际情况出发,总结过去解放区和中华人民共和国成立以来的刑事立法经验,同时也吸取了中国历史上和国际上在刑事立法方面对人民有益的经验,特别是苏联和各人民民主国家在这方面的先进经验。而最根本的是以我国的实际情况为出发点,一切都以是否有利于巩固工人阶级领导的人民民主专政制度,是否有利于社会主义改造和

---

[①] 李秀清:《新中国刑事立法移植苏联模式考》,载《法学评论》2002 年第 6 期。

社会主义建设的需要为依归。①

　　细究这段文字,我们可以发现,新中国刑法似乎主要有两个源头:一为"解放区和中华人民共和国成立以来的刑事立法经验",二为"苏联和各人民民主国家在这方面的先进经验"。然而,如果检阅解放战争时期和1957年之前的新中国刑事立法史料,则我们不得不承认,所谓"解放区和中华人民共和国成立以来的刑事立法经验",不足以为我们提供制定一部完整的刑法典所需的体系、结构、材料和知识基础,苏联刑事立法才是新中国刑事立法的基本样板。1957年8月,负责组织刑法起草工作的全国人大常委会法律室副主任李琪在全国政法院校刑法教学座谈会上所作的报告中也提出了类似的说法:"学习苏联在刑事立法方面的先进经验,介绍苏联的先进经验,这都是完全必要的、正确的。在这方面,从法制委员会成立时起,就翻译了许多苏联刑事立法的资料。从1954年底起,人大常委会还聘请有苏联专家叶夫根尼耶夫同志,专门协助我们起草刑法草案,他在工作中给了我们很大的帮助。"②需要指出的是,上述两份文件都是1957年6月之后印发的,考虑到中苏关系的变化③以及国内的政治局势,④这两份文件都有意地贬低苏联的影响。在李琪的报告中,更是花大力气阐明"我们学习苏联,决不是照抄苏联,照搬苏联的经验",⑤却也更能说明苏联对新中国刑事立法影响之大。

---

① 全国人大常委会法律室:《关于〈中华人民共和国刑法草案〉(初稿)草拟经过和若干问题的说明》,载高铭暄、赵秉志编:《新中国刑法立法文献资料总览》(下册),中国人民公安大学出版社1998年版,第1940页。

② 全国政法院校刑法教学座谈会秘书组印发:《有关草拟〈中华人民共和国刑法草案(初稿)〉的若干问题——李琪同志在刑法教学座谈会上的报告》,载高铭暄、赵秉志编:《新中国刑法立法文献资料总览》(下册),中国人民公安大学出版社1998年版,第1943页。

③ 1956年2月24日赫鲁晓夫在苏共"二十大"上作了题为《关于个人崇拜及其后果》的反斯大林秘密报告。中共中央派代表团参加了苏共"二十大"。苏共"二十大"后,1956年4月5日毛泽东主持中共中央工作时起草的《关于无产阶级专政的历史经验》一文发表,中共中央一方面维护斯大林的立场,一方面开始以苏联为鉴戒,探索适合中国情况的建设社会主义的正确道路,开始了中苏"十年论战"。这一事件标志着中苏关系的蜜月期结束,此后中苏关系开始疏远直至1963年9月6日至1964年7月14日中共中央在《人民日报》和《红旗》杂志上发表《九评中共》,中苏关系彻底决裂。参见吴冷西:《十年论战:中苏关系回忆录(1956~1966)》(上册),中央文献出版社1999年版,第7~42页。

④ 国内的政治局势主要是指受苏共"二十大"以及波匈事件影响,毛泽东在中共八大前后开始酝酿并于1957年4月27日由中共中央正式发出《关于整风运动的指示》开始的以反对官僚主义、宗派主义和主观主义为内容的整风运动。同年5月15日毛泽东写了《事情正在起变化》,6月8日中共中央发出《关于组织力量准备反击右派分子进攻的指示》,整风运动迅速转变为反右斗争。

⑤ 参见全国政法院校刑法教学座谈会秘书组印发:《有关草拟〈中华人民共和国刑法草案(初稿)〉的若干问题——李琪同志在刑法教学座谈会上的报告》,载高铭暄、赵秉志编:《新中国刑法立法文献资料总览》(下册),中国人民公安大学出版社1998年版,第1943~1944页。

## 一、苏联刑法侵犯财产罪概述

1922 年 5 月 24 日，全俄中央执行委员会批准实施了苏联第一部刑法典——《苏俄刑法典》。该刑法典分则第 6 章规定了"财产上的犯罪"，共计 20 条，涉及罪名包括：偷盗，收买赃物，抢夺，强盗，侵占，公职人员职务侵占，欺诈，伪造公私文件、证件或字据，变造消费品，销售腐坏种子，高利贷，勒索，故意毁坏财产，用危害公共危险的方法故意毁坏财产，擅自利用他人发明，擅自利用他人的商标、牌号、图样、模型以及商号或名称。考察其条文表述，可以发现：除收买赃物，伪造公私文件、证件或字据，变造消费品，销售腐坏种子，高利贷，擅自利用他人发明，擅自利用他人的商标、牌号、图样、模型以及商号或名称等较为特殊的条款外，其余条款对犯罪对象表述计有四种，包括："财物"（涉及偷盗、强盗、公职人员职务侵占各罪）、"财产"（涉及抢夺、侵占、故意毁坏财产、危险方法故意毁坏财产各罪）、"财产或财产权利"（欺诈罪）、"财产上的利益或财产权利"（勒索罪）。[①] 对条文表述初步观察，在分则章名中出现的"财产"二字的含义显然与抢夺、侵占、故意毁坏财产、危险方法故意毁坏财产各罪条文中的"财产"在含义上有较大区别。前者的使用较为宽泛，后者则较为严格，仅从条文分析，至少我们可以说发明权、著作权、商标权、商号权等内容不包含在后一"财产"的范围内。此外，参照欺诈罪条和勒索罪条可知，此后一"财产"概念，亦不包括财产权利和财产上利益。另外，条文中的"财物"和"财产"的使用亦当有其特殊用意，并非全然可以替代。

在 1926 年《苏俄刑法典》中，侵犯财产罪仍然使用"财产上的犯罪"作为章名，结构上第 6 章挪到了第 7 章，条文减为 17 条，具体罪名及条文表述变化并不大，删除公职人员职务侵占罪条、销售腐坏种子罪条，增设制造或使用检验成色的烙印罪条、船长拒绝援救海难船舶罪条。条文对犯罪对象的表述基本沿用了 1922 年《苏俄刑法典》的表述，只是在欺诈罪条中将"财产或财产权利"改为"财产或者财产权或者其他的个人利益"。此外，值得特别注意的是专门增设了第 163 条窃用电力罪，侵占罪增设一款"侵占拾得物"。[②]

1926 年《苏俄刑法典》一直适用至 1961 年新的《苏俄刑法典》颁行。在 1961 年《苏俄刑法典》中，侵犯财产罪的内容有了相当大的变化。从体

---

① 参见《苏俄刑法典》(1922 年)，载〔苏联〕A. 盖尔青仲编：《苏联和苏俄刑事立法史料汇编(1917~1952)》，郑华、王增润、赵涵舆译，法律出版社 1956 年版，第 272~275 页。
② 同上书，第 526~530 页。

例上看,1961 年《苏俄刑法典》分则体系将侵犯财产罪分为两章,分别是第 2 章"侵害社会主义所有制的犯罪"(共 13 条条文)和第 5 章"侵害公民个人财产的犯罪"(共 8 条条文)。从罪名上看,第 2 章"侵害社会主义所有制的犯罪"包括偷窃、抢夺、强盗、侵吞侵用、诈骗、诈骗致成财产损失、勒索、小量盗窃、侵吞拾得物、故意毁坏财产、过失毁坏财产、财产管理不善、侵害其他社会主义国家财产等罪;第 5 章"侵害公民个人财产的犯罪"包括偷窃、抢夺、强盗、诈骗、勒索、故意毁坏财产、过失毁坏财产、侵害非社会主义团体财产等罪。第 2 章"侵害社会主义所有制的犯罪"中关于犯罪对象的表述统一采用"国家财产或公共财产"表述(仅第 94 条使用诈骗致成财产上损失条出现了"财产上的损失"的表述,第 95 条勒索罪则表述为"国家财产或公共财产或者财产上的权利")。第 5 章"侵害公民个人财产的犯罪"中关于犯罪对象的表述基本统一采用了"公民个人财产"的表述(偷窃、抢劫、抢夺、故意毁坏财产、过失毁坏财产、侵害非社会主义团体财产各罪),但第 147 条诈骗罪采用了"公民个人财产或财产上的权利"的表述,第 148 条勒索罪采用了"个人财产或财产权或为某种财产性质的行为"的表述。[1] 1961 年刑法典从结构上来说,将侵犯发明权、著作权、商标权、商号权等条款以及伪造、变造消费品等条款从侵犯财产罪章删除,使得侵犯财产罪章更为简洁合理,也使得财产的概念更为清晰,即仅指传统意义上的财产权客体,而不包括知识产权这一新的财产权类型。从条文表述来说,1961 年《苏俄刑法典》将前两部刑法典中"财物"和"财产"的不同措词统一为"财产",但仍保留勒索罪、诈骗罪的特殊表述。换言之,1961 年《苏俄刑法典》侵犯财产罪章中的"财产"概念,仍不包括财产上的权利。

需要指出的是,尽管新中国刑法的基本体例结构以及条文表述在 1957 年 6 月 27 日《刑法草案》[2]中已基本定型(详见后文),1961 年《苏俄刑法典》对新中国刑事立法直接影响并不大,[3]但 1961 年《苏俄刑法典》有关

---

[1] 参见《苏俄刑法典》(1978 年修订版),曹子丹译,北京政法学院刑法教研室 1980 年版,第 51~56 页、第 68~70 页。

[2] 为避免行文繁琐,本书对若干出现频率较高的我国刑法草案和重要的司法解释使用缩略语表述,缩略语对应全文参见本书"附录一 缩略语表",下同。

[3] 早在 1962 年,王增润就翻译出版了 1961 年《苏俄刑法典》(法律出版社 1962 年版),但全国人大常委会办公厅 1962 年 12 月印发的《中华人民共和国刑法草案(初稿第 27 次稿)》、1963 年 2 月 27 日印发的《中华人民共和国刑法草案(初稿第 30 次稿)》、1963 年 10 月 9 日印发的《中华人民共和国刑法草案(修正稿,第 33 次稿)》各草案的"侵犯财产罪章"与 1957 年 6 月 27 日全国人大常委会法律室印发的《中华人民共和国刑法草案(草稿第 21 次稿)》几乎没有任何变化,于此可以验证 1961 年《苏俄刑法典》对新中国刑事立法未发生直接影响。

侵犯财产罪章的体例及其内容早在 20 世纪 30 年代的特别立法中就现其端倪,在 20 世纪四五十年代的苏联刑法分则的教科书中得以确立,1961 年《苏俄刑法典》只是通过立法将之法定化而已。

　　早在苏联中央执行委员会和人民委员会于 1932 年 8 月 7 日颁布《关于保护国家企业、集体农庄和合作社的财产并巩固公共所有制(社会主义所有制)》法令以后,某些侵犯社会主义所有制的行为,在立法和刑法理论上都被列入专章——侵犯社会主义所有制罪。1947 年 6 月 4 日,苏联最高苏维埃主席团颁布《关于加强保护公民个人财产》、《关于盗窃国家财产和盗窃公共财产的刑事责任》①两部法令后,苏联刑法正式确立了将刑法侵犯财产罪章分为"侵犯社会主义所有制罪"和"侵犯个人所有制罪"两章的体例。②

　　从 1939 年开始,由全苏法学研究所主编的教科书所采用的苏维埃刑法分则体系中,即单列了 1926 年刑法典所没有的"侵犯社会主义所有制罪"章。③

　　特拉依宁等人在《苏维埃国家和法》杂志 1950 年第 10 期上刊登的《社会主义刑法总则与分则的体系问题》即主张:第一,分则中"侵犯社会主义所有制罪"应独立成章,同时该章应包括毁灭和损坏国家财产罪,而不应把这些罪放在"财产上的犯罪"这一章中。第二,将侵犯发明权与著作权罪从"财产上的犯罪"一章中独立出来,单独作为一章规定。他们的理由是,"在社会主义国家条件下,发明与著作是发展社会主义技术,发展社会主义文化的有力手段,当然要从物质上,使作者与发明家关心自己的著作与发明,但绝不只限于物质。所以,把侵犯著作权与发明权的犯罪归结为侵犯公民个人财产的犯罪,是完全不正确的。"第三,"财产上的犯罪"这一章名在 1947 年 6 月 4 日苏联最高苏维埃主席团颁布《关于加强保护公民个人财产》的法令后已经过时,"因为在 1947 年 6 月 4 日的法令中区别了二种罪的刑事责任,一方面侵犯国家与公共财产罪的刑事责任,另一方面是侵犯公民个人财产罪的刑事责任"。④

---

① 上述三部法令分别参见〔苏联〕A. 盖尔青仲编:《苏联和苏俄刑事立法史料汇编(1917~1952)》,郑华、王增润、赵涵舆译,法律出版社 1956 年版,第 619~620、796~798 页。

② 参见〔苏联〕库德利雅夫采夫主编:《苏联法律辞典(第二分册)刑法部分》,刑芳译,法律出版社 1957 年版,第 138 页。

③ 参见〔苏联〕特拉依宁等:《社会主义刑法总则与分则的体系问题》,卢优先译,徐立根校,载中国人民大学刑法教研室编译:《苏维埃刑法论文选译》(第 1 辑),中国人民大学刑法教研室 1955 年 10 月,第 175 页。

④ 同上书,第 176~179 页。

1951 年出版的苏联司法部全苏联法律科学研究所编的《苏维埃刑法分则》在体系上大体也依循了上述模式，其中第三章为"侵犯社会主义所有制罪"，第五章为"侵犯公民个人财产罪"。从罪名设置上，第三章"侵犯社会主义所有制罪"在罪名体系上包括偷盗（包括秘密和公开窃取）、侵占和侵用、欺诈、职务侵用、故意毁坏和过失毁坏等罪；第五章"侵犯公民个人财产罪"在罪名体系上包括偷盗（包括秘密和公开窃取）、强盗、勒索、欺诈、侵占、毁坏以及侵犯著作权等罪名。在各罪定义中，有关犯罪对象的表述基本上统一为"财产"（包括"公民个人财产"和"国家财产、集体农庄财产、合作社财产或其他公共财产"），仅在欺诈罪（包括欺诈公民个人财产和欺诈国家和公共财产）表述为"财产或财产权或其他个人利益"、在勒索罪中表述为"财产或财产上利益"。[①] 这些表述与 1961 年《苏俄刑法典》基本一致。

因此，笔者认为，新中国早期刑事立法对苏联刑事立法的继受，并非如某些论者所主张的"刑事立法仍主要是以苏联早期的刑法为参考依据，对于苏联 40 年代开始不断出现的新的刑法观点只是有一定的理论介绍而已"。至少从侵犯财产罪章来看，新中国早期刑事立法的实践恰恰是继受了 20 世纪四五十年代苏联的刑法学说。[②]

## 二、苏联刑法理论中的侵犯财产罪之财产概念

20 世纪四五十年代苏联的刑法理论通常以 1936 年《苏联宪法》的规定作为讨论刑法侵犯财产罪的出发点。[③] 1936 年《苏联宪法》涉及财产概念的条文分别为第 6 条、第 7 条和第 10 条：

> 第 6 条　土地及其蕴藏、水流、森林、工厂、矿井、矿山、铁路运输、水上及空中运输、银行、交通工具、国营大规模农业企业（国营农场，农业机器机站等等）、城市与工业地点公用企业及主要住房，概为国家财产，即全民财产。

> 第 7 条　集体农庄与合作社之公共企业及其耕畜与工具，集体农庄与合作社所出产之产品，以及集体农庄与合作社所有之公共建筑

---

① 参见〔苏联〕苏联司法部全苏联法律科学研究所编：《苏维埃刑法分则》，中国人民大学刑法教研室译，法律出版社 1956 年版，第 157～191、266～296 页。

② 李秀清：《新中国刑事立法移植苏联模式考》，载《法学评论》2002 年第 6 期。

③ 参见〔苏联〕苏联司法部全苏联法律科学研究所编：《苏维埃刑法分则》，中国人民大学刑法教研室译，法律出版社 1956 年版，第 157～160、266～268 页。

物,概为集体农庄与合作社之社会主义财产。

　　社会主义经济体系为苏联经济中之统治形式,同时法律容许个体农民及手工业者小规模私有经济,但以自力经营,绝不剥削他人劳动者为限。

　　第10条　公民对其劳动收入及储蓄、住宅及家庭副业、家常及日用器具、自己消费及享乐品之个人所有权,以及公民个人财产的继承权,均受法律保护之保护。[①]

　　考察上述条文,我们可以发现,两种所有制的区分是以消灭资本主义私有制,实现生产资料社会主义公有为前提的,换言之,两种所有制的区分是以马克思主义政治经济学中生产资料与生活资料的区分为前提的,即社会主义国家的所有生产资料只能公有(包括国有和集体所有),个人仅拥有维持个人生活的作为消费品的生活资料,[②]在特定情形下,个人可以允许拥有少量生产资料。[③]从刑法规范意义上看,上述条文具有更多的政治宣言性质,难以作为刑法规范解释的前提和基础。其理由至少有两点:

　　其一,在法律规范意义上,作为财产的物必须是明确的、指向清晰的、特定的或可以特定化的。而1936年《苏联宪法》第6条中所称的"土地及其蕴藏、水流、森林"等自然资源,显然难以成为法律规范意义上的财产权客体,宪法在此所表达的与其说是作为财产权客体意义上的财产,毋宁说是作为国家彰显主权、行使统治权意义上的统治对象。

　　其二,诸如继承权这样的财产权利能否成为侵犯财产罪各罪的对象,则不无疑问,以常识观之,实难以理解如何盗窃或抢劫继承权。

　　因此,必须说明,苏联刑法理论讨论侵犯财产罪引述宪法条款,其意义并不在于从规范意义上解释刑法侵犯财产罪之犯罪对象,而是强调侵犯财产罪章之意义在于捍卫社会主义所有制,保护公民个人合法财产,侵犯财

---

① 译文参见中国政治法律学会编:《宪法分解参考资料》,人民出版社1954年版,第23～30页。

② 1936年《苏联宪法》第4条规定:"苏联之经济基础,为社会主义经济体系及生产工具与生产资料社会主义所有制,此体系及所有制因铲除资本主义经济体系,废除生产工具与生产资料私有制以及消灭人对人剥削而业经奠定。"第5条规定:"苏联社会主义所有制表现为两种形式:国家财产(全民财产);合作社集体农庄财产(各集体农庄财产,各合作社财产)。"译文参见中国政治法律学会编:《宪法分解参考资料》,人民出版社1954年版,第22页。

③ 同时期苏联民法理论认为:个人财产是由社会主义所有制派生的,公民参加社会主义经济是公民个人财产的源泉。公民的个人所有权只扩及个人消费品方面。个人财产的任务,是满足公民及其家属的个人需要,赋予公民过富裕文明生活的可能。参见〔苏联〕Д. M. 坚金主编:《苏维埃民法》(第2册),康宝田、李光谟、邹志雄译,法律出版社1956年版,第11页。

产罪的客体是作为社会主义经济基础的社会主义所有制而已。①

如果说宪法规定更多的只是政治宣言,无法为刑法侵犯财产罪章有关财产概念的解释提供规范支撑的话,那么民法本应当有足够充分的理由为之提供支撑。然而,同时期的苏联民法理论同样只是满足于重复宪法条文,令人遗憾。②

因此,对苏联刑法侵犯财产罪犯罪对象"财产"的解释,只能依赖于为数极少的20世纪50年代译介的苏联刑法文献。这些文献构成了新中国刑事理论的智识前提和基础。

苏联刑法理论对侵犯财产罪犯罪对象的讨论,缺乏对财产概念的一般描述,通常仅在讨论盗窃罪时涉及。③ 同时需要说明的是,在苏联刑法用词中,偷盗和盗窃的含义并不一致,偷盗为秘密窃取,但盗窃则包括我国刑法中的盗窃、抢夺与抢劫(强盗)。④ 因此,下文也将以盗窃罪为中心梳理苏联刑法理论中对侵犯财产罪犯罪对象的认识。

### (一) 财产与物

苏联刑法理论通常认为,盗窃等罪中的"财产"应理解为物。如1939年出版的苏联法律学院刑法教科书中主张:"偷盗客体的所谓财产,应当理解为物品,即无论有生命的或无生命的外界的实物"。1943年出版的苏联

---

① 需要指出的是,"所有制"与"所有权"并不是同一个概念。严格来说,从苏联继受而来的社会主义刑法理论通常均把侵犯财产罪的客体界定为"所有制"而非"所有权"。我国自20世纪90年代以来,由于逐渐淡化所有制色彩,强调对不同性质的财产权利的平等保护,因此往往以"所有权"直接取代"所有制"作为侵犯财产罪章的客体,并由此导致了一系列解释上的逻辑混乱,典型如直接借用日本刑法理论中的"本权说"与"占有说"来讨论我国刑法侵犯财产罪的犯罪对象。

② 同时期苏联民法通说认为:任何财产都可以是国家所有权的客体,国家所有权的客体主要有土地、矿藏、水流、森林、工厂、矿井、矿山、铁路运输、水路和空中运输、银行、邮电、国家所建立的大型农业企业(国营农场、机器拖拉机站等等)、城市和工业区的公用企业和主要住宅;合作社集体农庄社会主义财产的客体包括公共企业和这些企业的牲畜和工具、公共建筑物、集体农庄和合作社所生产的产品;个人所有权的客体包括劳动收入和储蓄、住宅和家庭副业、家庭日用品、个人消费用品和个人舒适用品;集体农庄农户的财产是按照劳动组合章程规定的宅旁园地上的副业、住宅、产品牲畜、家禽和小农具。分别参见〔苏联〕Д. M. 坚金主编:《苏维埃民法》(第2册),康宝田、李光谟、邬志雄译,法律出版社1956年版,第36~37、67、82页。

③ 如权威的苏联司法部全苏联法律科学研究所编的《苏维埃刑法分则》即是如此。参见〔苏联〕苏联司法部全苏联法律科学研究所编:《苏维埃刑法分则》,中国人民大学刑法教研室译,法律出版社1956年版,第166~167、276页。参见同书第167页。

④ 参见〔苏联〕苏联司法部全苏联法律科学研究所编:《苏维埃刑法分则》,中国人民大学刑法教研室译,法律出版社1956年版,第167页。在西方语言中均存在这一现象。如英语中的"theft"(英国1967年《刑事法令》后通用)、"larceny"(美国多数州及1967年《刑事法令》颁行前的英国通用)均包含偷窃、诈骗、侵占、抢劫之意;法语中的"vol"同时包含偷窃、抢夺、抢劫之意;德语中的"Diebstahls"亦同时包含偷盗、侵占、抢夺、抢劫之意。

高等法律学校刑法教科书在分析财产上犯罪的个别种类时,也主张财产上犯罪的直接客体就是物品,即无论有生命或无生命的外界的实物。① Т. Л. 谢尔盖耶娃也主张,盗窃国家财产和盗窃公共财产既遂罪的对象,只能是具体物品,即具体物资意义上的财产。她明确排除了财产权利和财产利益可以成为盗窃罪既遂的犯罪对象。她主张:"1947 年 6 月 4 日法令所规定的盗窃国家财产和盗窃公共财产罪的统一的和一般的概念,除了包括欺诈和勒索以外,还包括偷盗、侵占、侵用和其他方式的盗窃行为时,我们觉得,再认为财产权是盗窃的对象就是错误的。我们不能不考虑到,盗窃的对象只能是可以被盗窃的东西。至于作为一定的社会关系的财产权,是不会被窃去的。"②苏联司法部全苏联法律科学研究所编的《苏维埃刑法分则》在讨论偷盗公民个人财产时,也明确主张,作为该罪直接客体的个别公民财产,应理解为物,即物质财物(包括生物与非生物)。③ 该书在讨论强盗罪时,再次强调强盗罪的直接客体即所谓的个别公民的财产,如在偷盗时一样,应理解为物,即外界的物体。④

当然,苏联刑法理论通常承认在欺诈和勒索犯罪中,财产的涵义包括财产权利和财产利益。前述苏联司法部全苏联法律科学研究所编的《苏维埃刑法分则》即主张,尽管勒索的直接客体是他人的财产,但与偷盗或强盗时的财产不同,此处的财产不仅应理解为财物,而且也应理解为财产权和财产性质的行为。欺诈的直接客体与勒索一样,不仅应当理解为财物,还应理解为财产权或财产性质的权利。⑤ Т. Л. 谢尔盖耶娃也主张,根据《苏俄刑法典》(1926 年)第 169 条第 1 款的规定,欺诈的对象并不限于具体的物品这种财产,也包括财产权及其他个人(财产上的)利益。《苏俄刑法典》(1926 年)第 174 条中所规定的财产利益、财产权,甚至某种财产性质的行为,都是勒索的对象。⑥

由此,我们可以理解新中国早期刑法草案中使用"财物"一词的目的所

① 〔苏联〕Б. А. 库利诺夫:《盗窃国家财产和盗窃公共财产的刑事责任》,刘玉瓒、雷良菜、陈炽基、刘秀丰译,法律出版社 1955 年版,第 21 页。
② 〔苏联〕Т. Л. 谢尔盖耶娃:《苏维埃刑法对社会主义所有制的保护》,〔苏联〕А. Н. 瓦西里耶夫审校,薛秉忠、王更生、高铭暄译,法律出版社 1957 年版,第 35 页。
③ 〔苏联〕苏联司法部全苏联法律科学研究所编:《苏维埃刑法分则》,中国人民大学刑法教研室译,法律出版社 1956 年版,第 271 页。
④ 同上书,第 276 页。
⑤ 同上书,第 280、283 页。
⑥ 〔苏联〕Т. Л. 谢尔盖耶娃:《苏维埃刑法对社会主义所有制的保护》,〔苏联〕А. Н. 瓦西里耶夫审校,薛秉忠、王更生、高铭暄译,法律出版社 1957 年版,第 33 页。

在,即强调侵犯财产罪中财产的物质属性。

## (二) 经济价值问题

苏联刑法理论通常认为作为侵犯财产罪犯罪对象的财产必须具有经济价值。Б. А. 库利诺夫主张,被窃取的对象,应当是它本身具有一定经济价值的物品或者是由于赋予了使能获取某种物资的权利而具有一定经济价值的物品。不具有经济价值的物品,不能成为盗窃的对象。那些本身并不具有经济价值或者未赋予使能获取某种物质福利权利的物品,如,居住身份证和居住身份证的用纸等,不能作为盗窃的对象。① T. Л. 谢尔盖耶娃亦主张,任何一种有价值的物品,都可能是盗窃社会主义财产罪的对象。没有价值的物品,不可能是盗窃的对象,因为这种物品,不能用来取得物质上的利益,所以攫取这种物品,并不能使所有人遭受物质上的损失。她进一步主张,"在谈到物品的这种价值时,应当作为根据的不是犯罪人对于所盗物品价值的主观了解,而是这种物品的客观价值。"拿走已丧失任何价值的物品,若是出于观念上的错误而误认这种物品有价值,是"客体不能的未遂"。被窃去的物品由于质量和性质的变化,虽仍具有某种物质价值,只是所有人已不能直接按照其本来用途加以利用的,如生产上的各种废料,也可以作为犯罪对象。②

T. Л. 谢尔盖耶娃同时指出,经济价值并不意味着财物应当具有一定的商品性质,可以周转,具有货币价格,并且可以从一个所有人转到另一个所有人。她认为,财物具有商品性质的看法所指的只是一般原则,但是有例外。盗窃的对象不仅是能够为个人所有的生产品,也可能是在盗窃时并不具有商品性质,不能周转和不能为个人所有的物品(如兵器)。将财物限定为具有商品性质、可以流通意味着毫无根据地限制了法令的适用范围。③

此外,需要提及的是,前述苏联司法部全苏联法律科学研究所编的《苏维埃刑法分则》在这一问题上的主张则比较暧昧,该书声称:"从客观方面看来,不具有经济价值或其他价值时,则占有此种财产,不得认为是盗窃行为。"④换言之,若不具有经济价值但具有其他价值(如使用价值),则不妨

---

① 〔苏联〕Б. А. 库利诺夫:《盗窃国家财产和盗窃公共财产的刑事责任》,刘玉瓒、雷良菜、陈炽基、刘秀丰译,法律出版社 1955 年版,第 29~30 页。

② 〔苏联〕T. Л. 谢尔盖耶娃:《苏维埃刑法对社会主义所有制的保护》,〔苏联〕A. H. 瓦西里耶夫审校,薛秉忠、王更生、高铭暄译,法律出版社 1957 年版,第 42~44 页。

③ 同上书,第 29 页。

④ 参见〔苏联〕苏联司法部全苏联法律科学研究所编:《苏维埃刑法分则》,中国人民大学刑法教研室译,法律出版社 1956 年版,第 166 页。

可以成为盗窃罪的犯罪对象。[①] 这也许是我国刑法讨论侵犯财产罪犯罪对象是否必须具有价值时同时讲求经济价值和使用价值的原因所在。

### (三) 财产文件与有价证券

在苏联法学书籍中,取得财产的证书文件可以作为既遂的盗窃罪的对象的说法,十分常见。孟沙金和维辛斯卡娅认为:"盗窃行为的客体不仅可以是物品、物件这种意义上的财产,而且也可以是各种有价证券或证件,而后凭借这些证券和证件,犯罪人可以取得某种物资的或财产上的利益"。[②] Б. А. 库利诺夫也认为,盗窃的对象也可能是有权领取财产的文件(行李票、公债券、支票以及其他等等)。[③] 前述苏联司法部全苏联法律科学研究所编的《苏维埃刑法分则》一书在集中讨论了侵犯财产罪的犯罪对象时,也主张"所谓财产,也应理解为各种有价证券,以及可以据以向国家机关、公共组织、社会团体或企业取得某种物质利益的证书"。[④]

但 Т. Л. 谢尔盖耶娃则主张必须区别对待财产文件和有价证券。她认为,对公私文件的犯罪行为,如果只是为了妨碍机关正确解决问题或阻碍一般活动,而不是为了犯罪人自己或他人取得财产利益,则显然不包括盗窃概念。只有当犯罪人的目的,是以拿走证件并利用这种证件非法取得国家财产或公共财产时,才能够说,证件是盗窃国家财产和盗窃公共财产的对象或手段。[⑤] Т. Л. 谢尔盖耶娃亦指出,就是在具有这种目的时,仅仅从证件所有人或持有人那里攫取证件的行为,通常并不能认为是盗窃既遂。如果这种证件,不是国家有价证券或者外汇,那么,这种证件就没有物质上的价值。犯罪人攫取证件的最终目的,是想凭借它来使自己或别人非法、无偿地获得国家财产或公共财产,因此,攫取证件只是盗窃罪的预备行

---

① 该书在讨论毁灭或损坏社会主义财产时写道:"该罪直接客体与盗窃社会主义财产罪相同,只有国家机关的公私文件才是例外的情形;因为根据法律的特别规定,消灭〔毁灭〕或损坏这些文件的,应依照苏俄刑法典第 78 条作为一种妨害管理秩序罪论处。"换言之,国家机关公私文书为盗窃罪的对象,而以通常之观点看来,国家机关公私文书未必均具有经济价值。参见〔苏联〕苏联司法部全苏联法律科学研究所编:《苏维埃刑法分则》,中国人民大学刑法教研室译,法律出版社 1956 年版,第 189 页。

② 转引自〔苏联〕Т. Л. 谢尔盖耶娃:《苏维埃刑法对社会主义所有制的保护》,〔苏联〕А. Н. 瓦西里耶夫审校,薛秉忠、王更生、高铭暄译,法律出版社 1957 年版,第 37 页。

③ 〔苏联〕Б. А. 库利诺夫:《盗窃国家财产和盗窃公共财产的刑事责任》,刘玉瓒、雷良荣、陈炽基、刘秀丰译,法律出版社 1955 年版,第 28 页。

④ 参见〔苏联〕苏联司法部全苏联法律科学研究所编:《苏维埃刑法分则》,中国人民大学刑法教研室译,法律出版社 1956 年版,第 166 页。

⑤ 参见〔苏联〕Т. Л. 谢尔盖耶娃:《苏维埃刑法对社会主义所有制的保护》,〔苏联〕А. Н. 瓦西里耶夫审校,薛秉忠、王更生、高铭暄译,法律出版社 1957 年版,第 38 页。

为,而证件则是用来作为以后实施盗窃的一种手段。由此可见,证件并不是侵犯财产罪中所指的财产。她据此主张如行李单据等本身并不是物资,不能成为盗窃既遂的犯罪对象。① 而盗窃外汇和国家有价证券的行为,应当与攫取证件这种没有独立价值的文件的行为区别开来。有价证券应该看作是盗窃罪的对象。不过,T.Л. 谢尔盖耶娃所指称的外国和国家有价证券范围非常广泛,在她看来,所谓外汇应当理解为在国际结算中作为支付手段或是可以作为国际支付手段代用品的物品,因此外汇不仅包括黄金、白银、白金及白金类金属货币、铸块或原料、外币,还包括外币单位的支付凭证(期票、支票、汇票等等)以及外国基金证券(股票、债券及其利息券等)。国家的中奖债券、支票、海运货载单及票据,也都是有价证券。②

### (四)土地与自然资源

在苏联社会主义所有制下,土地与自然资源为国家专有财产。③ 因此,刑法理论认为,盗窃的对象不可能是土地。④ 违反苏联有关地下矿藏、水流及森林使用权的行为,也不能认为是盗窃行为。这些罪行应当依照刑法典的各相关条款加以惩罚,而不应当以盗窃罪治罪。如森林中未砍伐的树木或水中的鱼,并不能成为作为侵犯财产罪犯罪对象的财产。非法开采而侵占这类财物,应当看作是违反了利用自然财富的规程。只有在诸如树木已被砍伐下来并且准备运出去、鱼已经打捞出来、矿产已被开采出来、草已被割掉等情形下,盗窃这些物资的罪行,才应当以盗窃罪论处。上述情形下,上述具体的财物也就成为侵犯财产罪犯罪对象意义上的财产了。⑤ 如果犯罪人窃取在经营林业过程中依合法采伐程序所采购的木材(如窃取森林地段现成的木材、窃取浮运木材、从锯木工厂及木筏上窃取现成的木材等),在某些场合,不仅窃取相关机构所采购的木材,而且窃取违反森林规程的人所砍伐的树木也可能符合盗窃社会主义财产的概念。如果窃取

---

① 参见〔苏联〕T.Л. 谢尔盖耶娃:《苏维埃刑法对社会主义所有制的保护》,〔苏联〕A.H. 瓦西里耶夫审校,薛秉忠、王更生、高铭暄译,法律出版社 1957 年版,第 39~40 页。

② 〔苏联〕T.Л. 谢尔盖耶娃:《苏维埃刑法对社会主义所有制的保护》,〔苏联〕A.H. 瓦西里耶夫审校,薛秉忠、王更生、高铭暄译,法律出版社 1957 年版,第 41~42 页。

③ 参见〔苏联〕Д.M. 坚金主编:《苏维埃民法》(第二册),康宝田、李光谟、邹志雄译,法律出版社 1956 年版,第 36 页以下。

④ 值得注意的是,土地不能成为盗窃的对象,并不是从对象物是否可以移动的角度来说明的,而是从所有制的角度来说明的。另外,如前文所言,盗窃的措词在此不仅仅是偷盗,也包括所谓"窃占"。

⑤ 〔苏联〕T.Л. 谢尔盖耶娃:《苏维埃刑法对社会主义所有制的保护》,〔苏联〕A.H. 瓦西里耶夫审校,薛秉忠、王更生、高铭暄译,法律出版社 1957 年版,第 26~27 页。

的木材具有特别重大的意义,或者窃取林木是大规模进行的,并且这种行为会使国家蒙受重大损失,那么,就应当以盗窃罪论处。[①]

从上述理论中,我们不难发现我国刑法侵犯财产罪各罪犯罪对象是否应当包括土地以及盗窃罪与盗伐林木罪竞合问题、盗窃罪与盗掘古文化遗址、古墓葬罪、盗掘古人类化石、古脊椎动物化石罪竞合问题的立法与理论解释的原型。

### (五)"以公共财产论"问题

我国历次刑法草案以及79刑法和97刑法中著名的"在国家机关、国有公司、企业、集体企业和人民团体管理、使用或者运输中的私人财产,以公共财产论"条款,同样来自于苏联刑法理论。苏联司法部全苏联法律科学研究所编的《苏维埃刑法分则》中有如下解释:对公民委托给国家机关、公共组织或社会团体的个人财产(为了运输、保管等)实行盗窃的,也可以根据盗窃罪定罪,"因为在这种场合下,就使那些对被害人被盗窃的财产价值负有赔偿义务的国家机关、公共组织、社会团体或企业遭受物质的损失"。[②]

Б. А. 库利诺夫、Т. Л. 谢尔盖耶娃也以同样的逻辑作如是解释。Б. А. 库利诺夫主张:如果被窃的财产是归公共的组织或团体所有或是归公民所有,但现由国家机关管理并由国家对财产的完整负物质赔偿责任的时候,也应当以盗窃国家财产论罪;如果属于个别公民的财产曾留在某一公共的组织或团体那里,并由这一组织或团体对这项财产的完整负物质赔偿责任的时候,那么盗窃这项财产的行为就必须认为是盗窃公共财产的行为;同样,如果国家财产或公共财产因某种原因留在个别公民那里,而犯罪人也知道这项财产是属谁所有,那么尽管这个公民对这项财产的完整负物质赔偿责任,盗窃这项财产的行为也必须以盗窃国家财产或公共财产论罪。[③] Т. Л. 谢尔盖耶娃也主张,如果被盗窃的财产是公共财产,或者是个人财产,但由国家负责保管,这些场合同样也应当认为是盗窃国家财产,国家机关或国家企业在保管公共财产或个人财产时候,就要担负保管这种财产的责任。因此,这种财产的遗失,首先就要由国家对这种财产的所有人

---

[①] 〔苏联〕Т. Л. 谢尔盖耶娃:《苏维埃刑法对社会主义所有制的保护》,〔苏联〕А. Н. 瓦西里耶夫审校,薛秉忠、王更生、高铭暄译,法律出版社1957年版,第28页。

[②] 〔苏联〕苏联司法部全苏联法律科学研究所编:《苏维埃刑法分则》,中国人民大学刑法教研室译,法律出版社1956年版,第167页。

[③] 〔苏联〕Б. А. 库利诺夫:《盗窃国家财产和盗窃公共财产的刑事责任》,刘玉璨、雷良菜、陈炽基、刘秀丰译,法律出版社1955年版,第26页。

负物质赔偿的责任。交由国家铁路运转或经由其他交通线运输或者交给专门设立的保管机构（如货栈、行李房、邮件房）的公共财物或个人财物被盗窃的时候，也应该依盗窃国家财产论罪。因为国家机关或国家企业在办理财物的运转时，负有保管该项财物的责任，如果这种财物遗失，就要对这些财物负物质赔偿的责任。① Б. А. 库利诺夫更是强调，只有"这样的结论才完全符合于苏维埃国家所赋予的保护和巩固社会主义财产事业的巨大意义"。②

此外，1926 年《苏俄刑法典》增设第 163 条窃用电力罪，从条文设置来看，电力属于特殊规定，并不包括在通常意义上的财产范围之内。但该时期苏联刑法论著中通常并未专门讨论窃用电力问题，只是简单提及"电力也可能成为盗窃的对象"、"非法使用电力的罪行，构成盗窃罪"。③ 从相关论述的行文看，更多的是把电力作为国家专有财产的国家资源对待，并未涉及有体物、无体物之类的问题。而 1961 年《苏俄刑法典》侵犯财产罪章亦未就窃用电力专门作出规定。

在讨论侵占罪——即以贪利为目的扣留或侵用他人为了一定目的委托给自己的财产的犯罪时，该时期苏联刑法理论一般强调"委托财产"通常是交付保管、运输、转交、修理以及用原料制造的某些物品等等；财产必须是合法地从被害人占有转归犯罪人占有。④ 而侵占拾得物的直接客体则是财产所有人或合法占有人意外地、不知不觉地丢失的财产；如果占有财产所有者暂时未加照管的他人财产的，则应以偷盗论罪。侵占拾得物的客体也可能是埋藏物，即所有者不明的埋藏着的物品。⑤

在毁坏财产罪的讨论中，尽管有文献主张毁灭或损坏公民财产的犯罪对象可以是一切财产。⑥ 但通常认为，毁坏财物罪的犯罪对象只能是实实在在的物品、具体的物资，只能是具有某种实际价值的物质界的物品、物件（文件除外），这些财物可以是在国家机关和企业占有、使用和照管中的生产资料和生产品；集体农庄、合作社及其他公共企业和公共组织或社会团

---

① 〔苏联〕T. Л. 谢尔盖耶娃：《苏维埃刑法对社会主义所有制的保护》，〔苏联〕A. H. 瓦西里耶夫审校，薛秉忠、王更生、高铭暄译，法律出版社 1957 年版，第 30～31 页。

② 〔苏联〕Б. А. 库利诺夫：《盗窃国家财产和盗窃公共财产的刑事责任》，刘玉瓒、雷良菜、陈炽基、刘秀丰译，法律出版社 1955 年版，第 26 页。

③ 同上书，第 29 页；〔苏联〕T. Л. 谢尔盖耶娃：《苏维埃刑法对社会主义所有制的保护》，〔苏联〕A. H. 瓦西里耶夫审校，薛秉忠、王更生、高铭暄译，法律出版社 1957 年版，第 27 页。

④ 〔苏联〕苏联司法部全苏联法律科学研究所编：《苏维埃刑法分则》，中国人民大学刑法教研室译，法律出版社 1956 年版，第 286 页。

⑤ 同上书，第 289 页。

⑥ 〔苏联〕苏联司法部全苏联法律科学研究所编：《苏维埃刑法分则》，中国人民大学刑法教研室译，法律出版社 1956 年版，第 291 页。

体的牲畜和工具；这类企业、组织或团体所生产的产品以及其他财产；也可能是构成生产基金、住宅基金或供运输之用的建筑工程和建筑物；甚至可以是还在生产过程中的产品，庄稼以及收获物，但丧失经济价值的物品不能成为毁坏财产罪的对象。①

综上，尽管我国刑事立法实践自 1957 年 6 月 27 日《刑法草案》制定后，看似与 20 世纪 30 年代以来的苏联刑法理论与刑事立法有所不同（如在刑法典分则体例上不采纳分章分别规定侵犯公共财产罪与侵犯公民财产罪的体例，如在分则侵犯财产罪各罪财产概念的表述上不区分"财产"与"财产权利"等），但 20 世纪四五十年代苏联刑法理论对侵犯财产罪之财产概念的讨论，无论是对侵犯财产罪之财产概念的基本内涵还是对具体对象（如财产文件与有价证券、土地与自然资源）抑或对"以公共财产论"问题的讨论，至今仍是我国刑法解释侵犯财产罪之财产概念的基本论调。

## 第二节　我国刑事立法实践中侵犯
## 财产罪财产概念之沿革

从苏联继受而来的刑事立法与刑法理论构成了新中国刑事立法与刑法理论的智识前提和基础，这在建国初期中苏交往密切的背景下表现得尤为突出。

### 一、我国刑法侵犯财产罪章体例之沿革

我国 1950 年 7 月《刑法大纲草案》即依据当时盛行的苏联刑法理论，将分则侵犯财产罪章分为侵害国有或公有财产罪（第 6 章）与侵害私有财产罪（第 11 章）两章。这一体例沿用到 1956 年 11 月《刑法草案》，至 1957 年 6 月 27 日《刑法草案》始将原草案（1956 年 11 月《刑法草案》）分则第 3 章侵犯公共财产罪和第 8 章侵犯公民财产罪合并为第 5 章侵犯财产罪，此后绝大多数历次草案及 79 刑法、97 刑法均依循这一体例，章节次序与章名均无变化。②

① 〔苏联〕T. Л. 谢尔盖耶娃：《苏维埃刑法对社会主义所有制的保护》，〔苏联〕A. H. 瓦西里耶夫审校，薛秉忠、王更生、高铭暄译，法律出版社 1957 年版，第 173～174 页。
② 本章章名在历次草案及 79 刑法、97 刑法中均写作"侵犯财产罪"。只有少数草案的章节次序略有差异。其中，1978 年 12 月《刑法草案》、1979 年 2 月《刑法草案》以及 1988 年 12 月《刑法草案》将本章列第 7 章；1988 年 11 月《刑法草案》、1996 年 12 月中旬《刑法草案》、1996 年 12 月 20 日《刑法草案》以及 1997 年 1 月《刑法草案》将本章列为第 6 章；1993 年 10 月《刑法分则草案》以及 1993 年 11 月《刑法分则草案》将本章列为第 4 章。

就 1957 年 6 月 27 日《刑法草案》最终将侵犯公、私财产罪合写问题，时任全国人大常委会法律室副主任、负责组织刑法起草工作的李琪曾给出非常明确的说明：

> 有人认为：侵犯公共财产罪，侵犯的客体是社会主义制度的基础，社会危害性较大，处刑应重一些；侵犯公民财产罪，侵犯的客体是公民的私人权益，社会危害性较小，处刑应轻一些，因而不应把两者写为一章，而应写为两章。另有些人不同意这个意见，理由是：一、两者都是侵犯财产罪，犯罪的形式也基本相同，分开来写，许多罪名重复；二、事实上单纯侵犯公共财产或者单纯侵犯公民财产的很少，因而如果分开来写，在适用法律条文会发生困难；三、在处刑上，侵犯公、私财产，主要应按照犯罪的具体情况处刑，而不应因公、私财产的不同，处刑有区别；四、至于侵犯的客体不同，在法学理论研究上完全应当区分，而在法律上不区分也是可以的。刑法草稿过去在长时期中也是将侵犯公、私财产罪分为两章的，但经过多次研究之后最近又将它合为一章了。现在看来，合为一章是比较适当的。①

这一说明成为我国刑法侵犯财产罪章最终拒绝采用苏联刑法理论所提出的刑法分则侵犯财产罪章分两章处理的理论最重要的理由，被此后我国的刑事立法实践和刑法理论直接采纳，甚至不再作为一个问题出现。②

---

① 全国政法院校刑法教学座谈会秘书组印发：《有关草拟〈中华人民共和国刑法草案（初稿）〉的若干问题——李琪同志在刑法教学座谈会上的报告》，载高铭暄、赵秉志编：《新中国刑法立法文献资料总览》（下册），中国人民公安大学出版社 1998 年版，第 1966～1967 页。

② 目前所见在后来的刑事立法实践中再次提及侵犯财产罪分写合写问题的文献只有一处。在1962 年 7 月 16 日提交彭真同志并政法小组的《关于〈对中华人民共和国刑法草案（初稿）〉的修改意见（1962 年 6 月 7 日）〉的修改意见报告》中，"关于侵犯财产罪的分章问题"被作为一个专门问题提出来，但仍然坚持了 1957 年的意见和立场。内容如下：

　　草案（初稿）将侵犯公共财产罪和侵犯公民财产合写为一章，成为"侵犯财产罪"。讨论中有些同志认为，公共财产是社会主义制度的经济基础，宪法规定为神圣不可侵犯，公民财产只是个人所有的生活资料和一些小农具、小工具等，两者的重要性有很大不同，应当分写为两章，以便将保护公共财产、保护社会主义所有制的任务突出出来。另有些同志主张不分，理由是：两种财产虽然重要性不同，但都应当保护，特别是在近几年有许多地方发生的任意侵犯公民财产的情况下，亦应适当强调保护公民财产的重要性。而且分写为两章，大部条文重复，对侵犯公民财产的处刑规定相对轻一些（因一般数量不大），也容易产生副作用，显得对公民财产重视和保护不够。根据争论的意见，我们拟了一个分为两章的方案，两章都是九条，罪名相同；处刑上，相同的三条（抢劫的，为防护赃物等而使用暴力的、惯窃、惯骗），侵犯公民财产处刑低一些的六条，对侵犯公民财产规定为"告诉才处理"的二条（侵占、毁坏）。看来，条文基本重复，分为两章，意义不大，为此最后大家还是倾向于合写为一章。

（转下页）

## 二、我国刑法的"目的与任务"条有关财产表述之沿革

在最初的三部刑法草案[①]中,并未专设刑法的"目的与任务"条,从 1957 年 6 月 27 日《刑法草案》开始,历次草案及 79 刑法、97 刑法均在法典 的"目的与任务"条中明确表达了刑法对于财产的保护。其中,1957 年 6 月 27 日《刑法草案》、1957 年 6 月 28 日《刑法草案》以及 1962 年 12 月《刑 法草案》均在总则第 1 章第 1 条规定"保护公共财产,保护公民的人身和权 利",从措词上看,上述三稿均未明确表达对公民财产的保护。在 1963 年 3 月 23 日中央政法小组提交彭真同志并中央的《关于补充修改〈中华人民共 和国刑法草案(初稿)〉的报告》中,中央政法小组明确指出:"现在,经济上 的社会主义改造已经基本完成,因此,除保护国家所有的和集体所有的公 共财产外,我们还明确地规定,要保护公民所有的合法财产,即公民个人或 者家庭所有的生活资料和依法归个人或者家庭所有的生产资料。我们认 为,在目前情况下,明确规定保护公民所有的合法财产,是必要的。"[②]1963 年 2 月《刑法草案》在总则第 1 章第 2 条中明确规定刑法"保护国家所有的 和集体所有的公共财产,保护公民所有的合法财产"。此后历次草案及 79 刑法均使用类似表述,只是措词略有变化,如"保护全民所有的和集体所有 的公共财产,保护公民所有的合法财产"、"保护公共财产,保护公民所有的 合法财产"、"保护社会主义的国家所有即全民所有的财产和集体所有的财 产,保护公民私有的合法财产"、"保护社会主义的全民所有的财产和劳动群 众集体所有的财产,保护公民私人所有的合法财产"、"保护社会主义公共财 产和私人所有的合法财产"、"保护公共财产和私人的合法财产"、"保护公私 财产"、"保护公共财产,保护公民私人的合法财产"等,上述表述均强调"公民 的合法财产"。自 1996 年 10 月《刑法草案》开始,总则第 1 章第 2 条(刑法的 目的和任务条)的规定改写为"保护社会主义的全民所有的财产和劳动群众 集体所有的财产,保护公民私人所有的财产",不再强调"合法财产"的概念, 仅写作"公民私人所有的财产",为此后历次草案沿用,并为 97 刑法最终采 纳。另外,1997 年 1 月《刑法草案》删除"社会主义的全民所有的财产",代之

---

(接上页) 参见高铭暄、赵秉志编:《新中国刑法立法文献资料总览》(下册),中国人民公安 大学出版社 1998 年版,第 1981 页。

[①] 即 1950 年 7 月《刑法大纲草案》、1954 年 9 月《刑法原则草案》及 1956 年 11 月《刑法草案》。

[②] 中央政法小组:《关于补充修改〈中华人民共和国刑法草案(初稿)〉的报告》,1963 年 3 月 23 日。 载高铭暄、赵秉志编:《新中国刑法立法文献资料总览》(下册),中国人民公安大学出版社 1998 年版,第 1993 页。

以更为明确的"国有财产",写作"保护国有财产和劳动群众集体所有的财产,保护公民私人所有的财产",并最终为 97 刑法所采纳。①

### 三、我国刑法"公共财产范围"条规定之沿革

如前所述,在新中国最初的三部刑法草案中,并未专设刑法的目的与任务条,但从 1950 年 7 月《刑法大纲草案》开始,即有关于公共财产的概念,②此后历次刑法草案及 79 刑法、97 刑法绝大多数规定了公共财产的概念。③

不过,1950 年 7 月《刑法大纲草案》的这一规定并未规定在总则中,而是规定在分则第 6 章"侵害国有或公有财产罪"中,1954 年 9 月《刑法原则草案》亦将该条规定在分则第 2 节"破坏公共财产的犯罪"中。至 1956 年 11 月《刑法草案》,始将该条规定在总则第 5 章"附则"中,这一体例为其他历次草案及 79 刑法、97 刑法所沿袭。④

---

① 显然,以"公民私人所有的财产"取代"公民私人所有的合法财产"、以"国有财产"取代"社会主义的全民所有的财产"均是异常重大的变化,然而立法文献中几乎没有详细解释这两大变化的内容,这种状况不仅令人难以理解也颇为令人遗憾。

② 该条规定如下:

第七十四条(国有公有财产之概念)凡国家机关、国营公营企业之财产,及依法设立之合作社之财产,为国有及公有财产。

在国家机关或国营公营企业保管或运输中之财产,亦认为国有及公有财产。

③ 仅 1978 年 12 月《刑法草案》、1979 年 2 月《刑法草案》、1988 年 11 月《刑法草案》及 1988 年 12 月《刑法草案》四稿未对公共财产的范围作出规定。其中,1988 年的草案取消公共财产范围的规定,引起了较大的争议。最高人民检察院刑法修改小组在《修改刑法研究报告》(1989 年 10 月 12 日)中提出:"草案将公共财产的解释取消,我们认为有些不妥。目前司法机关在处理贪污案件时,特别是遇有中外合资、合作企业、承包企业的案件时,在掌握公共财产的范围上尤感困难。立法中不能回避这一问题。确定公共财产的范围,关键是对中外合资、中外合作和个人承包的全民所有制、集体所有制企业中的财产是否应以公共财产论。这些企业中的财产,如果绝对划分的话,有的是公共财产,有的是私人财产,但是在实际情况下,却无法作这样绝对的划分,而在难以划分的情况下,符合贪污罪主体身份的人侵吞企业财产的,不定贪污罪是不合理的。所以,我们建议按照刑法原条规定的基本精神,更明确地规定将中外合资、中外合作企业和个人承包企业中的财产视为公共财产。……建议修改的条文:本法所说的公共财产是指:(一)全民所有的财产;(二)劳动群众集体所有的财产;在国家机关、全民和集体所有制企业事业单位、人民团体管理、使用或者运输中的私人财产,以及中外合资经营企业、中外合作经营企业和个人承包经营全民所有制、集体所有制企业中的私人财产,在认定犯罪时,以公共财产论。"参见最高人民检察院刑法修改小组:《修改刑法研究报告》(1989 年 10 月 12 日),载高铭暄、赵秉志编:《新中国刑法立法文献资料总览》(下册),中国人民公安大学出版社 1998 年版,第 2541～2542 页。从中我们也可以发现,有关公共财产范围的规定困难在于所谓混合所有制中的财产问题,而且主要涉及贪污犯罪。79 刑法将贪污罪规定在侵犯财产罪章中,但 97 刑法将贪污罪从侵犯财产罪章中剥离了出去,在这个意义上,97 刑法第 91 条规定对于侵犯财产罪章的解释意义似乎并不大。另外,97 刑法最终并未采纳高检院提出的"中外合资经营企业、中外合作经营企业和个人承包经营全民所有制、集体所有制企业中的私人财产,在认定犯罪时,以公共财产论"的建议,也可以说明在贪污犯罪中,97 刑法立法意图是要对公共财产范围做狭义解释而非广义解释,这也与 97 刑法颁行后的司法实践一致。

④ 从 1979 年 5 月《刑法草案》开始,总则第 5 章章名由"附则"改为"其他规定"。

1950 年 7 月《刑法大纲草案》该条在条标上标明为"国有公有财产之概念",自 1954 年 9 月《刑法原则草案》始,改为"公共财产的范围",此后各草案及 79 刑法、97 刑法虽均未设条标,但都使用"本法所称公共财产,是指下列财产"这一措词作为条文引语。

在公共财产的内容上,1950 年 7 月《刑法大纲草案》表述为"国家机关、国营公营企业之财产,及依法设立之合作社之财产"。而 1954 年 9 月《刑法原则草案》则详细规定为"国家所有的财产;合作社所有的财产,包括劳动群众集体所有或部分集体所有的财产;公私合营企业的财产;人民团体所有的财产",可以看出该稿非常明显的受到苏联刑法理论的影响。自 1956 年 11 月《刑法草案》始,公共财产的内容较稳定的表述为"国家所有的财产;合作社所有的财产;社会团体的财产";而自 1962 年 12 月《刑法草案》始,更是直截了当地表述为"国家所有的财产;集体所有的财产";这一表述直至 1979 年 5 月《刑法草案》改为"全民所有的财产;劳动群众集体所有的财产",并为 79 刑法及此后历次草案沿用。[①] 自 1996 年 8 月《刑法草案》始,以"国有财产"的表述取代了"全民所有的财产"这一用词,并为此后草案及 97 刑法所沿用。此外,1997 年 2 月《刑法草案》将"用于扶贫和其他公益事业的社会捐助或专项基金的财产"列入公共财产范围,并为此后草案及 97 刑法所沿用。

此外,值得特别注意的是 1950 年 7 月《刑法大纲草案》"国有公有财产之概念"条第 2 款"在国家机关或国营公营企业保管或运输中之财产,亦认为国有及公有财产"的规定,这一带有显著的苏联刑法理论色彩的条款在以后的历次草案及 79 刑法、97 刑法中被沿用。1954 年 9 月《刑法原则草案》将"保管或运输中"改为"管理、使用或运输中",并沿用至今。从 1956 年 11 月《刑法草案》起,该款写作"在国家、合作社、公私合营企业管理、使用或运输中的私人财产,以公共财产论";及至 1963 年 2 月《刑法草案》将"国家、合作社、公私合营企业"改为"国家、人民公社、合作社、公私合营企业和人民团体";1979 年 5 月《刑法草案》始将其中的"公私合营企业"改为"合营企业",[②]并为此后草案及 79 刑法所沿用。1979 年之后历次刑法草

---

[①] 草案在"集体所有的财产"前增加"劳动群众"四字,草案起草者的理由是"草案提劳动群众集体所有,是为了与资本家的集体所有(有限公司、无限公司)相区别"。参见彭真:《关于刑法(草案)刑事诉讼法(草案)的说明》(1979 年 6 月 27 日),载高铭暄、赵秉志编:《新中国刑法立法文献资料总览》(上册),中国人民公安大学出版社 1998 年版,第 491~492 页。

[②] 这一修改源自北京大学法律系主任陈守一的意见。陈守一教授提出:"现在是否还有'公私合营企业',还是准备组织'公私合营企业'?"参见全国人大常委会法制委法律室编:《〈刑法草案(稿)修改意见汇辑〉(1979 年 3 月 23 日印发),载高铭暄、赵秉志编:《新中国刑法立法文献资料总览》(下册),中国人民公安大学出版社 1998 年版,第 2063 页。

案出现过"国家机关、全民所有制、集体所有制企业事业单位、合营企业和人民团体"、"国家机关、全民所有制、集体所有制企业和人民团体"、"国家机关、国有企业、集体企业和人民团体"等措词,[1]自 1996 年 12 月中旬《刑法草案》中,始确定为"国家机关、国有公司、企业、集体企业和人民团体",并为此后草案及 97 刑法所沿用。

### 四、我国刑法"公民私有财产"条规定之沿革

新中国刑法草案对公民个人财产范围的规定始自 1963 年 2 月《刑法草案》,该草案在总则第 5 章"附则"第 89 条规定"本法所说的公民所有的合法财产指:公民个人或家庭所有的生活资料;依法归个人或家庭所有的生产资料"。[2] 该条规定的引语至 1979 年 5 月《刑法草案》确定为"本法所说的公民私人所有的合法财产指",并为此后草案及 79 刑法沿用。但自 1996 年 12 月中旬《刑法草案》中,该引语删去"合法"二字,这一修改为 97 刑法所沿用。

1963 年 2 月《刑法草案》中规定的"公民个人或家庭所有的生活资料"在 1979 年 3 月《刑法草案》中细化为"公民的合法收入、储蓄、房屋和其他生活资料",这一修改为此后草案及 79 刑法、97 刑法所沿用。

1963 年 2 月《刑法草案》中规定"依法归个人或家庭所有的生产资料",在 1979 年 5 月《刑法草案》中细化为"依法归个人或家庭所有或使用的自留地、自留畜、自留树等生产资料",为此后草案及 79 刑法所沿用;1988 年 9 月《刑法草案》将前述"生产资料"的范围扩张为"依法归个人、家庭、私营经济单位所有的牲畜、林木以及厂房、机器、设备等生产资料";[3]而至 1996 年 10 月《刑法草案》中,则恢复了 1963 年 2 月《刑法草案》的措词,即仍写作"依法归个人、家庭所有的生产资料",同时另行增加两项,即"个体户和私营企业的财产;个人所有的股份和股票、债券"。这一修改在此后草案中被沿用,仅在 1997 年 3 月《刑法草案》中,临时在"个体户和私营企业的财产"的规定中增加"合法"二字,改为"个体户和私营企业的合法

---

① 上述措词分别出现在以下各稿草案中:1988 年 9 月《刑法草案》;1995 年 8 月《刑法总则草案》、1996 年 6 月《刑法总则草案》;1996 年 8 月《刑法草案》、1996 年 10 月《刑法草案》。

② 该草案明确规定公民私有财产范围的理由,参见中央政法小组:《关于补充修改〈中华人民共和国刑法草案(初稿)〉的报告》,1963 年 3 月 23 日。载高铭暄、赵秉志编:《新中国刑法立法文献资料总览》(下册),中国人民公安大学出版社 1998 年版,第 1993 页。

③ 因 1982 年《宪法》第 10 条第 2 款明确规定自留地属于集体所有,故 79 刑法将自留地作为私有财产的规定显然违宪,因此 1988 年 9 月《刑法草案》及此后的修改草案删除了"自留地"一词。

财产"；在"个人所有的股份和股票、债券"后增加"和其他财产"五字。① 由此形成 97 刑法第 92 条之规定。

此外，需要说明的是，79 刑法制定之初的两部草案中均无关于"公民私有财产范围"的规定，②此后草案及 79 刑法恢复"公民私有财产范围"的规定，更多的似乎出于政治性的考虑，而非刑法解释上的考虑。彭真同志在 1979 年 6 月 7 日《关于刑法（草案）刑事诉讼法（草案）的说明》中是这么解释的：

> 要保护公民私人所有的合法财产，包括公民的合法收入、储蓄、房屋等生活资料，以及依法归个人或者家庭所有、使用的自留地、自留畜、自留树等生产资料（第 81 条）。有的同志不赞成或不喜欢在刑法中写保护"私有"、"私人所有"，总想把"私"字去掉。我们认为现在必须明确保护私人所有的"合法财产"，包括生活资料和生产资料，这是我们现在的社会主义经济发展和广大人民群众生活所必需的，是普遍大量存在的事实，是党的方针、政策所明确规定的。但是前些年，由于林彪、"四人帮"反革命政治势力的干扰，有些人总想割私有制的尾巴，侵犯公民私人所有的合法财产，情况十分严重，不仅强收社员自留地，乱砍社员房前房后的树木、果木，而且蛮横地侵犯、干扰他们的各种合法财产和家庭副业等，这是不利于社会主义经济的发展，不利于安定团结，不利于改善人民生活的。③

1988 年 11 月《刑法草案》和 1988 年 12 月《刑法草案》亦未设"公民私有财产范围"的专条，从中可以想见立法者对该条规定性质的考量。④

---

① 在"个人所有的股份和股票、债券"后增加"和其他财产"五字，来自于全国人大常委会委员、著名经济学家厉以宁的意见。厉以宁委员认为"修改稿第 93、94 条分别规定了公共财产和公民私人所有的财产的范围，这样列举不能穷尽。如股份公司的财物，既不属于公共财产，也不属于私人所有的财产。"参见全国人大常委会法制工作委员会办公室、八届全国人大五次会议秘书处编：《八届全国人大常委会第二十四次会议分组审议刑法修订草案（修改稿）的意见》（1997 年 3 月 3 日），载高铭暄、赵秉志：《新中国刑法立法文献资料总览》（下册），中国人民公安大学出版社 1998 年版，第 2195 页。

② 分别是 1978 年 12 月《刑法草案》和 1979 年 2 月《刑法草案》。

③ 彭真：《关于刑法（草案）刑事诉讼法（草案）的说明》（1979 年 6 月 7 日），载高铭暄、赵秉志编：《新中国刑法立法文献资料总览》（上册），中国人民公安大学出版社 1998 年版，第 491～492 页。

④ 值得一提的是，高铭暄教授主持的中国人民大学法学院刑法总则修改小组 1994 年 5 月提出的《中华人民共和国刑法（总则修改稿）》（第 2 稿）和 1994 年 6 月提出的《中华人民共和国刑法（总则修改稿）》（第 3 稿）均只设"公共财产范围"专条，未规定"公民私有财产范围"。参见高铭暄、赵秉志编：《新中国刑法立法文献资料总览》（上册），中国人民公安大学出版社 1998 年版，第 2927、2960 页。

## 五、我国刑法侵犯财产罪章中财产概念表述之沿革

在侵犯财产罪犯罪对象的措词上,1950 年 7 月《刑法大纲草案》与 1954 年 9 月《刑法原则草案》在侵犯国有或公有财产罪章除部分特殊对象(如"国有或公有森林")外均表述为"国有或公有财产"(1950 年 7 月《刑法大纲草案》)或"公共财产"(1954 年 9 月《刑法原则草案》),在侵犯私有财产罪章两次草案一般表述为"他人财物"。①

而在 1956 年 11 月《刑法草案》中,草案起草者似乎有意区分了"财产"与"财物"的用词,其中分则第 3 章侵犯公共财产罪中,第 142 条(偷窃)、第 144 条(抢夺)、第 146 条(诈骗)、第 149 条(侵占遗失物)均表述为"公共财物",第 147 条(侵占)、第 150 条(隐匿应当没收归公的财产)、第 151 条(国家工作人员利用职务便利偷窃、侵占、诈骗)、第 152 条(故意毁坏)均表述为"公共财产";第 8 章侵犯公民财产罪第 249 条(偷窃)、第 251 条(抢夺)、第 252 条(敲诈勒索)、第 253 条(诈骗)均表述为"他人财物",第 254 条(侵占)、第 255 条(故意毁坏)均表述为"他人财产"。

然而在 1957 年 6 月 27 日《刑法草案》中,上述区分便被取消了,统一为"财物"的措词。其中第 168 条(抢劫)、第 169 条(偷窃)、第 170 条(抢夺)、第 172 条(诈骗)、第 175 条(侵占)、第 177 条(故意毁坏)均表述为"公私财物";第 173 条(敲诈勒索)表述为"他人财物";第 176 条(国家工作人员利用职务便利偷窃、侵占、诈骗)表述为"公共财物"。

此后历次草案及 79 刑法、97 刑法,除少数特殊对象外,侵犯财产罪章关于犯罪对象的表述几乎没有什么变化。仅有的微不足道的变化包括:1962 年 12 月《刑法草案》开始,敲诈勒索罪的犯罪对象也被表述为"公私财物";自 1988 年 12 月《刑法草案》增设"渎职罪"章,将贪污罪移入"渎职罪"章后,此后历次草案及 97 刑法侵犯财产罪章不再出现"公共财物"的措词;自 1988 年 9 月《刑法草案》重新增设侵占罪并将其犯罪对象表述为"他人财物"以后,此后历次草案及 97 刑法侵占罪条均表述为"他人财物";1996 年 8 月《刑法分则草案》将全国人大常委会颁布的《关于惩治违反公司法的犯罪的决定》第 11 条挪用资金罪纳入侵犯财产罪章,出现了"本单位资金"的措词,为此后历次草案及 97 刑法所沿用。

如前文所述,侵犯财产罪作为最传统的犯罪之一,我国刑法之规定殊

---

① 仅有的例外是 1954 年 9 月《刑法原则草案》第 63 条"破坏他人财产"和第 65 条"侵吞霸占他人财产"。

少变化。以新中国刑事立法之沿革言，历次刑法草案及 79 刑法、97 刑法就财产概念的表述五十余年来几乎没有什么变化。而文本表述上的一些变化更多的与意识形态主导之社会变迁有关，如关于保护公民私人财产的规定，如关于公民私人财产究竟是否要增加"合法"二字作为修饰或限制，如关于各种所有制的企业的表述、关于人民公社、个体户、私营企业的表述等等，这些变化绝大部分即时体现了我国不同阶段的经济体制的政策变化，而对具体财产对象的变化则少有涉及。因此，这些变化与刑法财产概念自身之解释与适用很难说有多大关联。

# 第二章 我国现行刑法文本与法体系中的财产概念

对于一个相对成熟的法律体系而言,我们必须得假定法律之制定是慎重的,法典之措词是严谨的,法典之结构是严密的,整个法律体系是相互协调、融洽的。新中国法律发展至今已有六十余年,我们也有理由依此假定来考量我国刑法中之财产概念。

## 第一节 我国现行刑法文本中财产概念之表述

我国现行刑法文本中财产概念的措词既多且乱,大体上有"财产"、"财物"、"资金"、"物资"、"款物"等。就我国刑法财产罪章而言,立法通用"公私财物"一词。

### 一、"财物"

我国刑法财产罪章使用"公私财物"一词的包括第 263 条(抢劫罪)、第 264 条(盗窃罪)、第 266 条(诈骗罪)、第 267 条(抢夺罪)、第 268 条(聚众哄抢罪)、第 274 条(敲诈勒索罪)、第 275 条(故意毁坏财物罪)。除侵犯财产罪章外,97 刑法仅在第 293 条(寻衅滋事罪)中规定了"公私财物"。

如就"财物"的用词看,侵犯财产罪章尚有第 270 条(侵占罪)的"他人财物"以及第 271 条(职务侵占罪)的"本单位财物"。

刑法中除侵犯财产罪章外,涉及"财物"措词的计有刑法第 64 条、第 163 条、第 164 条、第 184 条、第 194 条、第 224 条、第 229 条第 2 款、第 239 条、第 253 条第 2 款、第 289 条、第 300 条第 3 款、第 310 条、第 349 条、第 379 条、第 382 条、第 385 条、第 387 条、第 388 条、第 388 条之一,第 389 条、第 391 条、第 396 条第 2 款、第 446 条诸条。上述条款可分为以下几类:

第一,第 253 条第 2 款系准用第 264 条(盗窃罪)规定,第 300 条第 3

款系准用第266条(诈骗罪)规定,第289条(对聚众"打砸抢"行为的处理规定)系准用第263条(抢劫罪)规定,因此在"财物"一词的解释上当与第264条、第266条无异。

第二,第194条(票据诈骗罪、金融凭证诈骗罪)、第224条(合同诈骗罪)、第224条之一(组织、领导传销活动罪)之规定系97刑法从79刑法的第151条(诈骗罪)中分化出来,系97刑法第266条(诈骗罪)的特别规定;而第446条(战时残害居民、掠夺居民财物罪)也应当视为97刑法第263条(抢劫罪)、第267条(抢夺罪)之特别规定。因此,上述条款"财物"一词在理解上应依从第266条之解释。

第三,第239条(绑架罪)与侵犯财产罪章第263条(抢劫罪)、第274条(敲诈勒索罪)具有密切的内在关联。79刑法中并无绑架罪之规定,在1988年12月《刑法草案》中将绑架罪作为抢劫罪的加重情节规定;最高人民检察院刑法修改小组1989年10月12日印发的《修改刑法研究报告》中也主张在侵犯财产罪章中增设绑架罪;[①]最高人民检察院1990年4月27日发布的《关于以人质勒索他人财物案件如何定罪问题的批复》(高检研发字〔1990〕第3号)明确"以人质勒索他人财物的,以抢劫罪论处";此后,全国人大常委会1991年9月4日通过的《关于严惩拐卖、绑架妇女、儿童的犯罪分子的决定》第2条第3款规定了绑架勒索罪。在97刑法修改讨论中,高铭暄、曹子丹等学者也主张"应在侵犯财产罪一章中规定绑架勒索罪,而不要把这种行为笼统地规定到绑架罪中"。[②]因此,对第239条绑架罪中"财物"的理解应与侵犯财产罪章相同。

第四,第163条(非国家工作人员受贿罪)、第164条(对非国家工作人员行贿罪)、第184条(非国家工作人员受贿罪)、第229条第2款(提供虚假证明文件罪)、第382条(贪污罪)、第385条(受贿罪)、第387条(单位受贿罪)、第388条(受贿罪)、第388条之一(利用影响力受贿罪)、第389条(行贿罪)、第391条(对单位行贿罪)诸条均属贪污贿赂罪的范畴。在79刑法中,贪污罪规定于侵犯财产罪章,受贿罪规定于渎职罪章;在79刑法中,对受贿罪的罪状描述仅写为"国家工作人员利用职务上的便利,收受贿赂的",并未解释何为贿赂,而79刑法第155条贪污罪的罪状描述为"国家

---

① 参见最高人民检察院刑法修改小组:《修改刑法研究报告》,1989年10月12日。载高铭暄、赵秉志编:《新中国刑法立法文献资料总览》(下册),中国人民公安大学出版社1998年版,第2513页。

② 参见全国人大常委会法工委刑法室整理:《法律专家对〈刑法总则修改稿〉和〈刑法分则修改草稿〉的意见》,全国人大常委会法工委1996年9月6日印发。载高铭暄、赵秉志编:《新中国刑法立法文献资料总览》(下册),中国人民公安大学出版社1998年版,第2141页。

工作人员利用职务上的便利,贪污公共财物的",因此,在79刑法中,贪污罪中规定的"财物"应与侵犯财产罪章其他罪所规定的"财物"做同一解释。但在97刑法中,随着贪污贿赂犯罪各种新形态的出现,再将贪污贿赂罪各罪中的"财物"与侵犯财产罪章中的"财物"做同一解释已经不太妥当,因此,也不宜将有关贪污贿赂罪司法解释(如最高人民法院、最高人民检察院《关于办理受贿刑事案件适用法律若干问题的意见》(法发〔2007〕22号)、最高人民法院、最高人民检察院《关于办理商业贿赂刑事案件适用法律若干问题的意见》(法发〔2008〕33号)中对于"财物"概念的解释套用到侵犯财产罪各罪对"财物"的解释中,如此,未免有入罪之嫌。①

最后,第310条(窝藏、包庇罪)、第349条(窝藏、转移、隐瞒毒品、毒赃罪)、第379条(战时窝藏逃离部队军人罪)与第396条第2款(私分罚没财物罪)各条规定的"财物"应与第64条(追缴违法所得)中的"财物"作同一解释。依全国人大常委会法工委刑法室对刑法条文所作的说明,第64条所谓"违法所得的一切财物"包括金钱和物品;所谓"违禁品"是指依照国家规定,公民不得私自留存、使用的物品,如枪支、弹药、毒品以及淫秽物品等;所谓"供犯罪所用的本人财物"是指供犯罪分子进行犯罪活动而使用的属于他本人所有的钱款和物品,如用于走私的运输工具、赌博用的赌具等。② 显然,从上述解释中可以看到,第64条所谓财物仅指具体有形之物,但未必就是有经济价值之物,亦不必是合法持有之物。因刑法第64条及第310条(窝藏、包庇罪)、第349条(窝藏、转移、隐瞒毒品、毒赃罪)、第379条(战时窝藏逃离部队军人罪)、第396条第2款(私分罚没财物罪)各条之立法目的与侵犯财产罪章各罪之立法目的并不相同,因此,对第64条之"财物"的解释也与侵犯财产罪章各罪之"财物"的解释未必同一。

## 二、"财产"

与此同时,刑法中也频繁使用"财产"一词,如果说刑法总则及分则章

---

① 如《关于办理受贿刑事案件适用法律若干问题的意见》第3条规定的"国家工作人员利用职务上的便利为请托人谋取利益,由请托人出资,'合作'开办公司或者进行其他'合作'投资的,以受贿论处。受贿数额为请托人给国家工作人员的出资额"以及《关于办理商业贿赂刑事案件适用法律若干问题的意见》第8条所规定的"收受银行卡的,不论受贿人是否实际取出或者消费,卡内的存款数额一般应全额认定为受贿数额。使用银行卡透支的,如果由给予银行卡的一方承担还款责任,透支数额也应当认定为受贿数额"显然要比1992年《盗窃解释》、1998年《盗窃解释》的规定更为严厉。

② 全国人大法工委刑法室编:《〈中华人民共和国刑法〉条文说明、立法理由及相关规定》,北京大学出版社2009年版,第81~82页。

名中使用"财产"一词,更多的是从宽泛意义上强调刑法对财产权利的保护的话,那么,在刑法分则各罪罪状描述中使用"财产"一词,则显然是有意地将之与"财物"相区别。刑法分则各罪罪状描述中对"财产"一词使用有以下几种情形:

第一,使用"公私财产遭受重大损失"措词的有第 115 条(放火罪、决水罪、爆炸罪、投放危险物质罪、以危险方法维护公共安全罪)、第 133 条(交通肇事罪)、第 338 条(重大环境污染事故罪)、第 339 条(非法处置进口的固体废物罪、擅自进口固体废物罪)以及第 408 条(环境监管失职罪)。此外,第 304 条(故意延误投递邮件罪)、第 397 条(滥用职权罪;玩忽职守罪)以及第 403 条(滥用管理公司、证券职权罪)使用了"公共财产、国家和人民利益遭受重大损失"的措词。显然,上述"财产"用词不仅仅限于"财物",明确试图将各种财产性利益涵盖在内。

第二,使用"财产"一词用于描述非特定的整体财产状况。这类情形包括第 162 条(妨碍清算罪)、第 162 条之二(虚假破产罪)、第 198 条(保险诈骗罪)、第 203 条(逃避追缴欠税罪)以及第 395 条(巨额财产来源不明罪)。

第三,由于我国民法沿袭德国民法传统采纳物权、债权的严格区分,不承认权利为物权客体,因此,使用"财物"一词有可能导致解释上对"财物"是否涵盖债权性质的财产的争议,故而使用"财产"一词,以免争议。这类情形包括第 185 条之一(擅自运用客户资金或者其他委托、信托财产罪)、第 191 条(洗钱罪)、第 224 条(合同诈骗罪)各条。需要指出的是,我国法学理论和法律实践对德国传统较强有力的重申大致始自 20 世纪 90 年代中期,因此,这一情形均出现在 97 刑法及其后修正案新增的条文中。而侵犯财产罪章对"财物"一词的使用则沿袭自 1957 年 6 月 27 日《刑法草案》未有变化。二者代表了不同时代不同的知识传统在同一部刑法典中的抵牾。因此,不能据此认定侵犯财产罪章的"财物"一词的涵义排除了债权性质的财产。

值得一提的是第 159 条(虚假出资、抽逃出资罪)使用了"未交付货币、实物或者未转移财产权"的措词,这是整部 97 刑法中唯一使用"财产权"一词的条文。然而,该条文的这一措词在某种意义上是荒谬的,因为交付货币、实物同样是转移财产权的行为,换言之,该句可直接写作"未转移财产权"即可。显然,立法者在此所斟酌的是《公司法》第 27 条所规定的"股东可以用货币出资,也可以用实物、知识产权、土地使用权等可以用货币估价并可以依法转让的非货币财产作价出资;但是,法律、行政法规规定不得作为出资的财产除外"。如果依据该规定来理解,那么"财产"的措词过于宽泛,而"财物"的措词显然难以涵盖知识产权和土地使用权。某种程度上,立法者在此同样受困于前述不同时代不同知识传统所带来的措词和解释上的困境。

最后,至于第 314 条(非法处置查封、扣押、冻结的财产罪)中的"查封、扣押、冻结的财产"理应与第 64 条(追缴违法所得)及第 310 条(窝藏、包庇罪)、第 349 条(窝藏、转移、隐瞒毒品、毒赃罪)、第 379 条(战时窝藏逃离部队军人罪)与第 396 条第 2 款(私分罚没财物罪)各条的措词一致,即应当采用上述各条所采用的"财物"一词,而非"财产"一词。

### 三、"资金"、"物资"、"款物"

侵犯财产罪章所涉及用以表述财产含义的通用词还有"资金"、"物资"、"款物"等词。

"资金"一词见于第 272 条(挪用资金罪)"本单位资金"。除侵犯财产罪章之外,97 刑法的第 156 条(走私共犯)、第 160 条(欺诈发行股票、债券罪)、第 169 条之一(操纵上市公司致使上市公司利益遭受重大损失罪)、第 175 条(高利转贷罪)、第 179 条(擅自发行股票、公司、企业债券罪)、第 182 条(操纵证券、期货交易价格罪)、第 185 条(挪用资金罪、挪用公款罪)、第 185 条之一(擅自运用客户资金或其他委托、信托财产罪,违反国家规定运用资金罪)、第 187 条(用帐外客户资金非法拆借、发放贷款罪)、第 191 条(洗钱罪)、第 193 条(贷款诈骗罪)均使用"资金"一词。

"物资"一词见于第 263 条(抢劫罪)的"军用物资"和"抢险、救灾、救济物资"。除本条规定外,97 刑法其他条文未见"抢险、救灾、救济物资"用词;"军用物资"一词另见于第 112 条(资敌罪)、第 438 条(盗窃、抢夺武器装备、军用物资罪)之规定。

"款物"一词见于第 273 条(挪用特定款物罪)的"用于救灾、抢险、防汛、优抚、扶贫、移民、救济款物"。除本条规定外,在 97 刑法中"款物"一词仅见于第 384 条(挪用公款罪)的"用于救灾、抢险、防汛、优抚、扶贫、移民、救济款物"。

如果说,"资金"一词算是"财物"一词特定的下位概念,有其区别使用的必要性,那么更多地只是习用政策文件中所用的"物资"、"款物"二词,很难说非得从"财物"中区分出来,也许只是因为"物资"和"款物"二词从政治修辞上淡化了财产的色彩。坚持使用"物资"、"款物"二词而非统一为"财物"用词,更多地体现了新中国意识形态中贬斥财产的观念根深蒂固。

#### 四、"金融机构"

最后，需要说明的是，现行刑法第 263 条第 3 项应理解为"财物"的特定化类型。①

根据 1998 年《盗窃解释》第 8 条，"'盗窃金融机构'是指盗窃金融机构的经营资金、有价证券和客户的资金等，如储户的存款、债券、其他款物，企业的结算资金、股票，不包括盗窃金融机构的办公用品、交通工具等财物的行为"，以及根据 2000 年《抢劫解释》第 3 条，"刑法第 263 条第 3 项规定的抢劫银行或其他金融机构，指银行或其他金融机构的经营资金、有价证券和客户的资金等"，"金融机构"应理解为经营资金和有价证券。全国人大常委会法工委刑法室对第 263 条第 3 项、第 264 条第 1 项规定的"金融机构"的说明直接采纳了上述司法解释的意见。②

#### 五、通讯线路使用利益、电信码号

现行刑法侵犯财产罪章第 265 条盗窃罪的规定，颇为蹊跷。如立法者认定通讯线路使用利益、电信码号为公私财物，则似乎并无必要专列一条规定，尽可在第 264 条下专列一款作特别提示。现有的立法方式足以令人质疑电信码号是否可以径行归入公私财物。

从立法沿革来看，这一规定当是源自 1992 年《盗窃解释》第 1 条第 4 项第 2 段"盗用他人长途电话账号、码号造成损失，数额较大的应当以盗窃

---

① 《刑法修正案（八）》为适当减少死刑罪名，在该修正案第 39 条删除了 97 刑法第 264 条第 1 项"盗窃金融机构"、第 2 项"盗窃珍贵文物"作为盗窃罪判处无期徒刑或者死刑的规定。不过，我们亦应将修正前的 97 刑法第 264 条第 1 项规定的"金融机构"与第 264 条第 2 项规定的"珍贵文物"理解为"财物"的特定化类型。有关修正前的 97 刑法第 264 条第 1 项规定的"金融机构"的理解，参见下文；有关修正前的 97 刑法第 264 条第 2 项规定的"珍贵文物"的理解，按照《文物保护法》和《文物藏品定级标准》的规定，凡属于一、二级的文物属珍贵文物，部分三级文物经国家文物鉴定委员会确认后可认定为珍贵文物。另外，根据全国人大常委会 2005 年 12 月 29 日通过的《关于〈中华人民共和国刑法〉有关文物的规定适用于具有科学价值的古脊椎动物化石、古人类化石的解释》，"具有科学价值的古脊椎动物化石、古人类化石"亦适用刑法有关文物的规定。值得注意的是，全国人大常委会法工委刑法室在对"珍贵文物"的说明中称："'珍贵文物'主要是指可移动文物"。这一说明主要在于将作为盗窃罪加重情节的盗窃珍贵文物与第 328 条第 1 款盗掘古文化遗址、古墓葬罪以及第 328 条第 2 款盗掘古人类化石、古脊椎动物化石罪区分开来。参见全国人大法工委刑法室编：《〈中华人民共和国刑法〉条文说明、立法理由及相关规定》，北京大学出版社 2009 年版，第 547 页。
② 参见全国人大法工委刑法室编：《〈中华人民共和国刑法〉条文说明、立法理由及相关规定》，北京大学出版社 2009 年版，第 541、547 页。当然，严格来说，"盗窃、抢劫金融机构"中的"金融机构"仅是实施盗窃或抢劫的场所，而非盗窃对象。

罪定罪处罚"。以通常之经验来看,本条规定所指向的是盗接他人通讯线路使用户多缴纳电信资费,从而造成用户损失的情形。如获得通讯线路的使用须预缴资费,则盗用人侵犯的是用户所购买的服务;如获得通讯线路的使用采用事后付费,则盗用人侵犯的是用户整体财产,用户的整体财产将遭受损失。无论何种情形,电话账号、码号本身均非公私财物。最高人民法院 1995 年 9 月 13 日《关于对非法复制移动电话码号案件如何定性问题的批复》(法复〔1995〕6 号)进一步对移动电话码号问题作出解释。该解释将非法复制窃取的移动电话码号的行为认定为盗窃罪,其盗窃数额以当地邮电部门规定的移动电话入网费计算;对明知是他人非法复制的移动电话而倒卖的,认定为销赃罪;对明知是非法复制的移动电话而使用且给他人造成损失的,认定为盗窃罪,其盗窃数额以移动电话合法用户的实际损失计算。从该解释看,非法复制移动电话码号被认定侵犯的是邮电部门应收取的移动电话入网费;而因使用非法复制的移动电话给他人造成损失的被认定为侵害合法用户的整体财产(损失)。而以通常之理解,非法复制的移动电话码号与合法用户所使用的移动电话码号为同一码号,合法用户为使用该移动电话码号已支付了移动电话入网费,因此,并不存在对移动通讯经营者利益的直接侵害问题。显然,司法当局在此处所保护的不过是移动通讯经营者的潜在市场利益,将该潜在市场利益认定为公私财物无疑十分困难。①

或许正是因为这一原因,97 刑法第 265 条的规定与前述司法解释有所不同,对盗接他人通讯线路、复制他人电信码号规定了"以牟利为目的"作为前置条件,但对明知是盗接、复制的电信设备、设施而使用的情形认定盗窃罪,从法条文句逻辑看,并不需要以"以牟利为目的"为前提。②

79 刑法文本中并无"牟利"一词,"牟利"首见于 1982 年 11 月 19 日发布的《文物保护法》第 25 条"私人收藏的文物,严禁倒卖牟利,严禁私自卖

---

① 邮电部 1996 年 10 月 17 日印发的《关于盗用电信码号赔偿损失计算标准的暂行规定》(该规章已被工业和信息化部 2009 年 3 月 1 日发布的《废止〈邮电部关于损坏通信线路赔偿损失的规定〉等文件的决定》废止)第 2 条、第 4 条与该司法解释采用同一立场,在赔偿费用项目上区分为赔偿用户损失的电话费与赔偿电信部门的基本通话费(月租费)、入网费(初装费)、用户机技术处理费、防并机检测系统设备费等。

② 显然,法条在此存在明显疏漏。依通常对于文句之理解,如果后半句不需要"以牟利为目的",则法条中的"或者"前应有逗号,然而,既"以牟利为目的",自然是"明知";如法条后半句需要"以牟利为目的",则"明知"显属多余,因此,法条后半句并不需要以"以牟利为目的"为前提。另外,盗接、复制后自己使用的,既不属于第 265 条前半句所谓的"以牟利为目的",将之归入该条后半句所谓的"明知而使用的"亦不无牵强。这一缺漏由 1998 年《盗窃解释》得以填补。该解释第 2 条以有悖于常理的方式将"自用"纳入"以牟利为目的"的范围。

给外国人"之规定（该规定被97刑法第326条倒卖文物罪沿袭），此后，"牟利"一词仅在司法当局有关投机倒把罪的司法解释中出现。① 20世纪80年代末90年代初，全国人大常委会连续在三个决定中使用了"牟利"一词，分别是1988年1月21日发布的《关于惩治走私罪的补充规定》、1990年12月28日发布的《关于惩治走私、制作、贩卖、传播淫秽物品的犯罪分子的决定》与《关于禁毒的决定》。上述三个决定关于"牟利"的规定被97刑法直接沿袭，分别为97刑法第152条第1款走私淫秽物品罪（沿袭自《关于惩治走私罪的补充规定》第3条、《关于惩治走私、制作、贩卖、传播淫秽物品的犯罪分子的决定》第1条）；第154条特殊形式的走私普通货物、物品罪（沿袭自《关于惩治走私罪的补充规定》第6条）；第355条非法提供麻醉药品、精神药品罪（沿袭自《关于禁毒的决定》第10条第2款）；第363条制作、复制、出版、贩卖、传播淫秽物品牟利罪（沿袭自《关于惩治走私、制作、贩卖、传播淫秽物品的犯罪分子的决定》第2条），而这些规定多多少少带有惩治投机倒把罪的意味。

就97刑法而言，除上述5条规定（第152条、第154条、第326条、第355条、第363条）与第265条外，仅有第175条（高利转贷罪）、第187条（用账外客户资金非法拆借、发放贷款罪）、第228条（非法转让、倒卖土地使用权罪）、第345条第3款（非法收购、运输盗伐、滥伐的林木罪）4条条文规定了"牟利"。这些条文除第265条外，均规定在第3章破坏社会主义市场经济秩序罪与第6章妨害社会管理秩序罪中，显然刑法中规定"牟利"条款的目的在于规制破坏或妨害经济秩序、社会管理秩序的行为，而非针对财产本身。因此，97刑法第265条前半句仍不过是规制妨害电信市场秩序的行为，而非规制侵犯电信经营者财产的行为。②

因此，97刑法第265条之规定并不足以说明通讯线路使用利益或电信码号本身即为公私财物。尽管2000年9月25日发布的《中华人民共和

---

① 如最高人民法院、最高人民检察院1985年7月18日发布的《关于当前办理经济犯罪案件中具体应用法律的若干问题的解答（试行）》，最高人民法院、最高人民检察院1988年7月6日《关于依法惩处倒卖飞机票犯罪活动的通知》。

② 另外值得注意的是，立法机关逐渐倾向于取消有关"以牟利为目的"的规定。在97刑法以及全国人大常委会1998年12月29日《关于惩治骗购外汇、逃汇和非法买卖外汇犯罪的决定》中，立法机关删除了全国人大常委会1988年1月21日发布的《关于惩治走私罪的补充规定》第9条（非法出售、倒卖外汇罪）中的"牟利"一词；2002年12月28日《刑法修正案（四）》删除了97刑法第345条第3款（非法收购、运输盗伐、滥伐的林木罪）中的"以牟利为目的"一词；2006年6月29日发布的《刑法修正案（六）》删除了97刑法第187条（用帐外客户资金非法拆借、发放贷款罪）中的"以牟利为目的"一词。

国电信条例》规定对电信资源实行有偿使用制度（第 27 条），①但信息产业部《关于电信网码号资源收费问题的通知》（信部清〔2003〕140 号）明确规定禁止电信业务经营者以任何名义向依法获准使用码号资源其他电信业务经营者、专用电信网单位、政府部门、社会团体和其他企事业单位等（以下简称"电信网码号使用者"）收取电信网码号开通费、工程费等一次性费用，并取消电信业务经营者向电信网码号使用者收取的占用电信网码号资源的相关费用。信息产业部、财政部、国家发改委 2004 年 12 月 31 日发布的《电信网码号资源占用费征收管理暂行办法》再次重申"码号资源占用费由占有、使用码号资源的电信业务经营者承担，电信业务经营者不得向电信用户收取码号资源占用费"。（该《办法》第 15 条）因此，通讯线路使用利益或电信码号本身并非公私财物。至于盗用他人通讯线路或电信码号致使合法用户额外支出电信资费造成损失以盗窃罪论处，只是对合法用户的整体财产的保护而非对合法用户通讯线路或电信码号专有使用权的保护。②

## 六、信用卡、增值税专用发票及用于骗取出口退税、抵扣税款的其他发票

如果说就刑法文本措词的梳理尚难以得出一个有关我国刑法侵犯财产罪中"公私财物"的确切含义的话，那么将现行刑法第 196 条第 3 款以及 210 条③之规定称之为添乱并不为过，这两条三款规定在侵犯财产罪章之外的侵犯财产罪涉及极富争议的两类犯罪对象：一是信用卡，二是增值税发票及可以用于骗取出口退税、抵扣税款的其他发票。从立法例上看，如果信用卡、增值税发票及可以用于骗取出口退税、抵扣税款的其他发票属于公私财物，那么应当作为特殊条款规定在侵犯财产罪章中，如果因其规范的目的并不在于保护财产权利，完全可以另立专门罪名规定在现有章节中。现有的规范方式足以说明立法目的的含混以及立法技术的欠缺。

---

① 需要指出的是，《电信条例》规定的电信资源有偿使用制度是从自然资源的角度所作的规定，自然资源能否径直认定为财产不无疑义，本书前后均有论述，此处不赘。

② 盗用人盗接他人通讯线路、复制他人电信码号并使用的，通常情形下并不影响合法用户对通信线路或电信码号的使用。

③ 这两条三款条文为："盗窃信用卡并使用的，依照本法第二百六十四条（盗窃罪）的规定定罪处罚"（97 刑法第 196 条第 3 款规定）；"盗窃增值税专用发票或者可以用于骗取出口退税、抵扣税款的其他发票的，依照本法第二百六十四条（盗窃罪）的规定定罪处罚"（97 刑法第 210 条第 1 款）；"使用欺骗手段骗取增值税专用发票或者可以用于骗取出口退税、抵扣税款的其他发票的，依照本法第二百六十六条（诈骗罪）的规定定罪处罚"（97 刑法第 210 条第 2 款）。

从立法沿革上看,现行刑法第 196 条第 3 款直接照搬自全国人大常委会 1995 年 6 月 30 日通过的《关于惩治破坏金融秩序犯罪的决定》第 14 条第 2 款。[①] 但从目前所能看到的立法背景资料看,[②]均找不到对如此规定的理由的任何说明。[③] 如从法条推断,则盗窃信用卡本身并不构成盗窃罪,仅只当行为人盗窃信用卡并使用且达到数额较大才能认定,因此,我们有理由认为,单纯的信用卡本身并不属于公私财物。[④]

而关于盗窃增值税专用发票以盗窃罪追究刑事责任的,首见于两高《关于办理伪造、倒卖、盗窃发票刑事案件适用法律的规定》(法发〔1994〕12号/高检会〔1994〕25 号)第 4 条。[⑤] 但从该条司法解释看,两高仅以盗窃增值税专用发票的数量来定罪,并未明示或暗示增值税专用发票存在价格(数额)问题,而这显然违背了 79 刑法第 151 条"盗窃、诈骗、抢夺公私财物数额较大的"构成犯罪的法律明文。事实上,如依 79 刑法第 151 条,公私财物必定有数额问题,无数额之物并不属于公私财物。据此我们也可以推断增值税专用发票并不属于刑法中的公私财物。全国人大常委会 1995 年10 月 30 日通过的《关于惩治虚开、伪造和非法出售增值税专用发票犯罪的决定》第 7 条延续了上述司法解释的规定,并增加一款,规定:"盗窃增值

---

① 该款全文如下:"盗窃信用卡并使用的,依照刑法关于盗窃罪的规定处罚。"

② 如全国人大法工委主任顾昂然在全国人大常委会上所作的《关于惩治破坏金融秩序的犯罪分子的决定(草案)的说明》(1995 年 5 月 5 日)、全国人大法律委员会副主任委员王叔文在全国人大常委会上所作的《全国人大法律委员会关于〈全国人民代表大会常务委员会关于惩治破坏金融秩序的犯罪分子的决定(草案)〉审议结果的报告》、全国人大法律委员会主任委员薛驹在全国人大常委会上所作的《关于担保法(草案修改稿)、保险法(草案修改稿)和惩治破坏金融秩序犯罪的决定(草案修改稿)修改意见的汇报》等。

③ 而全国人大常委会法工委刑法室给出的说明更是有趣:"对这种行为如何定性,理论界和实务界都存在不同的理解:一种意见认为应当依照本条的规定以信用卡诈骗罪定罪处罚;另一种意见认为应当依照刑法第 264 条的规定以盗窃罪定罪处罚。根据本款规定,对这种犯罪行为,应当依照刑法第 264 条的规定以盗窃罪定罪处罚。"并未给出该条款如此规定的任何理由。参见全国人大常委会法工委刑法室编:《〈中华人民共和国刑法〉条文说明、立法理由及相关规定》,北京大学出版社 2009 年版,第 391 页。

④ 另,根据全国人大常委会 2004 年 12 月 29 日通过的《关于〈中华人民共和国刑法〉有关信用卡规定的解释》,刑法规定的"信用卡",是指"由商业银行或者其他金融机构发行的具有消费支付、信用贷款、转账结算、存取现金等全部功能或者部分功能的电子支付卡"。这些电子支付卡包括信用卡(含贷记卡和准贷记卡)与借记卡。参见全国人大常委会法工委副主任安建在全国人大常委会上所作的《关于〈全国人民代表大会常务委员会关于《中华人民共和国刑法》有关信用卡规定的解释(草案)〉的说明》(2004 年 12 月 25 日)。

⑤ 该条规定:"盗窃增值税专用发票的,以盗窃罪追究刑事责任。盗窃数量在二十五份以上的,依照刑法第一百五十一条的规定处罚;盗窃数量在二百五十份以上的,依照刑法第一百五十二条的规定处罚;情节特别严重的,依照《全国人民代表大会常务委员会关于严惩严重破坏经济的罪犯的决定》第一条第(一)项的规定处罚。"

税专用发票或者其他发票的,依照刑法关于盗窃罪的规定处罚。使用欺骗手段骗取增值税专用发票或者其他发票的,依照刑法关于诈骗罪的规定处罚。"[1]而最高人民法院发布的《关于适用〈全国人民代表大会常务委员会关于惩治虚开、伪造和非法出售增值税专用发票犯罪的决定〉的若干问题的解释》(法发〔1996〕30 号)第 7 条,仍以数量定罪,而不涉及数额。现行刑法第 210 条直接沿用全国人大常委会《关于惩治虚开、伪造和非法出售增值税专用发票犯罪的决定》第 7 条之规定,仅仅是把该条中的"其他发票"明确为"用于骗取出口退税、抵扣税款的其他发票"。[2] 如前所述,尽管现行刑法将盗窃增值税专用发票或者用于骗取出口退税、抵扣税款的其他发票规定为盗窃罪、将使用欺骗手段骗取增值税专用发票或者用于骗取出口退税、抵扣税款的其他发票规定为诈骗罪,但仍不足以据此认定增值税专用发票或者用于骗取出口退税、抵扣税款的其他发票为我国刑法上的公私财物。而如果从立法规范意图来看,是否有必要适用盗窃罪和诈骗罪规制此类行为亦不无商榷余地。盗窃信用卡并使用认定为盗窃罪的情形亦同。

### 七、劳动报酬

《刑法修正案(八)》第 41 条增订了刑法第 276 条之一"拒不支付劳动报酬罪",列入刑法分则第 5 章"侵犯财产罪"。依据立法者的说明,该条之增修是"加强对民生的保护"之需要。立法者声称"近年来,一些全国人大代表多次提出议案、建议,要求对一些严重损害广大人民群众利益的行为,加大惩处力度。……对一些社会危害严重,人民群众反响强烈,原来由行政管理手段或者民事手段调整的违法行为,建议规定为犯罪……"[3]"一些常委会委员提出,劳动法、劳动合同法、劳动保障监察条例都对不支付劳动者报酬的行为,规定了由政府有关部门责令其支付的措施。为了更好地维

---

[1] 这里所谓的"其他发票"并未明言所指,但据《关于惩治虚开、伪造和非法出售增值税专用发票犯罪的决定》的其他条款,可知主要指"用于骗取出口退税、抵扣税款的其他发票"。

[2] 全国人大常委会 2005 年 12 月 29 日通过的《关于〈中华人民共和国刑法〉有关出口退税、抵扣税款的其他发票规定的解释》进一步明确刑法规定的"出口退税、抵扣税款的其他发票",是指除增值税专用发票以外的,具有出口退税、抵扣税款功能的收付款凭证或者完税凭证(包括作为完税凭证的海关代征增值税专用缴款书)。参见全国人大常委会法工委副主任安建 2005 年 12 月 24 日在全国人大常委会上所作的《关于〈全国人民代表大会常务委员会关于〈中华人民共和国刑法〉有关出口退税、抵扣税款的其他发票规定的解释(草案)〉的说明》。

[3] 全国人大常委会法制工作委员会:《刑法修正案(草案)条文及草案说明》,http://www.npc.gov.cn/npc/flcazqyj/2010 - 08/28/content_1592773.htm,访问日期:2011 年 4 月 5 日。

护广大劳动者的合法权益,宜将刑事处罚与行政监管措施相衔接,建议在草案规定中增加经政府有关部门责令支付仍不支付的情形,以更有效地预防和惩处侵害劳动者合法权益的违法犯罪行为"。① 该条规定亦被视为《刑法修正案(八)》的主要亮点和看点之一。② 相关评论均表示,"此次刑法修正案提出拖欠工资入刑,受到了各界人士的推崇","恶意欠薪已成为影响社会安定稳定的重要隐患,刑法将其入罪体现了对现实的呼应";该条规定"更有力保护劳动者获得报酬的权利","对于全国工人尤其是农民工来说,解决了欠薪的后顾之忧"。③

然而,"劳动报酬"在何种意义上可以成为刑法的"公私财物"或"财产",是一个颇费思量的问题。依据通常之法理,"劳动报酬"在被支付给劳动者之前,劳动者就"劳动报酬"并不具有所有权,也未曾取得占有权,仅仅是一项民法意义上的债权请求权。显然,将"劳动报酬"纳入"公私财物",与前述"通讯线路使用利益"、"电信码号"、"增值税专用发票及用于骗取出口退税、抵扣税款的其他发票"等纳入财产范围一样,更多地应视为回应社会现实的纯粹的政治政策决定,而非法律规范自身合乎逻辑的展开。尽管刑法不能回避社会现实问题,但应以采纳合乎刑法规范自身逻辑的方式回应为宜。④

从前文对我国现行刑法文本中财产概念的诸种表述的整理来看,现行刑法坚持了自 1957 年 6 月 27 日《刑法草案》以来的"极简主义"表述("公私财物")的传统;另一方面,又从政策文件中直接借用了"资金"、"物资"、"款物"等表达。尽管将"资金"、"物资"、"款物"等视为"财物"的特殊表达似乎并无困难,然而这样的借用无疑破坏了统一使用"财物"表述的传统,也破坏了刑事法律规范表述应有的严谨。另外值得特别指出的是,现行刑

① 《中国将修改刑法规定:经政府责令仍逃避支付劳动者报酬将受刑罚》,新华网 2011 年 2 月 23 日报道,http://news.xinhuanet.com/legal/2011-02/23/c_121114736.htm,访问日期:2011 年 4 月 5 日。

② 《刑法修改五大看点:宽严相济　保护民生》,中国人大网 2011 年 2 月 28 日报道,http://www. npc. gov. cn/huiyi/cwh/1119/2011-02/28/content_1627449. htm,访问日期:2011 年 4 月 5 日;庄永廉、郑赫南、宋识径、谢文英:《刑法修正案(八)草案八大亮点引人关注》,载《检察日报》 2010 年 8 月 24 日第 2 版。

③ 杜晓:《刑法修正案拟将恶意欠薪定为犯罪好评如何认定"恶意"尚存困难——恶意欠薪追刑责能否根治拖欠工资痼疾》,载《法制日报》2011 年 2 月 25 日第 4 版;孙瑞灼:《恶意欠薪入罪还需明确"三个问题"》,载《人民法院报》2010 年 8 月 27 日第 2 版;姜琳:《"恶意欠薪"入罪,有助威慑"恶老板"》,载《新华每日电讯》2010 年 8 月 25 日第 3 版等。

④ 亦有为数不多的评论质疑恶意欠薪入罪。参见高学哲:《恶意欠薪入罪是否必要》,载《21 世纪经济报道》2010 年 10 月 19 日第 2 版。

法将"通讯线路使用利益"、"电信码号"、"劳动报酬"尤其是"增值税专用发票及用于骗取出口退税、抵扣税款的其他发票"等纳入财产范围,只能视为纯粹的政治政策决定,而非法律规范自身合乎逻辑的展开。如果承认"通讯线路使用利益"、"电信码号"、"劳动报酬"尤其是"增值税专用发票及用于骗取出口退税、抵扣税款的其他发票"为刑法侵犯财产罪意义上的财物,则刑法侵犯财产罪的财产概念将丧失其应有的规范确定性,其基本的概念内核亦将难以维系。[①]

## 第二节  我国法体系中的财产概念

如前所述,仅就刑法文本措词的分析无法说明我国刑法侵犯财产罪中的具体内涵,因此,有必要诉诸整体法秩序或曰法体系,寻求法体系对于"财产"、"财物"概念的一般理解,以期对理解刑法文本中所使用的"财产"、"财物"概念提供提示和帮助。

所谓"整体法秩序",如德国刑法学家宾丁所言:"作为保护法之一的刑法,不可能不去理解其与规范之间的关联性,整体的法秩序是由分散于各法领域中的各个规范所组成。而这些法规范中所包含的法益或是权利,则对形成刑法上的犯罪概念做出了贡献,亦即由属于民法、公法或诉讼法中各个概念,共同与刑法形成了犯罪的构成要件要素,而架构了联系的桥梁。因此,要将刑法孤立于其他法规范之外是无法想像的,而必须是与其他法规范紧密的相互作用,而不得不将其视为实定法体系中的一部分。"[②]

### 一、我国宪法中的财产概念

在一国之法体系中,具有最高地位的当属宪法。在我国,宪法乃根本

---

[①] 我国现行刑法侵犯财产罪章涉及财产的措词还有第 270 条第 2 款(侵占罪)规定的"遗忘物、埋藏物",关于"遗忘物"问题从 20 世纪 80 年代末直至新千年初曾有过广泛争论,争论的核心在于刑法中的"遗忘物"是否等同于民法中的"遗失物",通说认为刑法中的"遗忘物"并非民法上的"遗失物";至于"埋藏物"则少有论及,大体上将之等同于民法上之"埋藏物"。无论"遗忘物"或"埋藏物",对本书所讨论的侵犯财产罪之财产概念问题均无太直接的关联,本书因此不拟专门讨论。另外,源自 79 刑法第 125 条(破坏集体生产罪)的 97 刑法第 276 条(破坏生产经营罪)较为特殊,将之规定在侵犯财产罪章亦不无争议,本书的讨论亦不拟涉及,特此说明。

[②] Binding, *Lehrbuch des gemeinen deutschen Strafrechts*, Band I, 2. Aufl., 1902, S. 9f. 转引自张天一:《刑法上之财产概念——探索财产犯罪之体系架构》,台湾辅仁大学博士学位论文,2007 年,第 122 页。

大法,我国宪法第 5 条亦明确规定:"一切法律、行政法规和地方性法规都不得同宪法相抵触"、"国家维护社会主义法制的统一和尊严",我国刑法第 1 条(立法目的)亦明确规定"根据宪法……制定本法"。因此,明了宪法对"财产"、"财物"的解释,是深入理解刑法文本中的"财产"、"财物"概念的前提。

通常认为,我国宪法明确规定保障财产权的条文是宪法第 12 条和第 13 条。两条条文如下:

> 第十二条　社会主义的公共财产神圣不可侵犯。
> 国家保护社会主义的公共财产。禁止任何组织或者个人用任何手段侵占或者破坏国家的和集体的财产。
> 第十三条　公民的合法的私有财产不受侵犯。
> 国家依照法律规定保护公民的私有财产权和继承权。
> 国家为了公共利益的需要,可以依照法律规定对公民的私有财产实行征收或者征用并给予补偿。

然而,上述两条条文仅仅是宣告了对财产权进行保护,而未触及财产的概念和内涵。要理解宪法第 12 条、第 13 条的"财产",必须诉诸我国宪法对基本经济制度的规定。

我国宪法序言明确写明:"中华人民共和国成立以后,我国社会逐步实现了由新民主主义到社会主义的过渡。生产资料私有制的社会主义改造已经完成,人剥削人的制度已经消灭,社会主义制度已经确立。""在我国,剥削阶级作为阶级已经消灭。"由此,我们可以区分出来两类财产,一类为生产资料,对应的另一类为生活资料。在马克思主义理论中,社会主义最伟大的贡献是消灭了人剥削人制度的经济基础,人剥削人的制度存在的前提是生产资料私有制,因此,生产资料必须全部公有。

我国宪法第 6 条即明确规定:"中华人民共和国的社会主义经济制度的基础是生产资料的社会主义公有制,即全民所有制和劳动群众集体所有制。社会主义公有制消灭人剥削人的制度,实行各尽所能、按劳分配的原则。"其中,"国有经济,即社会主义全民所有制经济,是国民经济中的主导力量"。(宪法第 7 条)而就劳动群众集体所有制,我国宪法第 8 条规定:"农村集体经济组织实行家庭承包经营为基础、统分结合的双层经营体制。农村中的生产、供销、信用、消费等各种形式的合作经济,是社会主义劳动群众集体所有制经济。……城镇中的手工业、工业、建筑业、运输业、商业、服务业等行业的各种形式的合作经济,都是社会主义劳动群众集体所有制经济。"

在社会主义公有制下,社会生产的目的在于生产消费品满足人民的生活,通过社会主义生产改善人民的生活。正是在这一意义上,我国宪法第42条规定了"中华人民共和国公民有劳动的权利和义务",因为正是在社会主义下人类才实现了"为自己的生产"。换言之,理论上所有公有财产均为生产资料,所有的私有财产均为生活资料(即消费品)。然而,生产资料和生活资料在某些领域难以加以明确区分,社会主义生产所需的一切物品均为生产资料,而社会主义生产资料产出的产品分为两类,一类是消费品(即供劳动者使用的生活资料),另一类产品则投入社会主义再生产中,即所谓的社会主义生产的积累与消费的问题。这两类产品在物质形态上并无任何区别。因此,我国宪法仅规定了公有财产专属范围。依据我国宪法第9条和第10条规定,专属公有的财产(生产资料)包括自然资源和土地两类。专属国家所有财产(生产资料)包括矿藏、水流、森林、山岭、草原、荒地、滩涂等自然资源、珍贵的动物和植物(宪法第9条)、城市土地(宪法第10条);专属集体所有的财产(生产资料)包括由法律规定属于集体所有的森林和山岭、草原、荒地、滩涂(宪法第9条),不属于国家所有的农村和城市郊区的土地以及宅基地和自留地、自留山(宪法第10条)。①

与此同时,早期社会主义实践中,基本经济制度与计划经济、按劳分配构成了社会主义的基本社会形态。在这一"三位一体"的社会形态中,理论上公私财产的区分一目了然,即国家和集体分配给个人的消费品即生活资料,除此之外,均为由国家控制和占有的生产资料,财产关系得以极简化。

然而,这一理想型的社会主义基本经济制度在社会主义具体实践中有所修正,即社会主义初级阶段理论。在社会主义初级阶段理论下,我国宪

---

① 值得注意的是宪法第8条中"参加农村集体经济组织的劳动者,有权在法律规定的范围内经营自留地、自留山、家庭副业和饲养自留畜"的规定,根据宪法第10条,自留地、自留山的所有权属于集体所有并无疑义,但参加农村集体经济组织的劳动者对"家庭副业和饲养自留畜"是否有所有权呢? 本条条文使用的是"经营"二字,并未如本条其他部分及前后条文使用"所有"二字,从文义解释来看,显然,农村集体经济组织的劳动者对"家庭副业和饲养自留畜"并不拥有所有权,仍只是"经营权"。这显然是荒谬的。事实上,这一规定直接来自于1978年2月26日华国锋在五届全国人大一次会议上所作的政府工作报告《团结起来,为建设社会主义的现代化强国而奋斗》。在这一报告中,华国锋指出,"在保证集体经济占绝对优势的条件下,允许社员经营少量自留地和家庭副业,牧区社员可以有少量自留畜的政策,允许正当的集市贸易的政策等等,是有利于发展农业生产、改善农民生活、巩固和壮大人民公社集体经济的正确政策,受到了广大农民群众的拥护"。这也正是79刑法第82条规定的"依法归个人或家庭所有或使用的自留地、自留畜、自留树等生产资料"的由来。

法第 6 条第 2 款规定我国"坚持公有制为主体、多种所有制经济共同发展的基本经济制度,坚持按劳分配为主体、多种分配方式并存的分配制度";第 11 条规定:"在法律规定范围内的个体经济、私营经济等非公有制经济,是社会主义市场经济的重要组成部分。国家保护个体经济、私营经济等非公有制经济的合法的权利和利益。国家鼓励、支持和引导非公有制经济的发展,并对非公有制经济依法实行监督和管理。"如此一来,生产资料与生活资料的区分变得毫无意义了。而由社会主义初级阶段理论发展而来并作为社会主义初级阶段理论一部分的社会主义市场经济理论也让消费品(生活资料)与用于社会主义生产的产品的区分不再具有实际意义,市场经济使得生活世界中的一切都被商品化了,财产的范畴也得以极度的扩张,彻底改变了 20 世纪 50 年代观念中"财产"、"财物"概念。

至于宪法第 9 条、第 10 条关于公有财产专属范围的规定是否是关于财产对象的规定,仍然是不无争议的。在前文讨论 1936 年苏联宪法的类似规定中,我们已经提到,作为财产的物必须是明确的、指向清晰的、特定的或可以特定化的,因此自然资源显然难以成为法律规范意义上的财产权客体,宪法在此所表达的与其说是作为财产权客体意义上的财产,毋宁说是作为国家彰显主权、行使统治权意义上的统治对象。对于土地而言,只有已被占有、控制的、明确的地块才是法律规范意义上的财产权客体,单纯的概括性的申言土地公有,只是说明了国家主权或曰国家统治权所覆盖的领土范围而已。

如果再回头审视我国宪法第 12 条、第 13 条的规定,可以发现,第 12 条、第 13 条只是作为我国经济制度的基本因素来规定的,而非在法律规范意义上确认财产权利。

以备受关注的第 13 条而言,规范私有财产保护问题的第 13 条是纳入到了宪法"总纲"而不是"公民的基本权利与义务"一章之中。如论者所指出的,这表明"在中国的立宪者眼中,对私有财产权问题的规定,是我国经济制度的基本因素;宪法作出此种规定,并不是要把它规定为公民的一项基本权利……该条的功能在于,它与第 12 条一起共同表达社会主义制度下对公私财产进行保护的基本精神——这也是我国的基本经济政策中的一个方面:在强调社会主义公共财产神圣不可侵犯的同时,也适当地和有限地保护公民对私有财产的部分权利"。①

---

① 汪庆红、干梅君:《对我国私有财产权宪法地位的思考》,载《天津市政法管理干部学院学报》
　2001 年第 4 期。

正如论者指出的,我国现行宪法对私有财产权规范的这一方式,沿袭自新民主主义革命时期的宪法实践。在新民主主义革命时期的宪法实践中,宪法所要表达的观念是,"私有财产"是根据地经济建设过程中作为公有财产的必要补充而存在的,对"私有财产"的保护是为了更好地调动根据地各阶层人民参与经济建设的积极性。对于根据地的宪政建设而言,保护"私有财产"只是一种促进经济发展的措施,而不是为了保护人民的基本权利。换言之,革命时期宪法实践首要的考虑是"私有财产"的经济意义,即在增加社会财富总量、增强社会发展的物质基础的效用性,而不是从"私有财产"的法律意义即作为人权保护的重要内容的角度上来建构的。在革命时期的立宪者眼中,通常私有财产是消极意义上被没收的对象,或是中性意义上经济发展的基本因素,而不是积极意义上公民基本权利的客体。这种观念对新中国财产制宪运动产生了深远的影响。在新中国多部宪法之中,私有财产权始终被看作国家的基本经济制度的一个要素,而没有被规定为公民的基本权利。[①]

上述对宪法第 13 条规定的分析和理解同样也适用于宪法第 12 条之规定。

因此,我们必须注意,在对财产权的保护上,我国宪法与西方宪法并不相同。通常认为,西方宪法上对于财产权保护之规定,在本质上是对于基本人权的保障。从洛克开始,财产权与生命权及自由权共同构成了个人生存与发展不可或缺的基本前提,是先于国家存在的个人权利。宪法保障财产权的实质目的在于保障个人生存和人格发展能够获得坚实的基础,因此,财产权在本质上是一种人格性的自由权。[②]而我国宪法第 12 条、第 13 条之规定,与其说是对财产权的保护,不如说是对所有制或者说对基本经济制度的保护。

由此,我们必须明了,无论从宪法抑或从历史渊源看,我国刑法侵犯财产罪章所保护的客体应为所有制,而非所有权。只是由于 20 世纪 80 年代以来法治的发展尤其是西方法律理论的引入,才使得理论和实践中直接以财产权或所有权的表述替代了所有制的表述,由此造成了解释上的混乱。诚然,在经历了近 30 年的大规模的社会变革后,在法律理论中坚持所有制的表述已经不合时宜,但无视历史的层积和沿袭,在现有立法表述尚未改

---

① 汪庆红:《中国革命宪法"私有财产"概念解析》,载《广西政法管理干部学院学报》2005 年第 6 期。

② 参见陈爱娥:《"司法院"大法官会议解释中财产权概念之演变》,载刘孔中、李建良主编:《宪法解释之理论与实务》,台湾地区"中央"研究院中山人文社会科学研究所 1998 年版,第 403 页。

变的背景下,对这一背景不予以交待,直接以所有权替代所有制,这样的处理方式恐未必妥当。①

在承认并明确财产权在本质上是一种人格性的自由权的国家和地区,其宪法也仅表示财产应受保障的抽象概念,至于财产的实质内容为何,则同样留待立法者藉由相关的法律制度规定。即,在宪法中只是框划出财产权应有的内涵,但就具体财产权的类型以及应如何分配,则必须由其他法律规范(尤其是民法)加以规定。②

就德国及我国台湾地区宪法学的发展过程而言,对于宪法所保护的财产权的范围,都是由"物权性权利"开始扩张并逐渐及于"债权性权利",当代的通说认为只要是属于"具有财产价值之私权利"(privatrechtliche vermögenswerte Rechte),即应受到宪法之保障。③ 而对我国宪法学说而言,通常亦承认宪法所保护的财产权的范围及于"具有财产价值之权利"。④ 只是背景并不相同,在德国和我国台湾地区,这一变化是与民法中的物权、债权两分体系随着社会变迁衍化而来的;而在我国这意味着从计划经济向市场经济变化,从对物的静态占有、消耗到大规模的市场交易导致的大量所有权与物的静态占有的分离的现象。⑤

需要说明的是,德国宪法学界通说认为,"具有财产价值之私权利"的对象必须是"具体存在"的财产利益,如果仅仅是纯粹的获利期待、获利机会或是反射利益,则不属于宪法上所要保障的财产。⑥ 此外,单纯的个人整体财产(Vermögen)也不属于宪法保障的范围,即宪法对于财产权之保障并不及于个人的财产得免于贬值。⑦

---

① 其中,20 世纪 80 年代从日本刑法理论中引介进来的关于侵犯财产罪保护对象的"本权说"与"占有说"的争论,自 90 年代后期开始被直接套用到了我国刑法理论中,尤为典型。

② 参见 Pieroth/Schlink, *Grundrecht Staatsrecht II*, 22. Aufl., 2006, §23, Rn. 920f.。转引自张天一:《刑法上之财产概念——探索财产犯罪之体系架构》,台湾辅仁大学博士学位论文,2007 年,第 111 页。

③ 参见陈爱娥:《"司法院"大法官会议解释中财产权概念之演变》,载刘孔中、李建良主编:《宪法解释之理论与实务》,台湾地区"中央"研究院中山人文社会科学研究所 1998 年版,第 404～405 页。

④ 参见张千帆:《宪法学导论》,法律出版社 2004 年版,第 587～605 页。

⑤ 需要说明的是,尽管从"物权性权利"开始扩张并逐渐及于"债权性权利"的过程,大体上可以看作是法律制度和理论对自然经济(农业)主导的社会向商品经济(工业)主导的社会变迁所作出的反映。但我国的背景更为复杂,新中国前期的计划经济体制本身并非自然经济体制,计划经济体制恰恰是服务于工业化的,但导致的结果却是强制性的自然经济状态。

⑥ 张天一:《刑法上之财产概念——探索财产犯罪之体系架构》,台湾地区辅仁大学博士学位论文,2007 年,第 114 页。

⑦ 参见陈爱娥:《"司法院"大法官会议解释中财产权概念之演变》,载刘孔中、李建良主编:《宪法解释之理论与实务》,台湾地区"中央"研究院中山人文社会科学研究所 1998 年版,第 407 页。

大体上,宪法上的财产权是一个浮动的概念,随着时代发展变化扩张及变更其内涵,制宪者以及宪法解释者只是勾勒出财产权核心概念的特质,至于财产权的实质保障内涵,则留给法律及社会制度加以诠释。如德国理论和实务界曾试图脱离民法的束缚,建构独立的宪法上的财产权概念,但最后仍然无法与民法进行有效的分离,仍回归到"即民法与社会通念所形成者"的说法上。[①]

我国宪法未曾承认并明确财产权在本质上是一种人格性的自由权,宪法第12条、第13条如前文言又只是对我国经济制度的基本因素的规定,从我国宪法中无法勾勒出财产权的基本内涵,只能勾勒出所有制的基本内涵。因此,在所有制问题逐渐淡化、市场平等主体地位日益得到强调的当下,固守宪法的所有制观念用于解释刑法侵犯财产罪章的"财产"、"财物"概念恐已不合时宜。故而,尽管与德国宪法理论发展的背景并不相同,但对财产概念的解释恐怕同样也须立足于"民法与社会通念所形成者"的说法上。

## 二、民法中的财产概念

民法与刑法之关联除了前述宾丁的"整体法秩序"的一致性之外,二者是否存在更紧密的关联,在理论上有不同见解。

由于欧陆法律史上,在19世纪公法学研究出现重大进展之前,属于公法领域的刑法始终附随民法之下,而且欠缺体系性。因此,在早期对于刑法的定位问题上,认为刑法具有"从属之性质"(akzessorische Natur des Strafrecht),而且从属于民法之下,刑法的功能在于辅助保护民法上之各种权利,因而具有所谓"补充的"(komplementär)、"二次性的"(sekundär)以及"备位的"(subsidär)性质。[②] 这种"刑法从属性"的思想表现最为明显的部分,就是财产犯罪领域。一直到20世纪初期,刑法学界仍是将财产犯罪解读为保护民法上之财产权。因此,对于刑法上财产概念以及财产损害内涵的理解,必须求诸民法上的相关规定。[③]

---

① 张天一:《刑法上之财产概念——探索财产犯罪之体系架构》,台湾辅仁大学博士学位论文,2007年,第113页。

② Binding, *Lehrbuch des gemeinen deutschen Strafrechts*, Band I, 2. Aufl., 1902, S. 5. 。转引自张天一:《刑法上之财产概念——探索财产犯罪之体系架构》,台湾辅仁大学博士学位论文,2007年,第118页。

③ 参见 H. Mayer, Die Untreue im Zusammenhang der Vermögensverbrechen, 1926, S. 20; Cramer, Vermögensbegriff und Vermögensschaden im Strafrecht, 1968, S. 32. 。转引自张天一:《刑法上之财产概念——探索财产犯罪之体系架构》,台湾地区辅仁大学博士学位论文,2007年,第118~119页。

在 1920 年前后，刑法学界亟欲摆脱民法的束缚，希佩尔（Hippel）首先于 1925 年在其所著的刑法教科书中提出了"刑法独立性"（Selbständigkeit des Strafrechts）的思想，并得到了弗兰克（Frank）、H. 迈尔（H. Mayer）和梅茨格尔（Mezger）等人的支持。其后，布伦斯（Bruns）在其于 1938 年所著的《由民法思想中的刑法解放》一书中，大力鼓吹"刑法上之保护法益并不等同于民法上之权利"的说法，认为刑法在各民族当中，都是最重要、也是最根本的法律，具有所谓的"原始形态"（Urbestande），其出现的时代未必晚于其他法律规范。因此，刑法应当居于与其他规范相互补充的地位，与民法之间并不存在从属关系。[①]

主张"刑法独立性"的学者，最主要的论点是：刑法与民法在规范目的上，存在着差异性，刑法在本质上是一种"制裁规则"（Sanktionsordnung），因而与民法在调整个人之间权利及义务的任务有所不同，刑法是使用强制力作为手段给予个人利益适当之保护，并非在衡平利益。刑法在其地位上，并非从属于民法的"保护法"，否则对民法具有支配地位的自由原则，将会渗入刑法之中，使得刑法所要求的安定性受到动摇。所以，刑法和民法应居于平等之地位，从不同角度，共同建构起法秩序。[②] 因此，支持"刑法独立性"的学者认为，由于刑法对于财产的保护方式，是独立于民法规范之外的，故而不应当依赖于民法上的财产权概念来决定刑法上的财产概念。[③]

不过，即便承认"刑法独立性"，"刑法上的财产概念应独立于民法之外"的看法仍值得慎重对待。由于刑法上的财产犯罪的本质在于巩固民法上的财产分配制度，使得财产权人在现实上的利益得到保障，因此，关于财产犯罪的解释与适用，是无法完全与民法脱离关系的。将刑法上的财产概念的解释与适用完全独立于民法之外，在现实中并不可行。因此，诚如张天一博士所言，理性的立场应当是将所谓的"刑法独立性"理解为，"在符合刑法目的之需求下，对于刑法上相关观念的解释，不必与民法上之意涵完全一致，而得作适当的调整，但并不允许完全不考虑民法上的概念与规定，而应受到一定之约束"。[④] 故而，下文将对民法上的

---

① 本段学术史的梳理参见自张天一：《刑法上之财产概念——探索财产犯罪之体系架构》，台湾辅仁大学博士学位论文，2007 年，第 119 页。

② 参见 H. Mayer, Die Untreue im Zusammenhang der Vermögensverbrechen, 1926, S. 118f; Bruns, Die Befreiung des Strafrechts vom Zivilistischen Denken, 1938, S. 7.。转引自张天一：《刑法上之财产概念——探索财产犯罪之体系架构》，台湾辅仁大学博士学位论文，2007 年，第 119 页。

③ 参见陈志龙：《人性尊严与刑法体系入门》（修订 5 版），1998 年自版印行，第 384 页。

④ 张天一：《刑法上之财产概念——探索财产犯罪之体系架构》，台湾辅仁大学博士学位论文，2007 年，第 121 页。

财产概念展开分析。

### （一）我国民事立法中的财产概念

我国民法对于财产的规定集中在作为民事法律基础的 1986 年制定的《民法通则》中。《民法通则》第 5 章"民事权利"第 1 节"财产所有权和与财产所有权有关的财产权"，通常被认为集中规定了财产权的权利客体——财产的内涵。

纵观《民法通则》第 5 章第 1 节"财产所有权和与财产所有权有关的财产权"之规定，大体上，在财产所有权的规定中，并未明确说明财产所有权所指向的权利客体究竟为何。其中，规定财产所有权定义的第 71 条只是规定"财产所有权指所有人依法对自己的财产享有占有、使用、收益和处分的权利"，该条规定了权利的内涵，但对权利客体的表述只是重复"财产"用词。同样情形见于第 73 条关于国家财产所有权的规定。而在集体财产所有权的规定（第 74 条）中，似乎较为明确的说明了权利客体（财产）为"法律规定为集体所有的土地和森林、山岭、草原、荒地、滩涂等；集体所有的土地；集体所有的建筑物、水库、农田水利设施和教育、科学、文化、卫生、体育等设施"，然而，参照前述宪法相应条款的讨论，该条所谓对集体财产所有权客体（财产）的规定，不过是重复了我国宪法第 9 条、第 10 条的规定而已，前述对宪法第 9 条、第 10 条的批评同样适用于《民法通则》第 74 条。此外，该条第 1 款第 2 项、第 4 项仍然分别写作"集体经济组织的财产"、"集体所有的其他财产"，因此，看似较明确规定集体财产所有权客体的规定，仍然难以发现具有规范指向意义的内容。而在第 75 条规定的个人财产所有权的客体（财产）中，列举了"公民的合法收入、房屋、储蓄、生活用品、文物、图书资料、林木、牲畜和法律允许公民所有的生产资料以及其他合法财产"。显然，第 75 条列举的各种权利客体并未经过体系逻辑的考量，如所谓"合法收入"与"储蓄"究竟在形态上有多大区别呢？如果说"储蓄"是货币形态的"合法收入"，而"合法收入"除货币形态的收入外，可能存在实物形态的收入，那么这些所谓实物形态的合法收入与房屋、生活用品、图书资料、文物、林木、牲畜之间又有何区别呢？因此，如果一定要对《民法通则》第 75 条列举的各种权利客体进行归纳总结，则无非是物质形态的物与货币两种而已。当然，如果延续前文对宪法条款的讨论，则《民法通则》第 75 条关于财产所有权客体的具体列举仅仅是有关生活资料的内容，因此，在具体列举客体的文字之后仍接着写了"法律允许公民所有的生产资料"。而所谓"其他合法财产"则是除生产资料和前述列举的生活资料之外的其他生活资料。① 因此,我们仍然可以说,《民法通则》第 75 条规定同样不具有规范指向意义,同样不足以判别日常生活实践争议情形中究竟何为财产。

至于《民法通则》规定的所谓"与财产所有权有关的财产权"包括财产继承权(第 78 条)、土地使用权与承包经营权(第 80 条)、自然资源使用权及承包经营权(第 81 条)、全民所有制企业之财产经营权(第 82 条)、相邻权(第 83 条)。其中第 80 条、第 81 条所涉及权利客体仍为土地和自然资源,第 78 条、第 82 条则仍直接重复"财产"一词。

《民法通则》上述规定的强大的惯性在 2007 年施行的《物权法》中表露无遗。2007 年《物权法》规定的国有财产的范围包括:矿藏、水流、海域(第 46 条);城市土地以及法律规定属于国家所有的农村和城市郊区的土地(第 47 条);属于国家所有的自然资源,包括森林、山岭、草原、荒地、滩涂等(第 48 条);属于国家所有的野生动植物资源(第 49 条);无线电频谱资源(第 50 条);法律规定属于国家所有的文物(第 51 条);国防资产和属于国家所有的铁路、公路、电力设施、电信设施和油气管道等基础设施(第 52 条)。《物权法》规定的集体财产的范围包括:法律规定属于集体所有的土地和森林、山岭、草原、荒地、滩涂;集体所有的建筑物、生产设施、农田水利设施;集体所有的教育、科学、文化、卫生、体育等设施等(第 58 条)。

《物权法》对私有财产范围的规定则区分了私有财产(第 64 条)和私人合法权益(第 65 条)两条。其中第 64 条规定私有财产范围为"合法的收入、房屋、生活用品、生产工具、原材料等";第 65 条规定的合法权益的对象为"合法的储蓄、投资及其收益"、"继承权及其他合法权益"。这一规定方式将《民法通则》第 75 条规定中原有的"储蓄"从其他权利客体中分离了出来,列入"权益"对象的范畴,而非所有权客体的范畴。按照全国人大常委会法工委民法室编的《〈中华人民共和国物权法〉条文说、立法理由及相关规定》所提供的条文说明,所谓"收入","是指人们从事各种劳动获得的货币收入或者有价物。主要包括:工资、从事智力创造和提供劳务所取得的物质权利、转让和出租财产所得、从事个体经营的劳动收入、从事承包土地所获得的收益等";所谓"生活用品","是指用于生活方面的物品,包括家用电器、私人汽车、家具和其他用品";所谓"生产工具和原材料",是指人们在进行生产活动时所使用的器具,如机器设备、车辆、船舶等运输工具;原材料是指生产产品所需的物质基础材料,如矿石、木材、钢铁等";所谓"等"则

---

① 前文对生产资料与生活资料的区分已有讨论,此处不赘。

指如"图书、个人收藏品、牲畜和家禽等";所谓储蓄"主要是指日常生活中所讲的存款储蓄,即指公民个人将合法拥有的、暂时不用的货币存入银行、信用合作社、邮政储蓄机构等信用机构,当存款到期或客户随时兑付时,由信用机构保证支付利息和归还本金";所谓投资"是指将现有的资金或者可用于消费的价值投入到未来可以获取更大价值的经济活动。如通过购买股票、基金、债券、期货以获取更高的资本收益,也包括将资金投入到企业中以扩大再生产或者获得资产收益等行为"。所谓其他合法权益"如依照专利法保护私人的专利权,依照著作权法保护私人的著作权等"。[①] 尽管这是权威的立法部门提供的条文说明,但很遗憾,从这些条文说明中似乎看不到法律的内涵。依通常之解释,上述条文规定在《物权法》第 5 章"国家所有权和集体所有权、私人所有权"项下,从最基本的逻辑而言,第 64 条、第 65 条理应作为私人所有权的规定解释,然而,非常清楚,第 65 条之所以从第 64 条中分离出来,其原因即在于第 65 条所规定者为除所有权外之财产权益,而且非常古怪的是,无论第 64 条还是第 65 条均未涉及他物权。如果说第 64 条、第 65 条构成了完整的财产权,那么他物权岂非不属于财产权范围? 也许我们只能说,立法者意识到了《民法通则》将债权性质的"储蓄"归入第 75 条并不妥当,因此,将债权性质的"储蓄"、社员权性质的"投资及其收益"以及继承权、知识产权从中分离出来,单独列为一条,却又自觉延续了《民法通则》"财产所有权和与财产所有权有关的财产权"的规范模式,由此导致了立法逻辑体系的混乱。

如果说我国《宪法》中政治话语直接被作为法律用语规定了下来,导致《宪法》规范难以为解决刑法中的"财产"、"财物"概念提供法律规范指引的话,那么《民法通则》与《物权法》的上述规定,同样也不过是《宪法》中政治话语的重复而已。

2007 年《物权法》除了上述未能被清理的遗产外,还试图以法律的方式而非政治的方式来处理立法问题。在这个意义上,就与本书相关部分而言 2007 年《物权法》最大的贡献为其第 2 条第 2 款之规定,即"本法所称物,包括不动产和动产。法律规定权利作为物权客体的,依照其规定"。该款规定为《民法通则》强大的惯性上设定了一个很有意义的框框,这一框框在《物权法》第 5 章中发挥了良好的规范效用。如第 53 条(国家机关的物权)、第 54 条(国家举办的事业单位的物权)、第 58 条(集体财产范围)、第

---

① 参见全国人大常委会法工委民法室编:《〈中华人民共和国物权法〉条文说、立法理由及相关规定》,北京大学出版社 2007 年版,第 99~101 页。

61 条(城镇集体财产权利)、第 64 条(私有财产范围)、第 68 条(法人财产权)、第 69 条(保护社会团体财产)均明确了权利客体为"不动产和动产",即物。

　　尽管《物权法》并未直接解释"不动产"与"动产"的区分,但《担保法》第 92 条明确规定:"本法所称不动产是指土地以及房屋、林木等地上定着物"、"本法所称动产是指不动产以外的物"。① 全国人大常委会法工委民法室对《物权法》第 2 条第 2 款所提供的条文说明也写道:

> 　　不动产是指土地以及房屋、林木等土地定着物;动产是指不动产以外的物,比如汽车、电视机。物权法上的物通常讲是有体物或者有形物,指物理上的物,包括固体、液体、气体、电等,能够作为物权法规范对象的必须是人力所能控制并有利用价值的物。所谓"有体物"或者"有形物"主要是与精神产品相对而言的,著作、商标、专利等是精神产品,是无体物或者无形物,由专门法律如著作权法、商标法、专利法调整,不属于物权法的调整范围。但是,在有些情况下,物权法也涉及这些精神产品。《物权法》第 223 条规定知识产权中的财产权可以出质作为权利质权。在这种特定情况下,权利也成为了物权的客体。②

　　通过该条款及其说明,《物权法》得以避免《民法通则》行文中的以"财产"定义"财产权"的同词反复,从而也将法律与政治话语、经济话语区分开来,我们也可以明了作为财产权核心的物的基本内涵,即"人力所能控制并有利用价值的物"。所谓人力所能控制,事实上将整体意义上的自然资源排除出了"物"的范围;所谓有"利用价值"并非经济价值或交换价值,从而将法律意义上的财产权对象与经济意义上的"财产"区分开来,即法律意义上的"物"未必需要具有经济价值。

### (二) 我国及德日民法中的"物"与"财产"

　　民法理论中,对"物"有着更为详尽的解释。早在罗马法中,物(res)即

---

① 尽管《物权法》第 4 编规定了"担保物权",但并无任何法律废止《担保法》,因此《担保法》仍然有效,仅就与《物权法》相冲突的部分适用《物权法》之规定。2008 年 12 月 27 日第十一届全国人大常委会第六次会议通过的《全国人民代表大会法律委员会关于第十一届全国人民代表大会第一次会议主席团交付审议的代表提出的议案审议结果的报告》明确提出全国人大常委会"法制工作委员会将对担保法的进一步修改作全面考虑",也表明《担保法》仍是现行有效的法律。

② 参见全国人大常委会法工委民法室编:《〈中华人民共和国物权法〉条文说、立法理由及相关规定》,北京大学出版社 2007 年版,第 3 页。

指外部世界的某一有限部分，它在社会意识中是孤立的并被视为一个自在的实体。罗马法物权的标的只能是这种意义上的物，即实体的物，罗马人也称它为"物体"(corpus)。作为物权标的的物的确都是可见的、可触觉的，即可明显感知的。在罗马法上，给付和服务不是物，含有纯粹思想内容的所谓"非实体物"(cos immateriali)一般也不被视为物。① 延续至今，民法理论通说认为，法律上的物指除人之身体外，凡能为人力所支配，独立满足人类社会生活需要之有体物及自然力。②

详言之，物具有以下内涵：其一，作为权利客体的物具有非人格性，即人之身体为人格所附，不能为物。对于活人之身体及其一部，不能成立排他的、全面的支配权。但死者遗骸及分离的毛发、牙齿，属于物。其二，物须为有体。所谓有体，指依人之五官可能感觉的物质，包括固体、液体、气体。电、热、声、光、气味，以在法律上有排他的支配可能性为限，作为物对待。无体物如专利、商标、著作、营业秘密、Know-how、信息，均非民法上之物，只能依所涉及的问题类推适用民法诸规定。其三，物须为人力所能支配。其四，法律上之物，须有确定的界限或范围，能够置于权利人排他的支配之下。其五，物须独立为一体，应具有独立性，能独立于其他物。③

于此可特别指出的是，由于法律上所谓物，须有确定的界限或范围，能够置于权利人排他的支配之下。因此，土地作为物理上的物，为地球之表面，本漫无际涯，须经人为划分，确定每笔土地之界限或范围后，才能成为法律上之物；液体如江河湖海中的流水，气体如空气，或流动不息，或弥漫四周，因无确定界限或范围，难以置于权利人排他的支配之下，因此仅为物理上之物，而非法律上之物。④ 因此，前述《宪法》《民法通则》及《物权法》规定的国有财产和部分集体财产的范围中的土地，矿藏、水流、海域，包括森林、山岭、草原、荒地、滩涂等自然资源等，均无成为法律上之物之余地。正如论者所指出的，在自然资源(包括所有的矿产资源、土地、森林等以静态方式存在的储存性自然资源和诸如水资源、野生动物资源等以动态方式存在的流动性自然资源)上所建立的国家所有权其实质为主权。这种在自然资源上所存在的，以国家所有权为形式所表现出来的法律制度就是自然

---

① 参见〔意〕彼德罗·彭梵得：《罗马法教科书》，黄风译，中国政法大学出版社 1992 年版，第 185 页。
② 参见王泽鉴：《民法实例研习·民法总则》，1995 年自版印行，第 159 页。
③ 参见梁慧星：《民法总论》(第 3 版)，法律出版社 2007 年版，第 148～149 页。
④ 同上。

资源主权,自然资源主权之所以需要借用国家所有这一形式的原因主要是"主权和所有权的相似之处是非常明显的"。在自然资源上,国家拥有主权,公民拥有资源权(诸如水权、渔业权、矿业权、狩猎权、林业权、排污权、阳光权等)。在资源权中,国家作为自然资源主权这一权利的主体,具有通过行政许可审核自然性资源权的行使条件是否满足以及保障自然性资源权实现的责任。①

此外,对法律上之物的内涵稍有争议的是有体物或无体物以及自然力的问题。有体物、无体物的区分源自盖尤斯的《法学阶梯》。盖尤斯认为,有些物是有形的,有些物是无形的。有形物是那些可以触摸的物品,例如土地、人、衣服、金子、银子以及其他无数物品。无形物是那些不能触摸的物品,它们体现为某种权利,比如遗产继承、用益权、以任何形式缔结的债。继承权、用益权和债权本身都是无形的。对城市土地和乡村土地的权利同样属于无形物。② 至德国民法则明确民法上的物以有体物为限。德国民法典第90条(物的概念)即规定"本法所称的物,仅指有体物"。③ 依据解释,德国民法典第90条的物,作为有体的标的,在感官上是可感知的、在空间上是有限度的和在事实上是可控制的,包括动产和土地。无体的标的(无体物)包括权利(如债权、著作权、专利权、商标权等)和除权利以外的无体的标的。电流、热能、声波、商号的营业价值等,既不是物(因为它们是无体的),也不是权利;而是除权利以外的无体的标的(无体物)。④ 但随着社会经济和科技的发展,对电、热、声、光等"能"的广泛利用,学者通常均承认能为人所控制和支配的自然力,均属于法律上之物。⑤ 而值得特别注意的是较为激进的黄立教授观点。在黄立教授看来,物的概念固然不能涵括权利,但是权利亦不能涵括无体物,并非权利但可为交易标的之无体物,只要是法律保护的法益,仍应纳入物的概念之下。⑥ 换言之,黄立教授看来,区分有体物与无体物在民法上并无实益,维持物与权利之区分即可,权利之

---

① 参见金海统:《资源权论》,法律出版社2010年版,第202～211页。

② 参见〔古罗马〕盖尤斯:《法学阶梯》,黄风译,中国政法大学出版社1996年版,第82页。这一区分被优士丁尼的《法学阶梯》直接延续了下来。参见〔古罗马〕优士丁尼:《法学阶梯》,徐国栋译,中国政法大学出版社1999年版,第137～139页。

③ 此为通译。陈卫佐则译为"法律意义上的物,仅为有体的标的"。理由是当"物"这一概念的内涵尚未说明清楚的时候,以"有体物"去给"物"下定义有循环定义之嫌。

④ 参见孙宪忠:《德国当代物权法》,法律出版社1997年版,第1～4页;《德国民法典》,陈卫佐译注,法律出版社2006年第2版,第27页。

⑤ 参见王泽鉴:《民法实例研习·民法总则》,1995年自版印行,第159页。

⑥ 参见黄立:《民法总则》,中国政法大学出版社2002年版,第163～164页。

外的无体物因此均可纳入民法上之物的范围。① 其实这也是罗马法有体物、无体物区分的本意。

最后,我们可以注意到,从罗马法开始,民法理论中有关物的内涵的讨论中通常均不涉及物是否须有经济价值问题。彭梵得曾指出,罗马法区分了易产生法律关系的物(财产物〔res in patrimonio〕,或罗马法学者常说的交易物〔res in commercio〕)和不易产生法律关系的物(res extra patrimonium 或 extra commercium〔非交易物〕)。后来人们称在现实中不归任何人所有的可交易物为"无主物"(res nullius),称所有者将其遗弃并对其放弃所有权的物为"遗弃物"(res derelictae)。② 据此,纵无经济价值(交易价值),亦不妨成为民法上之物。史尚宽教授亦曾明言"为动产不必有经济的价值"。③

民法物的分类中最为重要的区分是动产与不动产的区分。④ 通说认为,不动产指依自然性质或者法律的规定不可移动的物,包括土地、土地定着物、尚未与土地分离的土地生成物、因自然或者人力添附于土地并且不能分离的其他物。所谓动产指不动产之外的其他物。⑤ 如史尚宽先生所指出的,动产与不动产区别之理由有二:其一,经济史上及封建制度上不动产较动产价值远为重大,但今日之情形已有变更,动产之中如船舶、航空器、有价证券,亦有重大价值,今后此点不足为区别之重大理由。其二,根本上二者有得移动与不得移动之殊,此点有永远存在性,尚可为法律上区别之根据。⑥ 我们也可以注意到,也许正是这一原因,德国民法中并没有

① 蔡明诚教授则主张以权利客体(Rechtsobjekt)作为上位概念涵盖一切有体物与无体权利。使之包括电子能源、电脑程式(软体)、储存资料的物、具有生命的动物等。其中有关动物(Tiere)参考德国 1990 年 9 月 1 日修正民法,将动物排除在物的概念之外,将之作为权利客体,仍依据动产规定处理。如详细审查蔡明诚的上述观点,则其目的在于将物的范围扩展至非权利之无体物,但其前后措词似有矛盾。参见蔡明诚:《民法物权编的发展与展望》,载谢在全、蔡明诚、陈荣传等:《民法七十年之回顾与展望纪念论文集(三)物权、亲属编》,中国政法大学出版社 2002 年版,第 72 页。

② 参见〔意〕彼德罗·彭梵得:《罗马法教科书》,黄风译,中国政法大学出版社 1992 年版,第 185 页。

③ 史尚宽:《民法总论》,中国政法大学出版社 2000 年版,第 261 页。

④ 需要说明的是,汉语法学中把物权的客体,也就是物区分为动产和不动产,也许有人会望文生义地将此理解为"可动的财产"和"不可动的财产"。但这是当代法学引进时的一种误解。"不动产"一词,在德文中原文是"unbewegliche Sache",即"不可移动的物"的意思;"动产"一词,则是"bewegliche Sache",即可移动的物。这些概念本身并不是"不可移动的财产"或者"可以移动的财产"的意思。参见孙宪忠:《中国物权法总论》,法律出版社 2003 年版,第 130 页。

⑤ 参见中国物权法研究课题组:《中国物权法草案建议稿:条文、说明、理由与参考立法例》,社会科学文献出版社 2000 年版,第 119～122 页。

⑥ 参见史尚宽:《民法总论》,中国政法大学出版社 2000 年版,第 262 页。这一区分理由的阐述亦参见〔法〕弗朗索瓦·泰雷、菲利普·森勒尔:《法国财产法》(上册),中国法制出版社 2008 年版,第 54～56 页;梁慧星、陈华彬:《物权法》(第 4 版),法律出版社 2007 年版,第 37 页。

使用"不动产"一词,而只有"不可动之物"(unbewegliche Sache, Liegenschaft)一词,同样,德国民法中用"可动之物"(bewegliche Sache, Fahrnis)指称我国法学用语中的"动产"。①

于动产中,值得特别注意者为货币和无记名债权问题。梁慧星主持的《中国物权法草案建议稿草案》第12条(动产的定义)第2款规定"货币,为特别动产"。其理由是货币作为特别动产,其权利的属性与其表现形式之间存在重大差异。货币的法律本质,是以国家特别认定的形式记载、确定并加以保护的债权,这一权利的法定数额可以非常大,表现形式的价值完全不可与其相比。但就该法定形式而言,它仍然是一种动产。故货币在物权法上是一种特别动产。②

进言之,由于货币没有个性,极容易被替代,而且,所有权与占有不能分离,占有货币的人即为货币的所有权人。因此,就民法而言,货币作为物具有以下特殊法律后果:首先,货币丧失占有后,不存在作为物上请求权的返还请求权,仅存在不当得利返还请求权。其次,货币所有权的让与,是事实行为,以转移占有为已足。第三,货币进行借贷时,借用人即时取得对货币的所有权,因此贷与人并不间接占有该货币,仅对借用人享有债权。第四,对货币进行占有,不发生因时效而取得所有权的情形,不适用关于时效取得的规定。③ 正如法国学者所言:"货币是一种物,但不是任何意义上的物,不是任何其他的物"。④ 因此,将货币规定为特别动产有其较充分的理由。

尽管英美法上之"物"与"财产"概念体系与大陆法系及我国民法有着较大区别,但在英美法上,货币同样被视为一种很特殊的财物。尽管英美法也承认货币是有形的、可移动的和匿名的财物,如果它被毁灭,它的所有人就丧失了财产权,但货币通常被归入无形动产。其理由主要有:货币的价值不在于它的金属或纸张的质量,而在于它所显示的数目;货币只有在

① 参见孙宪忠:《德国当代物权法》,法律出版社1997年版,第7页。查德国刑法典可知,德国刑法典中所谓之"可移动的物品"即为bewegliche Sache,参见《德国刑法典》(附德文),冯军译,中国政法大学出版社2000年版,第354~357页;徐久生、庄敬华则直接将"bewegliche Sache"译为"动产"。参见《德国刑法典》,徐久生、庄敬华译,中国法制出版社2000,第174页。

② 中国物权法研究课题组:《中国物权法草案建议稿:条文、说明、理由与参考立法例》,社会科学文献出版社2000年版,第121~122页。

③ 梁慧星主编:《中国物权法研究》(上册),法律出版社1998年版,第61~62页。更详细的较早的论述参见钱明星:《物权法原理》,北京大学出版社1994年版,第234~236页。

④ 〔法〕弗朗索瓦·泰雷、菲利普·森勒尔:《法国财产法》(上册),中国法制出版社2008年版,第22页。

交易时才能被当作货币使用;货币可以被持续地多次使用,而不需付手续费;货币是一种通用商品,因此债务是用一个抽象的钱数来表示的;货币可以购买任何物品,但它自身不可以出售;货币是普世的、值得信任的交易工具,法律必须保护它的可信任度;货币是法定的偿还手段;货币是其所有者唯一的确定不变的财物;最后,货币更是一个可以用来表示财富的量化标志。①

如果说货币是由国家主权保障的以国家特别认定的形式记载、确定并加以保护的债权的物化形态的话,那么无记名证券则是由债权人以特别认定的形式记载、确定并加以保护的债权的物化形态,前述货币的诸性质,对无记名证券同样适用。②

《日本民法典》第 86 条第 3 款即规定"无记名债权视为动产"。依据日本权威民法学家我妻荣的解释,所谓无记名债权,是指如无记名公债、无记名公司债、商品支票、乘车券、剧场观览券等那样,证券本身不表示债权人,债权的成立、存续、行使等,原则上悉以证券的存在为要件的债权。在债权证券化的场合,其与证券的结合程度有差异,债权成立、存续、转让、行使等不一定都依证券进行。在这一点上,无记名债权是最完全的有价证券。③而无记名股票,虽非无记名债权,亦应以无记名债权同一看待。至于定期储金证券之证据证券、衣帽存放证、行李票等之免责证券,非无记名证券。附有白纸委任状之记名股票、记名式向持有人支付之债权,亦非无记名证券。④

我妻荣教授解释道,在无记名债权中,虽然并非债权本身成为物,但呈现出证券即债权那样的外观,交易专以证券为对象进行。这样,法律上也是追随在由该交易所生对证券的物权性效果上证券化表现出的对债权的效果。日本民法规定视为动产的意义就在于此。⑤

梁慧星主持起草的《中国物权法草案建议稿草案》第 12 条(动产的定义)第 3 款亦规定:"物权之外的其他财产权利为不记名权利时,视为动

---

① 参见〔英〕F. H. 劳森、伯纳德·冉得:《英国财产法导论》,曹培译,法律出版社 2009 年版,第 47~48 页。

② 梁慧星主编:《中国物权法研究》(上册),法律出版社 1998 年版,第 62 页。

③ 我妻荣:《我妻荣民法讲义(I)新订民法总则》,中国法制出版社 2008 年版,第 205 页。

④ 史尚宽:《民法总论》,中国政法大学出版社 2000 年版,第 261 页。我妻荣教授亦明确指出:指名债权证书,除作为债权的证据以外没有独立价值之物,不得承认其可作为与债权分离的独立之物、从而属于别的人所有。参见我妻荣:《我妻荣民法讲义(I)新订民法总则》,中国法制出版社 2008 年版,第 204 页。

⑤ 我妻荣:《我妻荣民法讲义(I)新订民法总则》,中国法制出版社 2008 年版,第 205 页。

产。"其理由是：物权之外的其他财产权利，在不记名的情况下，因其已经制作成有体物的格式，在性质上与动产相同。故动产物权的各种制度，依理当然可以适用于不记名的债权。该说明进一步主张，除不记名的债权之外，当代社会其他的无形资产的经济作用也越来越大，从经济生活的实际需要来看，应当将动产的权利变动和保护的规则，扩大适用于这些财产。不过，该说明强调，无形财产适用动产基本规则的规定，必须具备该无形财产已经形成有体物的外观条件，只有在这一条件下，对无形财产的保护才可以适用关于物权保护的规定。①

不过我妻荣教授也指出，日本民法第 86 条第 3 款，代表的是资本主义经济组织中在债权作为商品被当作交易对象之际，通过准用关于动产的规定谋求其交易迅速、安全时代的思想。但是，在有价证券的理论更加进步，其交易的迅速、安全受到比动产更高保护的今天，可以说实际上其机能已经丧失。② 不过，有价证券交易的迅速、安全，受到比动产更高保护，似乎并不足以成为废除日本民法第 86 条第 3 项的理由，该项的规定更多地可以从无记名债权因交付而移转，其移转方法与动产相同这一理由中得到支持。③

法国民法理论中亦对无记名证券予以特别关注，并将之归入有形动产的范畴。法国学者认为，当某些债权是以证券的形式来表述和确认时，这种债权与其证券本身混成一体。尽管证券本身不过是一种证据文件，除了是一张印制好的纸张以外，并无其他价值，真正具有经济价值的是证券所确认的债权，也就是证券所确认的权利，而不是作为证券的实物。但由于证券本身与债权两者混同，这种债权也被视为有形动产。证券与债权的混同最典型的体现在于，由无记名证券所确认的债权的转手非常方便——从一人之手过渡到他人之手即可实现，持有证券的人就是债权人，其所持证券即表示债权。④ 无记名证券由此而具有了特别的风险：证券一旦丢失、被盗或者被隐匿，其所有人就将被剥夺取得股息或者本金的可能性，而盗窃者或者发现者（拾得者）却可以轻而易举地获得所支付的利息，然后再将证券卖出。在证券市场上购买证券的频率很高，而证券持有人持有的证券

① 中国物权法研究课题组：《中国物权法草案建议稿：条文、说明、理由与参考立法例》，社会科学文献出版社 2000 年版，第 121～122 页。亦参见孙宪忠：《中国物权法总论》，法律出版社 2003 年版，第 136 页。
② 我妻荣：《我妻荣民法讲义（I）新订民法总则》，中国法制出版社 2008 年版，第 208 页。
③ 史尚宽：《民法总论》，中国政法大学出版社 2000 年版，第 261 页。
④〔法〕弗朗索瓦·泰雷、菲利普·森勒尔：《法国财产法》（上册），中国法制出版社 2008 年版，第 74 页。

即使丢失或者被盗,仍有可能被强制偿还价款。[①] 因此,将无记名证券作为有形动产加以保护将能有效维护权利人之利益。

可以说,货币和无记名证券本质上作为债权、社员权等性质的非物权财产权利,基于社会经济之发展,在法律上被视为特别动产,准用动产保护之规定,对于理解民法上之"物"与"动产"之概念,具有特殊意义。

此外,民法中讨论"物"之概念时,尚涉及诸如尸体、活人器官、动物、"空间"等问题,本书于兹不赘。惟就"空间"言,现有理论主张,"空间"虽异于一般有体物,但由于空间占有位置,如能对位置予以支配,亦可成为物。由此可以得出结论:空间,无论在土地之空中或地下,如果具备独立之经济价值及有排他的支配可能性两项要件,即得为物。我国物权法第 136 条亦规定"建设用地使用权可以在土地的地表、地上或者地下分别设立",依此规定,在"地上"或者"地下"设立的建设用地使用权,即以"空间"作为物权客体。[②]

应该说,在一般民众观念中,物与财产的概念区别不大,我国民事立法以及许多民法著述中常常使用"财产所有权"、"财产使用权"等概念,但在我国民法传统下,这两个概念有本质的区分,它涉及到物权与债权等权利的精确划分、涉及到物权变动与债权变动制度的不同结构,因此这两个名词在法律和法学上不应混同使用。

如前所述,物权法上的客体,仅仅指有体物,而财产一词,虽然有时也指具体的物,但是更经常使用的含义是指权利。[③] 很久以来,新中国民事法学就明确强调,我国的民法理论和实践,以及国际经贸惯例,都以财产的概念总括有形物和其他财产权利。[④]

早在《学说汇纂》中,古罗马法学家赫尔莫杰尼安即主张"财产"(pecuniae)这一名称不仅包括现金,而且包括动产和不动产、有体物和权利;乌尔比安更是认为,"不仅为我们所有之物被计算在我们的财产内,而且被我们善意占有之物或设定了地上权之物也被计算在我们的财产内;如果某物处于刑事诉讼、民事诉讼或对物诉讼中,同样被列入财产之内,因为这些物似乎都属于财产的范围"。[⑤]

---

① 〔法〕弗朗索瓦·泰雷、菲利普·森勒尔:《法国财产法》(上册),中国法制出版社 2008 年版,第534～535 页。
② 参见梁慧星:《民法总论》(第 3 版),法律出版社 2007 年版,第 149～151 页。
③ 孙宪忠:《中国物权法总论》,法律出版社 2003 年版,第 130 页。
④ 佟柔主编:《中国民法学·民法总则》,中国人民公安大学出版社 1990 年版,第 193 页。
⑤ 〔意〕斯奇巴尼编:《罗马法民法大全选译·物与物权》(第 2 版),中国政法大学出版社 2009 年版,第 37～39 页。

在德国,尽管德国民法典中有许多规定是以特定人的财产为调整对象的,但法律中没有关于财产的概括性规定,既没有定义,也缺乏关于法律后果的一般性规定。德国当代著名民法学家梅迪库斯的解释是,没有必要就财产的定义与法律后果作出一般性规定,因为财产概念不会在本质上产生什么困难。他说,一个人的财产包括这个人的物以及有金钱价值的权利。而就具体问题而言,并非一切旨在调整财产的法律规定都是一般无异的,因此,对财产无法作出某种概括性的定义。同时,对财产规定概括性的法律后果也没有意义,特别是不存在维护财产整体性的理由。一项财产包含的各件东西,不一定非得构成某种经济上的整体不可。这些东西的特征,仅仅在于它们都属于同一个人所有。[1] 拉伦茨也主张《德国民法典》意义上的财产只是一个对人所有的全部权利的综合标志,并非一个统一的处分行为的客体。但拉伦茨的观点较为特殊,他认为,一个人的财产是由这个人所有的具有金钱价值的各种权利的总和。即财产是权利的综合体,并不直接包括物。他援引冯·图尔的著作称:"任何财产的直接的组成部分都不是属于财产的权利的客体;财产是指权利人对他所有物的所有,财产并不是物本身;财产是指债权,而不是他人根据债权可以提出请求的给付标的。"同时,他认为财产还必须包括企业,因为企业作为财产也具有金钱上的价值,并且可以作为权利移转的客体。[2] 日本学者的通说亦仅仅指出"财产是具有经济上价值的物及权利义务的集合"。[3]

我国现今通说亦认为,所谓财产,"指具有经济价值,依一定目的而结合之权利义务之总体"。通常认为,其一,财产须有经济价值,所谓经济价值指能满足人们经济上之需要,且可以金钱估计其价格者;其二,财产系依一定目的而结合,其结合之要素通说皆以其主体为标准;其三,财产为权利义务之总体。物权、无体财产权、债权及债务之类,均属之。[4]

由此可以看出,在德日民法的影响下,我国民法上"财产"概念同样并无实质意义,也缺乏作为法律规范的指向性内涵。也诚如拉伦茨所所说,财产并不是一个统一的处分行为的客体。即便在单一转让(如继承)的判

---

① 参见〔德〕梅迪库斯:《德国民法总论》,邵建东译,法律出版社 2000 年版,第 889 页。

② 参见〔德〕卡尔·拉伦茨:《德国民法通论》(上册),王晓晔、邵建东、程建英、徐国建、谢怀栻译,法律出版社年版,第 410～414 页。拉伦茨所引冯·图尔论述出自 v. Tuhr, *Der Allgemeine Teil des Deutschen Bürgerlichen Rechts*, Bd. I, 1910, 第 318 页。

③ 参见我妻荣:《我妻荣民法讲义(I)新订民法总则》,中国法制出版社 2008 年版,第 193 页。

④ 参见梁慧星:《民法总论》(第 3 版),法律出版社 2007 年版,第 156～157 页。

例中,即生者之间通过法律行为所进行的转让都只能是以具体的权利或具体的法律关系进行的。①

### (三) 法国民法与英美财产法中的"财产"与"物"

与我国及德日民法以"有体物"为核心形成"物"的概念,并在物权与债权两分的基础上,构建法律上之"财产"的观念不同,在法国民法和英美财产法中,财产概念的使用更为普遍,而"物"的内涵也远为宽泛。

在法国民法中,le bien(财产)一词有两层意思,第一层意思是指供人使用并且通过使用或交换,可以满足人的需要的物。这是通常法国民法上"财产"一词的最基本层次的含义。"财产"一词的第二层含义指的是"现有的与可能存在的,为自然人或法人带来利益,主要与人及其财产权相关联的权利",或者是相对于他人的权利(债权或对人权),或者是相对于物的权利(物权)。② 通常认为,第二层含义上的"财产"概念指的是概括财产(le patrimoine)。所谓"概括财产"是"属于一个人的具有金钱价值的全部权利与义务组成的整体"或者说"一个人现在和将来拥有的、包括资产与负债、债权与债务在内,并构成一个不可分割的法律上的整体"。形象一点的说法是,概括财产如同一个钱包、一个容器,"一个组成内容可以不断变化的接受器","一个组成成分随时处在变动当中但在任何情况下均有着持久结构的整体"。③ 显然,这一"概括财产"的内涵相当于德日与我国民法通说中的"财产"概念。有所不同的是,在法国民法理论中,"概括财产"被提升到了更高的层次,它被认为具有人格属性,是人格的外部流露。④ 凡存在法律人格,便必然有一广义财产;凡存在广义财产,则必然有一法律人格。⑤ 或者如泰雷和森勒尔所言:"总而言之,财产(l'avoir)围绕着人(l'etre)并且'深入到'人,一切都是财产(bien)。"因此,从规范意义而非法律意识形态意义上而言,法国民法中的"财产"概念的意义仍集中在第一层次的"物"上。

与我国及德日民法不同,法国民法中"物"(chose)一词使用有限,其含义宽泛,与"财产"似乎并无区别,如《法国民法典》第 516 条即规定:"一切

---

① 参见〔德〕卡尔·拉伦茨:《德国民法通论》(上册),王晓晔、邵建东、程建英、徐国建、谢怀栻译,法律出版社年版,第 414 页。

② 参见〔法〕弗朗索瓦·泰雷、菲利普·森勒尔:《法国财产法》(上册),中国法制出版社 2008 年版,第 51~52 页。

③ 参见同上书,第 29 页。

④ 参见同上书,第 40 页。

⑤ 尹田:《法国物权法》,法律出版社 1998 年版,第 12 页。

财产,或为动产,或为不动产。"而动产、不动产均不限于物理意义上的有体物。

就不动产言,法国民法典第 517 条规定"财产,或依其性质,或依其用途,或依其附着的客体而为不动产"。具体而言,所谓"依其性质为不动产"(immeuble par nature)的财产包括土地以及定着于土地的一切(如地面上的植物与建筑物);所谓"依用途为不动产"(immeuble par destination)指与"依性质为不动产"的财产附合在一起并且构成该不动产的附属物(添附物)从而被拟制为不动产的动产物,如用来耕种土地的农具、工业用工具,等等;所谓"依附着的客体而为不动产"的财产则指无形财产和权利,即当权利设置于不动产时,就具有不动产性质。法国民法典第 526 条规定将"不动产的使用收益权、以土地供役使的权利、目的在请求返还不动产的诉权"均规定为"依附着的客体而为不动产"。这些权利也被称为"无形不动产"(immeubles imcorporels)。①

就动产言,法国民法典第 527 条规定"财产之作为动产,依其性质,或依法律的规定"。所谓"依其性质为动产"的财产被称为"有形动产"(meubles corporels),②指"在性质上即是活动之物"(les choses mobiles)。法国民法典第 528 条规定"可以移转场所的物体,不问如动物以自力移动,或如无生物依他力变换位置,均依其性质为动产"。除通常之理解外,法国判例也认定煤气(天然气)与电流依其性质为动产(法国最高司法法院刑事庭 1929 年 6 月 12 日判例),此外如前所述,无记名证券(titre au porteur)也被归入有形动产。③ 依据《法国民法典》第 529 条之规定,"依法律规定为动产"的财产包括"以请求偿还到期款项或动产为目的之债权及诉权,金融、商业或产业公司的股份及持份,即使隶属此等公司的企业拥有不动产,均依法律规定为动产。此种股份与持份,当公司存续中,对每一股东而言,视为动产。对国家或个人所有永久定期金或终身定期金收受权,依法律规定亦为动产。"而随着社会的发展、科技的进步以及人们思想观念的变化,"依法律规定为动产"逐渐为含义更为宽泛的"无形财产"的概念所取代。通常认为,凡是不属于不动产的权利与诉权都是无形动产,也就是说,凡是

---

① 参见〔法〕弗朗索瓦·泰雷、菲利普·森勒尔:《法国财产法》(上册),中国法制出版社 2008 年版,第 56～69 页。

② 事实上,法国民法中的"有形动产"与前述"依其性质为不动产"的财产共同构成了我国及德日民法所谓的"有体物"的概念。可以说我国及德日民法中的"物"之含义及范围,较之法国民法要小许多。

③ 参见〔法〕弗朗索瓦·泰雷、菲利普·森勒尔:《法国财产法》(上册),中国法制出版社 2008 年版,第 72～74 页。

在动产上设定的物权都是无形动产,但所有权除外,因为所有权与其标的物发生重合或者混同,因此应当归入有形财产,对动产的所有权应当归入有形动产。法国法中的这种无形动产不仅指用益权、使用权、质权,就海洋及内河船舶设定的抵押权、就飞机设定的抵押权,甚至包括"商业营业资产"(fonds de commerce)、"自由职业从业资产"、"农业经营资产"、"司法助理职位"等,即如获得的行政许可(包括垄断、批准与许可)、信息、通讯、智力权(droits intellectuels)、互联网等等,亦都属于无形动产。此外,除不动产债权(les créances immobilieres)之外的其他债权(les droits de créance)也是无形动产。①

这些归入无形动产的规模庞大而复杂的权利或诉权,在总体上通常被分为经营垄断权和顾客权利两大类。归入经营垄断权的包括针对发明创造等智力创造成果的权利(主要包括文化艺术产权、计算机软件、发明专利、工业设计与模型等)和针对区别标记的权利(包括商标、商业广告、商业名称、招牌等);而顾客权利则指顾客可以成为商业经营的标的,即营业资产的标的,说明了自由职业的某种商品化。②

依法国学者马洛里(Malaurie)与埃勒斯(Aynès)之归纳,法国民法上的无形动产之权利(无形产权)具有以下之一般特征:其一,无形产权均无特定的债务人,其效力及于一切人(故区别于债权);无形动产均与特定人的才能、智力活动相联系,或与过去的活动相联系(如版权),或与现时的活动相联系(如营业资产、顾客),或同时与过去及现时的活动相联系(如专利、商标),且无形动产一旦不被利用(包括营业资产、商标以及某些情况下的专利和版权)即有可能归于消灭;无形动产作为财产之一种,一般均可成为合同的标的,可通过合同直接转让(如营业资产、版权、专利权),或在自由职业者中间接转让(介绍顾客、承担不竞争的义务),这使其权利的财产性质有别于人身权,并对第三人有对抗力;无形动产的存在和权利的实施均须严格依从法律规定;无形动产均非有体物,均为动产,但非典型之动产,故不适用有形动产的许多规则,尤其是所有权转让的规则和"动产占有具有与权利证书同等效力"的原则。③ 尽管如此,我们也必须注意到,

① 参见〔法〕弗朗索瓦·泰雷、菲利普·森勒尔:《法国财产法》(上册),中国法制出版社 2008 年版,第 97～115 页。此外,法国民法中尚有从判例中归纳而来的"先期作动产处理"的财产的概念,这些"先期作动产处理"的财产典型如待收获的作物、已卖出但尚未砍伐的树木、将要开采出来的矿产或石材、拟定拆除并卖出的房屋或楼房等。参见同书第 74～76 页。
② 参见尹田:《法国物权法》,法律出版社 1998 年版,第 59～65 页。
③ Philippe Malaurie et Laurent Aynès, *Les biens*, *Cours de Droit Civil*, *Les biens* 2e éd, CUJAS, 1992, Paris, p. 72. 转引自尹田:《法国物权法》,法律出版社 1998 年版,第 66～67 页。

多数情况下,有形动产整体性地置于单一法律规则的体系内加以调整,而无形动产不能置于同一法律体系内而只能置于一系列独立的、不同的体系中,且通常存在于一定的期间内。① 显然,无形动产仍然难以在民法体系中获得一个清晰的地位,更像是体系的角落中堆积着的一堆无法处理的杂物。也许这也正是德日及我国民法坚持"有体物"的概念的原因所在。

在英美法中,财产一词的使用似乎更为含糊,不仅常常被不加区别地用来指有货币价值的权利客体,而且还常用来指人们对财物的权利。因此,土地和动产都被说成是财产,而所有权、终身财产权以及地上权之类的权利也被说成是财产。但是,通常认为,英美法中,"正确的法律术语总是用财产这个词来指人对于物的权利"。② 不过,英美法中的"物"(thing)同样不限于"有体物"(tangible objects),通常亦分为有体物(tangibles objects)和无体物(intangible assets)。其中有体物包括不动产(land)、活的动物、有形的动产(personal chattels),大体相当于德日及我国民法中"物"的概念;而无体物最初被称为"权利动产"(things in action or choses in action),对应的有形动产被称为占有动产(things in possession or choses in possession)。所谓权利动产(或译为"可诉动产")指的是不能实际占有的、但可以通过请求(最终为诉讼)而获得的财产。在传统的普通法中,权利动产通常指以动产和金钱为标的物的债权,包括各种商业票据、投资证券和应收账款,但不包括不动产和知识产权。

具体而言,当代英国财产法中的无体物(intangible assets)包括:(1)权利证书式的无形财产(documentary intangibles),即一些付款或交付货物的书面承诺已经标准化,并已被商界普遍接受,即被视为完全代表着钱或货物,可以在市场上直接交易的书面票据(如支票、汇票、本票和提单)。(2)书证式无形财产(documented intangibles),即由文件所证明的财物,如股票、债券和股份。(3)非书证式无形财产(undocumented intangibles),即非权利凭证的财产,包括与金钱直接相关的"应收账款"(receivables)和与金钱并不直接相关的"作为财物的合同"(contract as asset)。(4)知识产权,即本质上为受法律保护的、有一定期限或无限期的垄断权的专利与版权、商标与商号、名誉与商誉以及如设计权、植物抚养权等其他各种权利。(5)货币。(6)基金,即实际上由多种物所组合起来的财产集合体,这种集

① 参见尹田:《法国物权法》,法律出版社1998年版,第65~66页。
② 上海社会科学院法学研究所编译:《民法》,知识出版社1981年版,第45页。

合体当中的各种物的内容可以经常变化,但财产所属权益不变,如信托基金和公司资本。(7)资本与收入,其中资本指能够产生收益的财物,如耕地、房屋、机器、股份、专利、版权、债务的主债部分等;"收入"(income)则包括了农产品、土地和机器的租金、股份分红、专利使用费和版权的版税以及借款的利息等。资本与收入可以被分别作为财产法中的财物看待,系因二者的权益可以即时在市场上交易。① 显然,由于英美法通常所采用的就事论事、个案推进式的法律发展模式,因此以大陆法系之体系眼光看来,英国财产法的上述分类既有相互重叠之处,亦也难以抽象出其共同内涵或标准。如果一定要说英国财产法中"物"的概念有非常确定的内涵的话,则在于英国财产法中凡是可以被称为财产的物必定是可以被人拥有的和可以交易的,即强调物的经济价值或市场交易价值,而大陆法系无论德日及我国民法或法国民法均不承认物必须具有经济或市场交易价值。也正是在这一意义上,在英国财产法上,任何物都可以被视为一定数目的财富(Wealth)的表现形式,法律赋予这种财富最为现代的角色:它们是一批完全可以相互替换的财产,隶属于一个永不停息的钱与物的互换机制中。②

英美法中的无体物的观念与"抽象权利具体化"的英美普通法技术有关。所谓"具体化"(reification)指的是将抽象的财产权益视为具体的财物。早在中世纪的法律中,"任何单独的或一组的权利都可以被看做是一批物(things)"。当代英美法通常承认,"任何可以被占有和交付的非生命的财物都可以有所有权。任何家畜家禽、全部债务(obligations)、作者的劳动与技术产品、商行的商誉、商标和商号、立法所设立和授予的权利都可以成为所有权的标的物"。依劳森与冉得教授之见解,英美法对物的认识特点有二:其一是充分反映了"物尽其用"的思维角度。法学家们实际上是从人类的生产与生活(如动产、不动产)、投资与交易(如货物、商业票据、投资证券)、财产管理(如信托基金)、分配与继承(如资本与收入)几个角度看待物,不仅将物质财物视为物,也将一些人际关系中所产生的权益标准化,由此概括出一系列抽象的法律概念;其二是以"商业交易实务"为中心的价值取向。例如,由于抽象的法律权益早已成为可直接在市场上交易的基本的标的物,故而无形的权益就成了英美普通法法中"物"的重要组成部分;

---

① 参见〔英〕F. H. 劳森、伯纳德·冉得:《英国财产法导论》,曹培译,法律出版社2009年版,第32~53页。
② 参见同上书,第21页、第184页。

法律之所以能够将无形财产视为财产关系的标的物,最根本的还是因为人们愿意购买它们。实际上首先是商人发明创造了这些抽象的交易标的物的概念,然后法学家们将之归纳到法律制度中。① 如劳森与冉得教授所主张,"抽象化的财产加上抽象化的财产权益的概念,这就是财产法的精髓所在"。②

美国法一般将财产定义为与物有关的"权利束"(a bundle of rights)。这些权利束中最重要的权利是排他权(the right to exclude)、转让权(the right to transfer)和占有使用权(the right to possess and use)。③ 这一观念出现在19世纪末。从19世纪末开始,新的财产概念认为,财产是非物质的,不是由支配物的权利所组成,而是由有价值的权利所组成;财产也不再是由一束绝对的或固定的权利所构成,它由一束依特定情形而受到限制的权利所构成。④ 前述排他权、转让权以及占有使用权也都不是财产的必备组成部分。⑤

在美国财产法上,所有财产都可分为不动产(real property,土地上的权利)和动产(personal property,土地以外的物上的权利)。不动产由土地上的权利以及附着于土地的物(如建筑物、标志牌、栅栏或树木)上的权利组成,包括地面、地下(含矿藏及地下水)和地面的空间上的一定权利。动产则同样包括有形动产(chattels)和无形动产。有形动产为有形的、可见的动产物品;无形动产(intangible personal property)则是在无形的、不可见的"物"上的权利,股票、债券、专利、商标、版权、商业秘密、债权、特许经营权、许可权以及其他合同权利都属于无形动产。⑥ 而自20世纪60年代以来,随着美国政府作为一个主要财富源泉的出现,政府创造了许多新的财产客体。美国著名法学家赖希在1965年写道:"今天的社会是建立在权利(entitlement)上的。汽车经销商有其特许经营权,医生和律师有他们的专业执照,工人有他们的工会会员资格、合同和获得退休金的权利,管理人

---

① 参见〔英〕F. H. 劳森、伯纳德·冉得:《英国财产法导论》,曹培译,法律出版社2009年版,第23～24页。

② 参见同上书,第224页。

③ 参见〔美〕约翰·G. 斯普兰克林:《美国财产法精解》(第2版),钟书峰译,北京大学出版社2009年版,第4～5页。

④ 〔美〕肯尼斯·万德威尔德:《十九世纪的新财产:现代财产概念的发展》,王战强译,载《经济社会体制比较》1995年第1期,第38页。

⑤ 参见〔美〕约翰·G. 斯普兰克林:《美国财产法精解》(第2版),钟书峰译,北京大学出版社2009年版,第5～7页。

⑥ 参见同上书,第9页。

员有合同和股票期权;所有这些都是帮助人们获得安全和独立的设计。这些权利中一些最重要的权利现在则来自于政府,如给农民和商人的补贴;航空公司的航线和电视台的频道;国防、航空和教育行业的长期合同;个人的社会安全养老金等"各种各样的"权利",包括福利款,都应看成是财产。[①] 1988 年,辛格教授更是提出了远超出传统的财产权益分类的"信赖权益"概念。辛格教授引用了美国钢铁公司拆除俄亥俄州扬斯敦市的两家钢铁厂所引发的问题,主张基于对工厂会继续存在,或者如果必须关闭,会有一个公平的解决方案的信赖,工会和社区对此有财产权益。辛格教授主张这种"信赖权益"为财产权益,并明确主张财产权不应被认为是封闭的范畴。[②]

然而,正如美国学者肯尼斯·万德威尔德所评价的,美国法上近百年来财产概念膨胀的过程其实是财产概念瓦解的过程。一方面,如果财产包括所有的法律关系,那么人们就无法将之与其他的法律关系相区别,这样它作为一种法律范畴的意义就消失了。另一方面,随着被当作财产来保护的利益越来越多,就很难说各种财产都应受同等的保护了。从霍姆斯和布兰代斯两位大法官开始,美国法上的财产概念就转向彻底的法律实证主义立场,法律是财产权利的基础,法律规定财产是什么,财产就是什么,法律中并不存在自行界定的财产定义。一些有价值的利益是财产,而另一些则不是财产,区别这两种利益的根本并不是财产定义中的什么东西,而是公共政策。这一立场阻止了财产看起来的无限扩张,但付出的代价是承认在财产的定义中并没有什么是必然的东西,实际上,决定一种利益是否是财产的因素并不是逻辑上的,而是政治上的。[③]

美国法上财产概念的发展最终得出了一个悲观的或者说无意义的结论,除了传统的不动产和有形动产以及得到普遍认可的准有形动产(如货币与无记名债券)外,财产只是法律承认为财产的权益。这一结论同样适用于英国财产法以及法国民法。

---

① 〔美〕赖希:《个人权利和社会福利:正在出现的法律问题》,74 *Yale L. J.* 1245 (1965)。转引自〔美〕克里贝特、约翰逊、芬德利、史密斯:《财产法:案例与材料》(第 7 版),齐东祥、陈刚译,中国政法大学出版社 2003 年版,第 57 页。

② 〔美〕辛格:《财产中的信赖利益》,40 *Stanford Law Review* 614 (1988)。转引自〔美〕克里贝特、约翰逊、芬德利、史密斯:《财产法:案例与材料》(第 7 版),齐东祥、陈刚译,中国政法大学出版社 2003 年版,第 58 页。

③ 参见〔美〕肯尼斯·万德威尔德:《十九世纪的新财产:现代财产概念的发展》,王战强译,载《经济社会体制比较》1995 年第 1 期,第 40 页;〔美〕约翰·G. 斯普兰克林:《美国财产法精解》(第 2 版),钟书峰译,北京大学出版社 2009 年版,第 2～3 页。

### （四）民法财产概念变迁之分析及其他

近代法律之建构与近代思想中的"自然状态"、"社会契约"诸理论有着莫大的关联。在近代思想中，思想家们思考的出发点大体上是所谓"自然状态"下仅仅受制于"自然法"的原子式的孤立的个人，孤立的个人的生存需要占有使用外物；而通过哲学上对人之所以为人的"自由意志"的强调，人得以与外物区分开来，即主客体两分。当然，在自然状态下，人对于物的占有只能是暂时的，缺乏保障的，只有进入市民社会（civil society，或译"文明社会"）后，在法律状态下，人才能永久地占有物。[①] 近代民法在这一意义上被视为市民社会的基本法律，它的逻辑也正是建立在上述观念上。

德日及我国民法学理严格遵循了这一逻辑体系。在这一逻辑体系中，民法首先面对的是自然经济状态，而非市场经济状态，换言之，这一逻辑体系是从个人对物的占有为逻辑起点的，并未涉足物的交换问题。因此，民法中的"物"无需具有交换价值（经济价值）。在这一意义上，民法只是将最初单纯的占有的事实纳入法律的框架之中，法律于此保护是将自然状态下事实上的占有转变为市民社会中法律保障下的所有。而就物权、债权两分言，物权处理的是人对物直接支配的关系，而债权处理的则是社会状态下人与人的交往，即法律通过债权保障权利人对义务人请求给付之权利。因人为目的而非客体，故债权仅得为请求权，区别于物权之为支配权。是故，作为债权客体之给付亦不必以具有财产上的价格（无论是指给付与债权人以财产上之利益或指给付在交易上有金钱价格）为要件。[②] 因此，近代大陆法系民法中无论物权、债权均不必具有财产上的价格，继承权同样如此。换言之，民法中之物权、债权之规定虽然通常被称为民法中之财产法部分，但此所谓财产未必就是经济上之财产概念。因此，我们可以说，法律上之财产未必须有经济价值。在这一意义上，我们可以说所谓财产即"我们之所有"。

而财产有经济价值（交换价值）一说则源于近代以来市场经济的扩张。随着市场经济的扩张，民法上以物权加以保障的法律生活的静的安全（statische Sicherheit）逐渐让位于以保护交易安全为宗旨的债权所保障的

---

[①] 参见〔德〕康德：《康德著作全集（第6卷）纯然理性界限内的宗教·道德形而上学》，李秋零、张荣译，中国人民大学出版社2007年版，第246页以下。

[②] 史尚宽先生亦明确主张债权未必具有财产上之价格，但他的理由有所不同。他的理由是"盖在社会进步人事复杂之今日，吾人生活之需要，并不限于金钱上之利益"。参见史尚宽：《债法总论》，中国政法大学出版社2000年版，第233页。

法律生活中动的安全(dynamische Sicherheit)。[1] 换言之,物的经济价值(交换价值)被凸显出来,物的流通性得以充分发掘出来。财产所有人自己不必直接为使用及收益,得以之委于他人(自己为出租人、委托人)而收取债权的利益,所有权与使用收益权分离,即物的财产之债权化。[2] 物的财产之债权化充分体现了我妻荣所言的"债法在近代法中的优越地位"。物的财产之债权化同时带来了所谓财产权利人的"无产者化",[3]即从一般意义上,除了住房和消费品外,一般个体不再直接占有支配大量的物质形态财富,一般个体不再从事个体生产。大量的物质形态财富被集中到资本主义企业的控制支配与经营之下,从而为社会实现了分工与生产组织形态变革所带来的财富扩张。控制支配经营大量物质形态财富的资本主义企业的出现,也有赖于金融与法律制度的创新。这里所谓的金融与法律制度的创新之核心是债权流动资本化以及社会财富形态的证券化。如史尚宽教授所说,工业化与市场经济的结合所带来的资本主义经济的发达,使得"罗马法所未许之债权让与,终被承认,遂演成债权动产化证券化之趋势。无记名证券,在民法上之处理,几与动产相同,即其例之著者"。[4]

通过债权流动资本化与证券化,分散的、无数的个人所拥有的资本和物质形态的财富得以集聚并为资本主义工业生产所用。与此同时,个人所拥有的则是债权、股权等性质的各种权利。这些权利借助于证券化的形式实现了大范围的市场流通,个人财富因此也逐渐脱离了财富的物质形态,转化为与财富的物质形态无关的整体财产。时至今日,证券化的对象已从个别化的具有财产利益的债权扩张到知识产权、营业资产,乃至于社会养老金等等。如果混用法律与经济术语,经历这一变革之后,个人所拥有的财产仅为住房、若干消费品以及证券化的流动性资产。经济形态的这一变化,使得经济价值成为衡量财产的核心。

上述变化很大程度上改变了近代民法物权债权两分的格局,物与权利区分的重要性也日益下降。对财产的保护,亦从强调个体对物的排他支配优先于对物的间接支配(物权与债权区分内涵之一),到强调个体整体财产安全尤其是流动性资产安全之保护。除消费品外,财产不再被直接占有,财产被债权化,而债权被证券化,个体之财产即以上述被债权化财产与证

---

① 史尚宽:《债法总论》,中国政法大学出版社 2000 年版,第 4~5 页。
② 同上书,第 5~6 页。
③ 尹田:《法国物权法》,法律出版社 1998 年版,第 18 页。
④ 史尚宽:《债法总论》,中国政法大学出版社 2000 年版,第 6 页。

券化债权为中心,表现为诸种具有经济价值的权利的总体。将货币与无记名证券动产化,不过是标准化债权获得民法上强有力的保障(赋予排他的物权支配效力)的方式而已。

与此同时,市场经济将一切事物纳入到市场交易的范畴。一方面,科技的发展使得人类对外部世界的认知和控制能力得以极大强化,传统意义上的可为人感知的有体物的范围被大规模扩张,如电、热、声、光、气味、无线电频谱等均被纳入到了有体物的范围,成为财产的对象;另一方面,市场经济借助于技术进步也不断地挑战着传统道德和伦理的边界,如血液、人体器官、肖像等传统上被排除出民法上的物之范畴的对象亦被商品化,日益被承认为民法上之物;最后,市场经济创造了大量新的财产对象,如知识产权、商业秘密、商誉、特许经营权、许可权、职业资格、政府补贴,乃至于前述辛格教授所提出的"信赖权益"以及近年热议的虚拟游戏中的装备,等等。可以说,在发达的市场经济形态下,一切皆可在市场出售,一切皆可从市场获得,一切皆可交易,一切皆为财产。

面对现代市场经济将一切纳入市场轨道的强大力量,法律的反应零星且迟钝。现代法律仍然无力建构一个新的体系以替代本质上建立在对前市场社会的想像基础上的近代法律体系。现代法律所作的只是在维持近代法基本结构的基础上不断零星的、个别的承认人们对上述新的财产对象的权利和利益,通过扩大解释将之容纳到近代法体系中(如有体物概念的扩张、货币与无记名证券动产化);对于无法容纳到近代法体系中但可以类型化、权利化的新的财产对象,则将之规定为独立的、例外的权利类型加以保护(如知识产权);对于既难以通过扩大解释容纳到体系中又暂时难以类型化、权利化的,但法律上仍有保护之必要的新的财产对象,则笼统地归入法律保护的利益的范畴(如各国侵权法上通常将侵权行为区分为侵害权利的行为与侵害法律所保护的利益的行为)。[①]

因此,现代民法上的财产概念可以理解为一个层积的或称为叠加的概念。其基础为人对有体物的排他支配权(即物权),法律保护权利人对有体物(包括动产化债权)的排他的占有使用的权利;其上叠加了"类物权"(不同于我国民法上所谓"准物权")的权利,诸如知识产权、商业秘密以及排他

---

[①] 如《德国民法典》第 823 条、我国民国时期民法典第 184 条均如此规定。而欧洲侵权法小组推出的《欧洲侵权法原则》第 2:102 条尽管直接规定"受保护的利益",但在其所规定的财产利益中分别规定了财产权与纯经济利益和契约关系,仍然坚持权利与法律保护的利益的区分。参见欧洲侵权法小组编著:《欧洲侵权法原则:文本与评注》,于敏、谢鸿飞译,法律出版社 2009 年版,第 4、59~62 页。

性的垄断权利(如特许经营权等),法律于此所保护的是排他的垄断性利益;于"类物权"之上,则是请求权性质的债权及其他财产性利益(即所谓"纯经济利益"),上述权利与利益的实现有赖于债务人或义务人之给付,法律于此所保护的乃是个体全部财产不受损失。或者说,就现代民法而言,物权和债权仍然构成了财产的基本分类和骨架,此外则是法律上所认可和创设的特殊类型的,具有经济价值之权利以及以特别规范予以认可和保护的诸种具有经济价值之利益。

此外,对民法中财产概念的理解尚需考虑财产与占有的问题。对占有的保护体现了前述民法中的"自然状态"或曰"自然秩序"问题。在自然状态下,占有之事实即为权利之表征。而进入法律状态后,法律中对物的权利的核心内容亦以占有为前提。在有权占有状态下,占有为权利之主要内容,法律自当予以保护;而在无权占有状态下,法律基于社会秩序与交易安全之理由,仍有必要为之提供一定程度的保护。无权占有,如存在一定的经济价值,即可认为占有人对其占有享有财产性利益。

在民法上,尽管占有究为事实抑为权利,学者间意见纷歧,立法例亦不一致。但无论认占有为事实或认占有为权利,在法律上均赋予了一定的效果。这些法律效果包括权利之推定、即时取得、占有人之物上请求权及自力救济权、善意占有人之用益权及费用求偿权等。这些效果均为保护占有而设,且不问是正当占有或是恶意占有,甚至盗贼对于盗赃之占有,凭其对于物有事实管领力之外观,原则上也受上述效果保护。①

现代法上的占有制度,传袭自罗马法上的占有制度(possessio),也兼承日耳曼法上的占有制度(gewere),这两项制度在凭外观的事实为基础而保护占有这一点上,并无不同,但社会作用并不一致。前者主要的社会作用在于社会秩序的维持,后者则在于交易安全之确保;前者以占有诉权(占有人之物上请求权)为中心,以维持社会秩序,后者以权利之推定及即时取得为中心,赋予占有以公信力,以确保交易之安全。现代法上的占有为兼承罗马法及日耳曼法之占有制度而混合者,其社会作用,亦兼二者之长。②

以德国民法典为例,德国民法典虽将占有规定在物权编中,但作为物权编第一章规定,其用意即在于表彰占有为前法律权利的事实状态。而各国立法例中如德国民法典第 854 条、瑞士民法典第 919 条、我国民国民法

---

① 参见郑玉波:《民法物权》(修订 2 版),台湾三民书局股份有限公司 2003 年版,第 367 页。
② 参见同上书,第 367~368 页。

典第 940 条,均规定占有为对于物的事实上的管领力。① 占有之所以规定
为一种事实,有其原因。民法中物权的本质在于排他性及支配性。占有享
有排他性,但缺少权益归属的支配性。② 占有之排他性在于自然事实,在
法律状态中,在可想像的自然生活中,人对于物(有体物)的占有自是排他
的,而权益归属的支配性则有赖于法律之规范与保障。法律对于占有之保
护,既是对自然事实的承认,也说明了近代以来民法建构的基本逻辑,即前
述人与物的主客体两分以及承认人之自由的至高地位基础上的物权债权
两分。换言之,在前市场社会中,对财产的最直接最有力之保护即为对占
有的保护。市场社会尽管削弱了直接占有之意义,但王泽鉴教授所言的
"占有制度旨在维持社会平和,是一种平和秩序,为法律秩序的基础"一语,
仍具有现实意义。③

　　亦如前述,德国法中严格建立起来的物与权利区分的日益衰落也影
响了占有制度。德国法中严格坚持物与权利的区分,物权之客体必须是
有体物,占有之客体亦同样须为有体物,对权利之占有未设规定,仅承认
地役权和人役权的准占有。但现代多数国家民法均承认不以对物加以
占有而成立的财产权(如地役权、抵押权、商标权、专利权、著作权或债
权)得为准占有的客体,④从而将对权利的事实上支配关系纳入占有的保
护范围。准占有之效力,除其性质不相容的外,占有之规定,皆可准用,
如占有状态、事实的推定、权利的推定及占有的保护等;至于动产善意取
得的规定,因以动产之占有为要件,无准用余地。而对债权之准占有人
善意所为的清偿,有清偿的效力。⑤ 准占有制度获得普遍承认,很大程度
上亦是由于市场经济之发达,财产流动性日益加强,为保护交易安全所导
致的结果。

---

① 所谓"事实上的管领力",一般而言,对于物已有确定与继续之支配关系,或者已立于得排除他
　人干涉之状态者,均可谓对于物已有事实上之管领力。参见谢在全:《民法物权论》(下册),中
　国政法大学出版社 1999 年版,第 927～932 页。我国物权法虽未明定占有为对于物的事实上
　的管领力,但全国人大常委会法工委民法室所作的物权法第 245 条之立法理由称:"占有人无
　论是否有权占有,其占有受他人侵害,即可行使法律赋予的占有保护请求权。关于本条占有保
　护的规定,立法过程中无太大争议"。由此似可推断我国物权法亦认定占有为事实之管领力。
　参见全国人大常委会法工委民法室编:《中华人民共和国物权法:条文说明、立法理由及相关规
　定》,北京大学出版社 2007 年版,第 433～434 页。我国学理上之通说亦认为占有以事实上的
　管领力为已足。参见梁慧星、陈华彬:《物权法》(第 4 版),法律出版社 2007 年版,第 397 页。
② 参见王泽鉴:《民法物权(二)占有》,1999 年自版印行,第 29～30 页。
③ 同上书,第 1 页。
④ 参见梁慧星、陈华彬:《物权法》(第 4 版),法律出版社 2007 年版,第 417 页。
⑤ 王泽鉴:《民法物权(二)占有》,1999 年自版印行,第 268 页。

从前文对民法中的财产概念的分析可以发现,各国民法中的财产概念差异极大,这些差异构成了各国刑法侵犯财产罪对财产概念不同规定和解释的基本背景和前提。如前文所论,德日民法系建立在对自然经济状态、建立在原子式的孤立的个人这一近代对人类社会的想象之上,因此,德日民法中的财产概念首先意味着客观存在的、外在的并可为人所控制的物,这是德日民法关于财产制度的逻辑起点和核心所在。而财产权利则依赖于人对物的直接或间接的支配关系,上述直接或间接的支配关系被区分支配权性质的物权和请求权性质的债权。与之对应,深受 19 世纪德国民法体系化影响的近代德日刑法在侵犯财产罪之财产概念上,亦大体遵循了这一德日民法的基本框架(尽管并不全然一致),即所谓"物"与"财产性利益"的区分,前者一方面直接使用了民法中"物"的概念,另一方面也指明了刑法规范的目的在于保障个体对物之占有的和平秩序;后者则处理并非直接针对特定物而是针对有金钱价值的权利(财产性利益)的犯罪行为。考虑到所谓"有金钱价值的权利"一词涵盖宽泛,缺乏规范的规定性,且德日民法上的"财产"本为一"无法作出某种概括性的定义"的整体性的观念,因此,德日刑法从规范上而言并未直接使用"财产性利益"的措词,而以"造成'整体'财产损失"来替代。① 一旦使用"整体财产"或"财产损失"的概念,则不可避免的涉及对财产的经济评价问题,而对财产的经济评价只能依赖于市场给出,在这一意义上,如果说"物"是自然经济的,则"整体财产"或"财产损失"则为市场经济的。考虑到"物"的概念为德日民法关于财产制度的逻辑起点和核心所在,而"财产"一词并不具有规范的规定性,因此,德日刑法基于整体法秩序的考量亦在刑法中继续维持"物"的概念,也因此继续维持"对个别财产的犯罪"与"对整体财产的犯罪"的区分。法国民法中的"物"(chose)与"概括财产"(le patrimoine)似乎与此相当,然由于法国民法中"物"的含义太过宽泛,缺乏德日民法中"物"的概念的规范的规定性,因此导致法国刑法侵犯财产罪的财产概念不太讲求德日刑法中的"物"与"整体财产"或"财产损失"的区分,其刑法规范更强调直接对特殊对象作出规定,由此也使得法典的体系性和抽象性部分受损。至于英美财产法则高度强调了财产的流动性和交换价值,财产的概念只是一定数目的财富(wealth),"隶属于一个永不停息的钱与物的互换机制中"。因此,英美刑

---

① 因此,德日刑法中所谓"对个别财产的犯罪"与"对整体财产的犯罪"的区分更准确的表述或许应为"对特定物的犯罪"与"对整体财产的犯罪"。另需说明的是,随着德国刑法的发展尤其是德国刑法学说对刑法独立性的强调,"财产性利益"一词所涵盖的范围已超出"有金钱价值的权利"的范畴。

法侵犯财产罪之财产概念立足于"整体财产",同时直接对特殊对象作出说明。[①]

我国 1986 年《民法通则》所规定的财产概念带有强烈的政治与政策色彩,更多地反映了整个社会上层计划经济、下层自然经济的经济社会状态。因此,我国《民法通则》在处理财产概念时既不能(政治与政策因素、法律知识因素)也无需(财产类型简单、少流动且个人财产数量极少)采纳德日民法中较复杂的体系与逻辑。我国刑法中简单的"公私财物"措词,与上述《民法通则》中的财产概念情形相同。因此,尽管我国刑法中"公私财物"的措词既简单且缺乏规范的规定性,但其内涵在实践中却争议不大。而随着社会经济政治的转型,一方面是经济、市场转轨所带来的摆脱国家控制的强大力量,另一方面则是随着技术与知识的进步所带来的国家控制经济方式与手段的变化,财产的流动性与市场交换日益发达,财产类型日益复杂,财产对于个人生存之意义日益丰富,因此 2007 年《物权法》虽然延续了1986 年《民法通则》诸多未能清理的遗产,但也有限度地继受了德日民法关于财产制度的体系逻辑。尽管 2007 年《物权法》所标志的我国民法财产制度规范有限度的转型所带来的后果尚不能完全预期,但导致我国民法财产制度规范从 1986 年《民法通则》向 2007 年《物权法》转变的压力,同样深刻地影响着我国刑法侵犯财产罪之财产概念的解释。在这一意义上,我国刑法侵犯财产罪或许仍将使用"公私财物"的措词,但在解释上或将不可避免地向德日刑法靠拢。[②]

### 三、侵权法对理解刑法侵犯财产罪之财产概念的意义

早期法律中,侵权与犯罪之间并无严格区分。在罗马法中,古典时期的盖尤斯即在其《法学阶梯》中将债之发生归结为契约与私犯两类。其中私犯之债包括四种形式:盗窃、抢劫、造成损害以及实施侮辱。[③] 查士丁尼的《法学阶梯》尽管将债之发生原因扩展为契约、准契约、私犯、准私犯四

---

① 如美国《模范刑法典》(1962 年)第 223 节"盗窃及相关犯罪"对"财产"的定义为"指包括不动产、有形或无形的个人财产、契约上的权利、权利动产(choses-in-action)和对财产的其他权益或者请求权、入场券、运输票证、捕获的动物或者家禽、食物和饮料、电力或者其他能源在内的一切有价物"。参见〔美〕美国法学会编:《美国模范刑法典及其评注》,刘仁文、王祎等译,法律出版社 2005 年版,第 157 页。

② 从对我国司法实践(包括司法解释与判例)的分析中,我们可以发现所谓"公私财物"大致开始被区分为两个层次:有经济价值之物与整体财产,只是我国司法实践中侵犯财产罪并不区分为"对个别财产的犯罪"与"对整体财产的犯罪"而已。详见下文分析。

③ 参见〔古罗马〕盖尤斯:《法学阶梯》,黄风译,中国政法大学出版社 1996 年版,第 226、266 页。

类,但作为债之发生原因的私犯仍分为盗窃、抢劫、损害与侮辱四类。① 早期英美法上,犯罪与侵权之区分,也非常模糊。通常认为,适用刑事诉讼程序的为犯罪,适用民事诉讼程序的为侵权,而诉讼程序的适用又与王座法庭与普通民事诉讼高等法庭的管辖权交织在一起。在诺曼征服时代,所谓刑法也是侵权法。而早期令状中作为侵权法源头的侵害之诉(trespass)无疑更具刑事惩罚性质。普拉克内特据此认为侵权是从犯罪中分离出来的。② 即使在现代民法上,侵权与犯罪之间仍具有密切的关联。如侵权行为在《法国民法典》中被称为"犯罪及准犯罪"(des délits et quasi-délits),在《德国民法典》中被称为"不许行为"(unerlaubte Handlungen,或译为"不法行为"),在《日本民法典》中称为"不法行为",在《瑞士债法典》中德文标题称为"不许行为",法文标题称为"不法行为"(actes illicites)。③ 因此,侵权法对财产之保护,对于理解民法上乃至刑法上之财产概念具有特殊意义,值得专门列出讨论。④

　　近代以来的侵权法的基本分析框架是建立在权利观念基础之上的,因此,尽管各国对何为侵权行为之客体有所不同,但所争议的不过仍是权利之外的利益是否应予以保护,对权利的保护均无异议。其中,日本民法范围最窄,仅限于权利之侵害;德国民法中,包括生活利益或权利之侵害、保护法规之侵害以及故意违背良俗之加害;瑞士债法中则为违法之加害及故意违背良俗之加害;我国民国民法典则为不法侵害权利、不法损害权利(间接侵害权利)以及故意违背良俗之加害。⑤ 我国侵权责任法第 2 条虽将侵权行为规定为侵害民事权益之行为,但所谓民事权益明确规定为权利所及之人身、财产权益。⑥ 从侵权行为所侵害之客体言,权利之侵害客体为权利;保护法律规定之违反,其直接侵害客体为法律规定,间接的为法律所保

---

① 参见〔古罗马〕优士丁尼:《法学阶梯》,徐国栋译,中国政法大学出版社 1999 年版,第 343、419 页,需要说明的是徐国栋教授译本将"私犯"译为"非行","准私犯"译为"准非行"。更详细的讨论参见〔意〕彼德罗·彭梵得:《罗马法教科书》,黄风译,中国政法大学 1992 年版,第 307、401~409 页。

② See Theodore F. T. Plucknett, *A Concise History of the Common Law*,中信出版社 2003 年影印版,第 421~423 页。

③ 参见史尚宽:《债法总论》,中国政法大学出版社 2000 年版,第 105 页。

④ 现代法律中对于侵权法与刑法之关联的较详细阐述,参见〔德〕克蕾斯蒂安·冯·巴尔:《欧洲比较侵权行为法》(上卷),张新宝译,法律出版社 2001 年版,第 737~757 页。

⑤ 参见史尚宽:《债法总论》,中国政法大学出版社 2000 年版,第 111~112 页。

⑥ 我国侵权责任法第 2 条规定:"本法所称民事权益,包括生命权、健康权、姓名权、名誉权、荣誉权、肖像权、隐私权、婚姻自主权、监护权、所有权、用益物权、担保物权、著作权、专利权、商标专用权、发现权、股权、继承权等人身、财产权益。"

护的个人权益（法益）；违背良俗之侵害，为个人的一切利益。①

如依从近代以来民法上有关权利的概念框架，侵权行为之侵害涉及财产权利部分的类型如图 2-1 所示：②

| 权利 | 支配权 | 物权：所有权、地上权、永佃权、地役权、留置权、质权、典权、抵押权、水权、耕作权等 |
| | | 准物权：矿业权、渔业权等 |
| | | 无体财产权：专利权、著作权、商号权、商标权、营业权③等 |
| | | 占有 |
| | 请求权 | 债权 |
| | | 债权以外之请求权 |
| | | 有财产意义的物权请求权 |

**图 2-1**

于上图中，就所有权之侵害言，依有效之处分，缩减或丧失所有权，事实上毁灭或损坏所有物，或一时的或继续的侵夺所有物或其他利用之妨害，均为所有权之侵害；对无体财产权之侵害，因他人利用其智能的作物，而妨害其权利之独占的利用而成立；占有因民法特设保护规定，可认为财产权之一。④

就债权言，债权为请求权，通说认为债务不履行并不构成侵权行为，应诉诸契约法解决，而不因求诸侵权法，否则契约与侵权的区分便全无意义了。因此，侵权法上之债权侵害原则上只得由第三人侵害之。同时，通说

---

① 参见史尚宽：《债法总论》，中国政法大学出版社 2000 年版，第 131 页；王泽鉴：《侵权行为法（一）基本原理·一般侵权行为》，2000 年自版印行，第 77～79 页。

② 本图依据史尚宽：《债法总论》，中国政法大学出版社 2000 年版，第 133～144 页制作。亦参见孙森焱：《民法债编总论》（上册），法律出版社年版，第 180～185 页。

③ 营业权能否作为侵权行为客体的权利的一种，不无争议。史尚宽教授将之归为无体财产权之一种，并指出，营业权之成立，应着眼于其财产之独立价值，即就营业之规模布置及其经营客观的具体化者，为一独立之无体财产。如营业权被侵害，例如直接妨害营业，或因有效之处分，使事实上缩减或丧失其权利，则有营业权之侵害。参见史尚宽：《债法总论》，中国政法大学出版社 2000 年版，第 133～136 页。王泽鉴教授认为德国法上的营业权系为商业经济利益之权利化，目的在于保护企业活动的整个范畴，但不及于构成企业经营的财产及其成员。营业权创设之目的在于补充德国侵权行为法对纯粹经济上利益保护的不足，但通说也认为因营业权被侵害的损害赔偿请求权仅具有补助性的性质。并主张，企业经营上活动包括企业构成部分、组织与顾客、商品、劳务以及资金供应者的关系等，经常变动，其客体难以具体化，欠缺权利所应具有的社会典型公开性，尤其是归属及排他的功能，因此不应创设营业权。对营业经济利益的保护通过善用违背良俗之侵害的规定即可解决。参见王泽鉴：《侵权行为法（一）基本原理·一般侵权行为》，2000 年自版印行，第 203～206 页。

④ 参见史尚宽：《债法总论》，中国政法大学出版社 2000 年版，第 134～135 页。

亦主张如侵权行为不以权利侵害为要件,则在解释上应限制或否定将债权侵害解释为权利侵害。① 其理由是,债权属于相对权,存在于当事人间,债权人对于给付标的物或债务人的给付行为并无支配力,且债权不具有所谓典型的社会公开性,第三人难以知悉,同一个债务人的债权人有时甚多,如将侵害债权解释为权利侵害,则加害人的责任将无限扩大,即便否定第三人侵害债权为权利侵害,而将侵害债权解释为违背良俗之侵害亦足以保护债权。② 如将侵害他人债权解释为违背良俗侵害利益,则其保护范围势必应较为有限。王泽鉴教授主张的侵害他人债权的主要类型仅有因第三人行为致债务人不能履行对债权人的给付义务、二重买卖、诱使债务人违约以及债权归属之侵害四类。③ 大体上,目前之判例与学说对债权侵害仍持较为谨慎的立场。一方面,基于权利之不可侵性,对债权应给予一定的保护以免受第三人之侵害;另一方面,因债权作为请求权之性质,侵权法上对债权之保护当与作为支配权的物权及无体财产权的保护有所区别。

被侵害之客体直接为保护他人法律之规定,间接为权益的情形中,所谓保护他人法律并不限于法律,还包括习惯法、命令、规章等。④ 通常认为因诈欺在刑法为保护被害人之全体财产,一般谓非权利,而为权益。⑤

---

① 参见史尚宽:《债法总论》,中国政法大学出版社2000年版,第140～141页;王泽鉴:《侵权行为法(一)基本原理·一般侵权行为》,2000年自版印行,第196～198页。需要指出的是,史尚宽教授主张限制将债权侵害解释为权利侵害,王泽鉴教授则全然否定将债权侵害解释为权利侵害。

② 参见王泽鉴:《侵权行为法(一)基本原理·一般侵权行为》,2000年自版印行,第198页。

③ 史尚宽教授主张限制将他人侵害债权解释为权利侵害,因此其所主张的保护范围较之王泽鉴教授所论为宽。史尚宽教授将他人侵害债权区分为直接侵害与间接侵害。直接侵害包括:第一,因第三人就债权之处分或行使,直接使债权消灭。例如,债权之准占有人(无记名证券、指示证券之持有人),债权人签名收据之持有人,无权限而由债务人受领清偿;债权之让与人,于让与通知以前,由债务人受领清偿或向债务人免除债务或将其债权更让与第三人;代理人逾越其代理权受领本人之债权之清偿或为免除债务。第二,因第三人之行为直接损害债权,或使债权丧失,例如将他人之无记名证券出让,设定质权或毁损。第三,因第三人介用他人之适法行为,使债权消灭,例如第三人诱惑或强制契约当事人之雇方,终止雇佣契约,将受雇人解雇。间接侵害包括,第一,因第三人杀害债务人,而生债权消灭之结果,通常指专属于债务人一身之债务;第二,因第三人之行为使给付不能,间接地使债权消灭。例如因毁灭给付之物体致给付不能、因伤害债务人之身体致给付不能(尤以不替代给付为然)、定期行为因第三人之妨害致不能于履行期为履行而为给付不能、第三人就给付物体与债务人为法律行为以取得其物因而使其给付不能(即所谓二重买卖);第三,因第三人之行为,致债权人所为请求权致行使为不能,因而使请求权消灭;第四,因第三人之行为,致履行迟延、受领迟延或其他致债权人不能依债务本旨而受履行。并主张,因故意或过失直接侵害债权构成侵权行为并无疑义,但就间接侵害,必须与"故意加害"或"违反保护他人法律"结合,才可认定为侵权行为。参见史尚宽:《债法总论》,中国政法大学出版社2000年版,第141～144页。

④ 参见王泽鉴:《侵权行为法(一)基本原理·一般侵权行为》,2000年自版印行,第349～352页。

⑤ 参见史尚宽:《债法总论》,中国政法大学出版社2000年版,第160～161页。

违背良俗之加害,其侵害之客体,不问其为权利或为法律所保护之利益或为个人之任何利益。其中财产性利益包括:第一,物的标章,包括职业标(即照牌标札之类)、装潢、报纸标题、著作物题号。第二,关系标章,如印章、花押、落款及未登记之商标。第三,人的标章,如未登记之商号。第四,为呈准专利之发明、新型、新式样。第五,尚未取得著作权之著作。第六,顾客关系(Kundschaft)。第七,利得期望(Erwerbsaussicht)以及其他任何财产消极的或积极的减少。其他如法律所保护之利益难名之为权利的,自可为加害之客体。如刑法诈欺恐吓之法益,为被害人之全体财产。[1]

从规范结构上言,权利侵害为近代以来侵权法之基础,而以利益之侵害为补充。权利之侵害无论故意或过失均可成立,在立法及学说上并无异议,但就利益之侵害,则通常主张以故意为限。如以故意为限,则因他人的过失行为致权利以外的利益遭受损害时,便难以获得法律之充分保护。因此,就利益之侵害中又分离出违反保护他人法律之侵害与违背良俗之故意加害,违反保护他人法律即推定为有过失。将违反保护他人法律作为独立侵权行为,有助于保护权利以外的利益,使侵权法的体系更为周全。[2] 不过,如前所列举,侵权法所保护之利益,宽泛无边,如何妥善使用利益侵害条款,有赖于判例与学说对社会发展之需求予以承认并加以类型化,方能更好地兼顾法律之安全、确定与对社会需求之因应。

近几十年来,侵权法始终存在着从近代的自己责任为核心转向以补偿为核心的损害赔偿法的趋势,这一趋势导致上述近代确立的侵权法结构似乎出现了再体系化的倾向,即从损害赔偿法的角度出发重新梳理侵权法。在侵权行为法中,侵权行为的基本构成要件通常包括过错、因果关系和损害事实三个核心要素;各国侵权法也强调,即除个别例外之外,原告在权利或人身上遭到侵害时还必须遭受了实际的损害才能成功地提起损害赔偿之诉。[3] 因此,从损害出发,重新梳理侵权法,将侵权行为区分为对人的侵害、对物的损害以及纯粹经济损失三类,有其特殊意义。[4] 这一再体系化最典型的例子当属德国学者布吕格迈耶尔与我国学者朱岩共同起草的《中

---

[1] 参见史尚宽:《债法总论》,中国政法大学出版社 2000 年版,第 161~162 页;史尚宽教授更是根据外国学说及判例列了 21 种违背良俗之加害。参见同书第 162~166 页。

[2] 参见王泽鉴:《侵权行为法(一)基本原理·一般侵权行为》,2000 年自版印行,第 343~344 页。

[3] 参见〔德〕克雷斯蒂安·冯·巴尔:《欧洲比较侵权行为法》(下册),焦美华译,张新宝审校,法律出版社 2001 年版,第 7~11 页。

[4] 王泽鉴教授在讨论违反保护他人法律之侵权行为时将保护他人的法律区分为"保护被害人的生命健康、保护所有权、保护纯粹财产上损害"亦有同样效果。参见王泽鉴:《侵权行为法(一)基本原理·一般侵权行为》,2000 年自版印行,第 353~354 页。

国侵权责任法学者建议稿及其立法理由》。该建议稿第 1:102 条规定了受法律保护的人的法益；①第 1:103 条规定了受法律保护的财产法益。该条规定如下：

(1) 受法律保护的法益还包括有体物以及其他标的之上的财产权，尤其是所有权和知识产权。动物在侵权责任法上被视为物。

(2) 在法律承认的情况下，依据本条，广义上的财产被视为受法律保护的法益。原则上只有在故意侵害的情况下才保护广义上的财产。但本法明确规定或者司法判例所承认的保护广义财产的类型除外。②

参酌两位学者所拟立法理由，该条第 1 款相当于物的损害，第 2 款相当于纯粹经济损失。其第 1 款立法理由称，侵权责任法对有体物之上的所有权保护范围为所有权人就该物享有完整的使用和处分该物的权利。对物的所有权的侵害的形态包括侵害物的实质构成，如毁损物件；侵害物的使用，或者在没有事先损害物件的情况下妨碍对物的利用；非法取走物；无权处分，如使用、消费或处分标的物导致第三人通过善意取得获得该物的所有权。在所有权与占有分离的情况下，有权直接占有同样受侵权法的保护。知识产权体现为一种精神智力成果上的排他性权利。侵害知识产权的类型包括未经许可使用他人专利、著作权等，尤其是非法利用知识产权从事商业活动的情况。③ 第 2 款所谓的"广义上的财产"体现为一个人"所享有的"可以货币计算的财产的集合，包括动产、不动产、知识产权、债权、有价证券等。此种财产价值以市场交易价值以及可市场流通为前提，即可

---

① 该条规定如下："(1)受法律保护的法益包括人的生命、身体的完整性和健康以及行为自由。因侵害生命而致人死亡所发生的损害赔偿适用特殊规定。(2)受法律保护的法益还包括人的精神法益，如名誉、自治、隐私，以及人格特征、肖像、姓名、声音和个人相关数据之上的"权利"等。(3)在依据法律保护的性质可以适用于人合团体、私法与公法上的法人的情况下，本条第 2 款有关人格法益的保护同样适用于上述各类法律团体。"参见〔德〕布吕格迈耶尔、朱岩：《中国侵权责任法学者建议稿及其立法理由》，北京大学出版社 2009 年版，第 4 页。
② 〔德〕布吕格迈耶尔、朱岩：《中国侵权责任法学者建议稿及其立法理由》，北京大学出版社 2009 年版，第 4 页。
③ 同上书，第 61 页。需要注意的是，两位学者在立法理由中仅仅解释了所有权、占有、知识产权以及动物，未涉及债权。但在两位学者撰写的《中国侵权责任法的历史、现状与当前立法核心任务》一文中又明确指出债权应受到侵权法保护，同时还提及了侵权法对不公平竞争、不法垄断、恶意破产以及证券市场虚假陈述导致损害的救济。因此，所谓财产权的范围在此似乎仍不无疑义。参见同书第 39~40 页。

从事各种交易并转让此种客体。侵害广义上的财产等同于财产损害，即现有广义财产的现实减少或者可得利益的减损。两位学者明确肯认本条在此所调整的广义财产遭受的侵害就是所谓的纯粹经济损失。[①] 如前述法条所拟，对纯粹经济损失之救济原则上以故意侵害为前提，除非法律另有规定。

欧洲侵权法小组编著的《欧洲侵权法原则》也持相似立场。该原则第2：102条（受保护的利益）第3、4项规定：

> （3）财产权[②]包括无形财产权受广泛保护。
>
> （4）纯经济利益和契约关系的保护可受更多限制。此时，尤其要充分注意行为人与遭受危险者之间的紧密性，或者行为人知道其利益肯定不如受害人的利益价值大，而其行为将造成损害的事实。[③]

欧洲侵权法小组在评注中认为，在利益价值上，第2款指出的生命、身体完整和自由等级最高，第3款的财产权其次，第4款纯粹经济利益最低，对纯粹经济利益的保护也更有限。其理由是纯粹经济损失是并非源于对原告人身或财产的物理性伤害的财产损失，它们既不明显，也没有清楚的边界，立法必须考虑到纯粹经济损失可能会影响到很多人，而行为人又不知道这些人的详细情况，如果赔偿纯粹经济损失，会产生让行为人承担不合理的责任负担的风险的状况。[④] 因此，它们只有在受到故意侵害时才能获得保护。[⑤]

需要特别指出的是术语的混乱以及翻译所带来的问题，尽管将《欧洲侵权法原则》英文本中的"property rights"译为"财产权"并无问题，然而此处所谓"财产权"更妥当的翻译也许应译为"对物权"（rights *in rem*）。理由之一是大陆法系传统中的支配权（物权）与请求权（债权）的区分，该条款第4款专门例举了"契约关系的保护"，显然债权并不包括在所谓"财产权"之内；理由之二是《欧洲侵权法原则》起草人欧洲侵权法小组的负责人考茨欧

---

① 〔德〕布吕格迈耶尔、朱岩：《中国侵权责任法学者建议稿及其立法理由》，北京大学出版社2009年版，第62页。

② 英文本作"property rights"，译为"财产权"似乎并无问题，但参酌条文及相关文献，译为"对物权"更为妥当。详见下文。

③ 欧洲侵权法小组编著：《欧洲侵权法原则：文本与评注》，于敏、谢鸿飞译，法律出版社2009年版，第4页。

④ 参见同上书，第61～64页。

⑤ 〔奥〕H.考茨欧主编：《侵权法的统一：违法性》，张家勇译，法律出版社2009年版，第175页。

教授在讨论"受保护的权利和利益"也明确使用了"对物权"的概念。[①] 其理由除了利益的价值序列外,也充分考虑了利益规定的明确性和显著性,债权和纯经济利益并不包括在所谓"财产权"中。[②]

从侵害与损害的角度出发,将侵权行为区分为对人的侵害、对物的侵害以及纯粹经济损失三类,一方面,强调了权利的性质和价值序列;另一方面,也兼顾了利益规定的明确性和显著性。当然,目前为止,纯粹经济损失的概念仍然相当模糊。通常对该概念的意义本旨是从否定方面来解释的,即所谓纯粹经济损失是一种在原告人身和财产事先都未受到侵害之情形下发生的损害,它只是使受害者的钱包受损,此外别无他物受损。[③] 显然,这里的"财产"一词容易引起混乱。冯·巴尔教授更明确地将之总结为"所谓'纯粹经济损失'是指那些不依赖于物的损坏或者身体及健康损坏而发生的损失"或者"非作为权利或受到保护的利益侵害结果存在的损失"。[④] 事实上,纯粹经济损失问题与近代法中使侵权行为从属于对物之权利(Sachenrechtsakzessorisch)法律制度[⑤]的观念密切相关。[⑥] 在近代侵权法中,在涉及财产侵害的损害赔偿中较为严格地维持了契约法与侵权法的区分,即侵权法对应于物权保护,而契约法对应合意之债的保护。或依克茨教授所言,侵权行为法藉由对陌生人课予注意义务的方法,保护人的生命、健康或所有权,而契约法则保护个人期待他人将履行诺言而自愿承担债

---

[①] 考茨欧教授指出,一些基本的人格权,如生命权、健康权、自由权是处于最高位阶的利益,对物权(rights *in rem*)和无形财产权的位阶相对较低,纯经济的或者非物质的利益处在受保护利益的最底层。参见〔奥〕H. 考茨欧主编:《侵权法的统一:违法性》,张家勇译,法律出版社 2009 年版,第 174~175 页。

[②] 关于合同权利,考茨欧教授指出,由于它们涉及的利益位阶较低,而且它们的内容各不相同且不明显,它们利益规定的明确性和显著性不那么明显;对于纯经济利益来说结果更是如此,因为它们并没有形成为权利,因此,其他人与之竞争的利益应当给予同等对待,由此导致的结果是,纯经济利益,如赚取净利润的机会,仅仅受到极为有限的保护。参见〔奥〕H. 考茨欧主编:《侵权法的统一:违法性》,张家勇译,法律出版社 2009 年版,第 175~176、178 页。

[③] 参见〔意〕毛罗·布萨尼、〔美〕弗农·瓦伦丁·帕尔默主编:《欧洲法中的纯粹经济损失》,张小义、钟洪明译,林嘉审校,法律出版社 2005 年版,第 5~6 页。

[④] 〔德〕克雷斯蒂安·冯·巴尔:《欧洲比较侵权行为法》(下册),焦美华译,张新宝审校,法律出版社 2001 年版,第 33~34 页。

[⑤] 该判断来自冯·巴尔教授。参见〔德〕克雷斯蒂安·冯·巴尔:《欧洲比较侵权行为法》(下册),焦美华译,张新宝审校,法律出版社 2001 年版,第 37 页。

[⑥] 克茨教授也曾认定英国和德国法律的目的总是对人身伤害和实体物质财产的侵害提供保护。而戈德利教授也认为,在英国和德国,责任排除规则(即纯粹经济损失不予赔偿规则)在 19 世纪的发展是分析思维的产物。参见〔意〕毛罗·布萨尼、〔美〕弗农·瓦伦丁·帕尔默主编:《欧洲法中的纯粹经济损失》,张小义、钟洪明译,林嘉审校,法律出版社 2005 年版,第 18~19 页。

务,以使个人获得利益。[①] 而纯粹经济损失往往与对对物权的侵害相区分,其发生原因,有可能是因契约相对人不履行债务所造成,或因第三人不法加害所致。[②] 因此,纯粹经济损失的保护与各国法上侵权责任与契约责任之规定直接相关。纯粹经济损失作为可以由金钱加以赔偿的财产上的不利益,给予其法律救济的责任基础或通过扩张契约责任获得,或通过扩张侵权责任获得。[③] 如通过扩张侵权责任获得,则该概念可以成为侵权法在对物权侵害之外的涵摄所有财产上的不利益的基本范畴。纯粹经济损失概念也由此将侵权法对财产权的保护从对具体的物的支配权以及静态的财产安全的保护扩展到对广义上的财产的集合以及动态财产安全的保护。不过,仍有必要指出的是,目前为止各国侵权法对纯粹经济损失的保护仍然是异常审慎而节制的,是否给予某一类型的纯粹经济损失以侵权法上的救济,更多地依赖于社会政策作出判断。

因此,我们可以说,在侵权法中,所谓财产权的概念通常指对物权与知识产权。而在对物权的概念中,强调从物本身(如保护物之完整性)以及权利人对物之占有、合理使用角度出发为之提供保护。[④] 尽管侵权法也为债权和纯经济利益提供保护,但在债权与纯经济利益在侵权法所保护的价值序列上要低于对物权与知识产权,侵权法为之提供的保护也较为有限,通常仅为第三人故意侵害债权和纯经济利益提供救济。

如前所述,在人类早期法律中,侵权与犯罪之间并无严格区分。之所

---

[①] Kötz, 'The Doctrine of Privity of Contract in the Context of Contracts Protecting the Interests of Third Parties', 10 *Tel Aviv Law Journal* 195(1990). 转引自邱琦:《纯粹经济上损失之研究》,台湾大学博士学位论文,2002年,第221页。

[②] 参见邱琦:《纯粹经济上损失之研究》,台湾大学博士学位论文,2002年,第153页。而从比较法上言,各国处理四种典型纯粹经济损失类型为:过失不当陈述、过失履行专业服务、商品自伤案件、因侵害第三人人身或所有权所造成的纯粹经济上损失。参见同书,第10页。

[③] 邱琦博士更是主张,在加害人与被害人之间,利益交换的有无作为出发点,在契约责任与侵权责任两个极点之间,存在无数有层级的利益交换的中间形态。在这一序列中每一这类特征的纯粹经济损失,均有其位置。当事人间利益交换的自愿程度愈高,所造成的纯粹经济损失的位置,愈接近契约责任,其损害赔偿,即愈依契约法加以规范;当事人间利益交换的自愿程度愈低,所造成的纯粹经济损失的位置,愈接近侵权责任,其损害赔偿,即愈应依侵权行为法加以规范。参见邱琦:《纯粹经济上损失之研究》,台湾大学博士学位论文,2002年,第11～13、209～210页。

[④] 冯·巴尔教授将之区分为对物的损坏(侵害物之物理完好性)和其他侵害所有权的形式、对物之其他权利人的侵害。他同时主张在非所有人因物受损而要求损害赔偿的情况下,可以通过第三人代位损害赔偿制度来解决,以避免混淆契约责任与侵权责任的界限并避免加大责任人的损害赔偿风险。参见〔德〕克雷斯蒂安·冯·巴尔:《欧洲比较侵权行为法》(下册),焦美华译,张新宝审校,法律出版社2001年版,第39～60页。

以未能区分,亦与权利观念尚未完全彰显、尚未成为法律制度之核心有关。及至近代,法律制度系围绕作为法律主体的人来建构,权利侵害之观念遂逐渐取代不法行为之观念。① 然而,在德日民法体系中,财产权虽自为权利之一种,但由于财产权之概念太过宽泛,与"财产"概念一样不具有规范的规定性,因此,不同性质的财产权(支配权性质的财产权、请求权性质的财产权、具有经济价值的期待权等)事实上难以受同一规范规制,传统之解释亦主张限制或否定将债权侵害解释为权利侵害。此外,尽管如德国、瑞士诸国侵权法亦为利益之侵害提供保护,但对利益侵害则通常主张以故意为限。这一以"权利—利益"侵害及自己责任为核心建立起来的近代侵权法体系,对近代刑法侵犯财产罪之财产概念的解释亦有重要意义,从这一侵权法体系到德日刑法侵犯财产罪之所谓"本权说"与"占有说"、"财产性利益"等并不遥远。从"本权"到"占有"的变化,其核心在于对侵犯财产罪的理解从对所有权的侵害扩张到对有权占有的侵害(至于"无权占有"问题,则通常涉及对社会平和秩序之保护);而通常所谓"财产性利益"包括了债权等请求权在内,也与民法上所主张的限制或否定将债权侵害解释为权利侵害相同。

　　侵权法近几十年来的再体系化,将涉及财产的侵权行为区分为对物的损害与纯粹经济损失。一方面更切近德日民法财产制度传统上"物"的概念的核心地位,避免了传统侵权法上"权利侵害"之"权利"概念的不确定,另一方面则以整体财产的减损(纯粹经济损失通常被解释为"可以由金钱加以赔偿的财产上的不利益")这一更具操作性的范畴取代相对含糊的"利益侵害"之利益概念。在这一意义上,侵权法再体系化的成果对刑法侵犯财产罪之财产概念的解释无疑更具有借鉴意义,更契合德国刑法对侵犯财产罪之财产概念的解释,即将财产区分为物与整体财产。只不过传统上,德国刑法中"物"与"整体财产"的区分因不同的各罪行为方式有所不同,如盗窃、抢劫等对个别财产的犯罪实为对物的犯罪,而背信、诈骗等则为对整体财产的犯罪。再体系化后的侵权法并不因行为方式不同而对"对物的损害"与"纯粹经济损失"作出区分。因此,尽管德日刑法上的这一区分是否需要继续维持尚待考察,但对我国刑法侵犯财产罪而言,我国刑法侵犯财产罪本就通用"公私财物"一词,如借鉴侵权法再体系化的方式,将"公私财物"解释为"物＋整体财产'损失'",且不因个罪所指向的行为方式不同而有区别,似乎并无太大问题。②

---

① "侵权行为"与"不法行为"的表述本身亦说明了法律的演化。"不法行为"着重于对规范的违反,而"侵权行为"着重于对权利的侵害。
② 我国司法实践尤其是司法判例即坚持这一立场,即不区分"对个别财产的犯罪"与"对整体财产的犯罪"而使用统一的"公私财物"概念。详见下文。

## 第三节　我国现行刑法第 91 条、第 92 条之分析

在检视法体系中的财产概念之后,回到我国现行刑法中通常被视为刑法典对财产概念的明确定义的刑法第 91 条、第 92 条,重新审视刑法第 91 条、第 92 条,对于厘清我国刑法侵犯财产罪之财产概念具有重要意义。

我国现行刑法第 91 条、第 92 条之规定如下:

第 91 条　本法所称公共财产,是指下列财产:

(一)国有财产;

(二)劳动群众集体所有的财产;

(三)用于扶贫和其他公益事业的社会捐助或者专项基金的财产。

在国家机关、国有公司、企业、集体企业和人民团体管理、使用或者运输中的私人财产,以公共财产论。

第 92 条　本法所称公民私人所有的财产,是指下列财产:

(一)公民的合法收入、储蓄、房屋和其他生活资料;

(二)依法归个人、家庭所有的生产资料;

(三)个体户和私营企业的合法财产;

(四)依法归个人所有的股份、股票、债券和其他财产。

从法典结构而言,现行刑法第 91 条、第 92 条位居总则第 5 章"其他规定"中,其后诸条均为概念性的规定。[①] 因此,我们有理由推断立法者应有将第 91 条、第 92 条作为整部法典有关财产概念解释基础的意图。通行的刑法理论大体也是如此看待的。[②]

---

① 如第 93 条(国家工作人员的范围)、第 94 条(司法工作人员的范围)、第 95 条(重伤)、第 96 条(违反国家规定之含义)、第 97 条(首要分子的范围)、第 98 条(告诉才处理的含义)、第 99 条(以上、以下、以内之界定)。仅第 90 条(民族自治地方刑法适用的变通)、第 100 条(前科报告制度)与第 101 条(总则的效力)不涉及概念性规定。

② 各通行刑法教科书在讨论刑法侵犯财产罪章时往往直接引述现行刑法第 91 条、第 92 条作为侵犯财产罪章财产概念的定义。参见高铭暄、马克昌主编,赵秉志执行主编:《刑法学》(第 4 版),北京大学出版社、高等教育出版社 2010 年版,第 553~554 页;苏惠渔主编:《刑法学》(第 4 版),中国政法大学出版社 2009 年版,第 479 页;杨春洗、杨敦先、郭自力主编:《中国刑法论》(第 4 版),北京大学出版社 2008 年版,第 373~374 页;刘宪权主编:《刑法学》(第 2 版)》(下册),上海人民出版社,第 640 页。少数教科书在讨论侵犯财产罪章时完全不提及刑法第 91 条、第 92 条,如陈兴良主编:《刑法学》(第 2 版),复旦大学出版社 2009 年版,第 370~374 页;张明楷:《刑法学》(第 3 版),法律出版社 2007 年版,第 698~704 页;周光权:《刑法各论讲义》,清华大学出版社 2003 年版,第 84~91 页。

　　然而,依据前文对上述两条条款的沿革之分析以及我国宪法与民法上相关条文之分析,上述两条条款的政治宣示意义远大于其规范意义。从规范意义上言,现行第 91 条之基本规范结构为不同主体之公共财产权的区分,即依主体之差异区分为国有财产、集体财产以及"社会财产",至于财产内涵与外延之内容,则付之阙如。而就第 92 条规范结构言,其规范基础是生活资料与生产资料的区分(第 1 项与第 2 项),并以列举的方式说明了何为生活资料;①但第 3 项之规定又抛弃了生活资料与生产资料的区分,笼而统之以特殊主体身份(个体户与私营企业)来说明,而财产之内涵与外延同样付之阙如;至于第 4 项所列举的股份、股票、债券等,显然无法归入第 1 项、第 2 项所谓的个人、家庭所有的生活资料或生产资料的范畴,故此单列,然而,拥有股份、股票、债券等财产的主体显然不限于个人,个体户与私营企业当然也无妨拥有股份、股票、债券等财产。因此,可以说,第 92 条的规范结构极其混乱,该条第 1 项、第 2 项的生活资料与生产资料的划分既与社会主义市场经济体制的社会现实不符,又无法提供有关财产的内涵与外延的规范内容,强行沿用这一划分既无规范实益且只能带来混乱;该条第 3 项尽管未说明所谓"个体户和私营企业的合法财产"系属生产资料,但考虑到我国政治与法律对个体户与私营企业的认可是将其作为社会主义初级阶段社会生产的补充,因此,所谓"个体户与私营企业的合法财产"自当理解为指称个体户与私营企业所拥有的生产资料,至于生活资料则必定是个人消费品,直接适用该条第 1 项规定即可,如此则第 3 项与第 2 项之区分亦不过只是主体之区别而已;而第 4 项的增补则不伦不类,充分说明了第 92 条的过渡性质。因此,现行刑法第 91 条、第 92 条并不具有规范意义,不足以为侵犯财产罪章的财产概念提供清晰的指涉。现行刑法第 91 条、第 92 条作为侵犯财产罪中财产的定义地位之尴尬,也充分体现在司法实践以及学理讨论中。

## 一、司法实践中之现行刑法第 91 条、第 92 条

　　我国司法实践在审理涉及侵犯财产罪案件中援引现行刑法第 91 条、第 92 条的案件数量并不多。以目前较为通行的、影响较大的案例汇编来看,②仅有 7 个案件在判决与讨论中涉及现行刑法第 91 条、第 92 条。分别

---

① 并且,在该列举中完全无视了权利的不同性质,如对储蓄的权利为债权,而对收入与房屋的权利则通常为物权。

② 本书所统计援引的案例来自于以下案例集:《最高人民法院公报》(1985~2009 年)、《人民法院案例选》(1992~2009 年)、《刑事审判参考》(1999~2009 年)、《中国审判案例要览》(1992~2008 年)。

为刘必仲挪用资金案①（涉及第 91 条）；潘勇、王伟职务侵占、虚报注册资本、贷款诈骗案，②叶文言、叶文语等盗窃案，③刘清祥盗窃案，④郭如鳌、张俊琴、赵茹贪污、挪用公款案⑤（上述 4 案涉及第 91 条第 2 款）；严峻故意毁坏财物案，⑥曾智峰、杨医男盗卖 QQ 号码侵犯通信自由案（上述 2 案涉及第 92 条第 4 项）。⑦ 从所涉条文款项看，未发现涉及第 92 条第 1 项、第 2 项及第 3 项的案件判决或讨论。⑧ 尽管不能由此得出结论认为上述条款在司法实践中毫无意义，但至少意义不明显。

在刘必仲挪用资金案中，司法机关援引财政部《彩票发行与销售管理暂行规定》第 2 条"彩票是国家为支持社会公益事业而特许专门机构垄断发行，供人们自愿选择和购买并按照事前公布的规则取得中奖权利的有价凭证"之规定，认定盐城市福利彩票发行中心是国有事业单位，由此认定"根据刑法第 91 条规定，福利彩票是公共财产"。⑨ 这一判决至少有以下可讨论之处。其一，认定福利彩票是财产，仅仅依据财政部《彩票发行与销售管理暂行规定》第 2 条所称的"有价凭证"作为法律依据是否已经足够充分？ 其二，认定盐城市福利彩票发行中心是国有事业单位，因此，"福利彩票是公共财产"，依据的是现行刑法第 91 条第 1 款第 1 项还是第 3 项？ 第一个问题涉及财产的概念问题，显然，有价凭证是否是刑法上的财产以及是否所有的有价凭证都是刑法上的财产，不无争议，本书将在下文展开讨论，但就本案而言，至少现行刑法第 91 条难以为福利彩票构成第 91 条意义上的财产提供规范指引。如果一定要从刑法中获得依据的话，至多只能援引第 92 条第 4 项的"其他财产"。但在本案中援引第 92 条第 4 项显有未妥，就此亦足

---

① 《刘必仲挪用资金案》，《刑事审判参考》（总第 48 集），法律出版社 2006 年版，第 30～40 页。为免注释繁琐，有关判例出处更具体的信息参见本书"附录二　判例表"，下同。

② 《潘勇、王伟职务侵占、虚报注册资本、贷款诈骗案》，载《刑事审判参考》（第 4 卷下册），法律出版社 2004 年版，第 106～112 页。

③ 《叶文言、叶文语等盗窃案》，载《刑事审判参考》（总第 43 集），法律出版社 2005 年版，第 37～44 页。

④ 《刘清祥盗窃案》，载《中国审判案例要览·2004 年刑事审判案例卷）》，人民法院出版社、中国人民大学出版社 2005 年版，第 273～276 页。

⑤ 《郭如鳌、张俊琴、赵茹贪污、挪用公款案》，载《刑事审判参考》（总第 48 集），法律出版社 2006 年版，第 41～57 页。

⑥ 《严峻故意毁坏财物案》，载《人民法院案例选》（2005 年第 4 辑，总第 54 辑），人民法院出版社 2006 年版，第 48～53 页；《中国审判案例要览·2005 年刑事审判案例卷》，人民法院出版社、中国人民大学出版社 2006 年版，第 280～285 页。

⑦ 《曾智峰、杨医男盗卖 QQ 号码侵犯通信自由案》，载《人民法院案例选》（2007 年第 1 辑，总第 59 辑），人民法院出版社 2007 年版，第 48～54 页。

⑧ 而刘必仲挪用资金案对第 91 条的援引未指明依据何款何项，其解释亦不无争议，详见下文。

⑨ 《刘必仲挪用资金案》，载《刑事审判参考》（总第 48 集），法律出版社 2006 年版，第 34 页。

以说明第 91 条规范指引意义之欠缺。就第二问题,涉及现行刑法第 91 条第 1 款第 1 项、第 2 项与第 3 项的条文逻辑关系问题。依通常之理解,第 91 条第 1 款第 3 项系属对扶贫和其他公益事业的社会捐助或者专项基金财产的特别保护规定,其所针对的应为非国有或集体所有的财产(即个人或法人财产)中用于"扶贫和其他公益事业的社会捐助或者专项基金的财产"。福利彩票如认定为财产则应属其他公益事业的社会捐助性质的财产,似应认定属第 91 条第 1 款第 3 项之内容;但鉴于盐城市福利彩票发行中心系国有事业单位,则自应优先适用第 91 条第 1 款第 1 项。这也是本案笼统援引第 91 条的原因所在。因此,即便全面认可第 91 条之规定,但就条款逻辑关系而言,第 91 条第 1 款第 3 项宜独立成款而不宜列入第 1 款中。综上,本案对第 91 条的援引应理解为对第 91 条第 1 款第 1 项之援引。然而,就本案而言,区分公共财产或私人财产并无实益,我国刑法对挪用资金与挪用公款罪的划分在 97 刑法之后已明确首先以身份论罪,而后再以犯罪对象是否系公共财产作出区分。本案被告人刘必仲主体身份既已不符,似无讨论犯罪对象是否系属公共财产之必要。因此,本案对第 91 条的援引并不具有指导意义。

我国刑法第 91 条第 2 款之规定来源于苏联刑法学说,在苏联刑法学说中,"在国家机关、国有公司、企业、集体企业和人民团体管理、使用或者运输中的私人财产,以公共财产论"的理由是:"因为在这种场合下,就使那些对被害人被盗窃的财产价值负有赔偿义务的国家机关、公共组织、社会团体或企业遭受物质的损失。"[1]前文已有论及,此处不赘。惟应注意的是,苏联刑法中的"以公共财产论"也与苏联刑法中对侵犯公、私财产罪分别处刑直接相关,我国刑法自 1957 年 6 月 27 日《中华人民共和国刑法草案》(草稿第 21 次稿)即废弃侵犯公、私财产分别处刑之体例,因此,这一规定对我国刑法侵犯财产罪的意义本来就不大。而即便如此,时隔 60 年后,在我国当下的司法实践中,这一理由仍然照搬不误。然而,是否需要照搬这一理由,不无斟酌之处。[2]

---

[1] 〔苏联〕苏联司法部全苏联法律科学研究所编:《苏维埃刑法分则》,中国人民大学刑法教研室译,法律出版社 1956 年版,第 167 页。

[2] 司法实践中亦不无对此理由存疑的判例。在曾琼芳非法处置扣押财产案中,公诉机关援引现行刑法第 91 条第 2 款称,该案中被扣押财产在司法机关占有、管理之下,应以公共财产论,并主张曾琼芳的行为侵犯了公共财产所有权,且其利用与银行卡配套的存折将扣押赃款取出并拒不交出,已具有获取非法财产利益的主观故意,应构成盗窃罪。审判机关则认为公诉机关"以公共财产论并未改变财物的权属,意在强调占有人对该财物的保管责任","对被告人侵犯了公共财产所有权的理解有待商榷"。参见程为清、张薇:《用被扣押银行卡的配套存折取走赃款构成非法处置扣押财产罪》,载《人民司法》2008 年第 22 期。

在所涉及的 4 个案件中,其中叶文言、叶文语等盗窃案、刘清祥盗窃案均涉及盗窃罪,且均为窃取公权力下本人财物的定罪问题。在刘清祥盗窃案中,司法机关亦声称,根据刑法第 91 条第 2 款规定,"涉案车辆已在征管所的管理之下,因此,即使征管所的行政执法有瑕疵,也应认定该车在案发时应属于公共财产,……从民法学'返还财产'的角度考虑,假如本案上诉人将涉案车辆偷开走后,未被及时发现并追回,日后上诉人仍可凭借手中持有征管所出具的暂扣凭证,在接受处罚后要求征管所将车发还给他,而征管所在此情况下就必须承担赔偿的责任,从这个角度来说上诉人将车偷开走的行为将会给征管所造成经济上的损失,因此可认定上诉人的行为已具备构成盗窃罪的要件"。① 在叶文言、叶文语等盗窃案中,司法机关的表述大体相同。司法机关援引现行刑法第 91 条第 2 款规定,并声言第 91 条第 2 款之所以如此规定,"正是考虑到如果这些财物被盗或者灭失,国家或集体负有赔偿的责任,最终财产受损失的仍是国家或者集体",而"盗窃罪侵犯的客体是公私财产所有权。同理,他人占有,但非所有的财物被盗或者灭失,他人依法承担赔偿责任,实际受损失的仍是占有人即他人的财产所有权",因此,"行为人自己所有之物以及行为人与他人共有之物,在他人占有期间的,也应视为他人的财物,可以成为盗窃罪的对象"。② 显然,上述两案对现行刑法第 91 条第 2 款规定的援引,从司法机关所阐述的理由来说,也不无古怪。从立法本旨来说,现行刑法第 91 条第 2 款规定之目的在于公共财产保护在刑法上的优先性,从而保障社会主义公有制对私有财产的优越地位,上述两案与此本旨并无关联。也正因为如此,在叶文言、叶文语等盗窃案中,司法机关尽管援引现行刑法第 91 条第 2 款,但在论说时则强调占有的意义,认为第 91 条第 2 款中的"'管理、使用或者运输'都有占有的含义",也强调占有人皆有赔偿之责任,不独"国家机关、国有公司、企业、集体企业和人民团体"为然,③如此,则对第 91 条第 2 款的援引的结果便成了对第 91 条第 2 款立法本旨的背离了。

而潘勇、王伟职务侵占、虚报注册资本、贷款诈骗案与郭如鳌、张俊琴、赵茹贪污、挪用公款案两案多数罪名不涉及侵犯财产罪章,反倒相对契合现行刑法第 91 条第 2 款本旨,尽管理由仍然未变。在潘勇、王伟职务侵占、虚报注册资本、贷款诈骗案中,司法机关在援引现行刑法第 91 条第 2

① 《刘清祥盗窃案》,载《中国审判案例要览·2004 年刑事审判案例卷》,人民法院出版社、中国人民大学出版社 2005 年版,第 275～276 页。
② 《叶文言、叶文语等盗窃案》,载《刑事审判参考》(总第 43 集),法律出版社 2005 年版,第 41～42 页。
③ 同上书,第 41 页。

款后写道:"之所以将这里的私人财产视为公共财产,是因为国有、集体单位与私人财产的所有权人之间存在着债权、债务关系,且负有对其管理、使用、运输的私人财产的保全、归还以及在这些财产遭受损失、灭失情况下的赔偿责任。"① 而在郭如鳌、张俊琴、赵茹贪污、挪用公款案,司法机关认为被告人透支代理股民证券交易的资金最终在所有权上属于股民个人所有,但根据现行刑法第 91 条第 2 款的规定,该股民资金亦应认定为公共财产。② 显然,上述两案更契合现行刑法第 91 条第 2 款立法本旨,却也说明第 91 条第 2 款已逐渐不合时宜,上述两案即是例证。在经历了 30 年的改革,实现了从计划经济到有计划的商品经济再到社会主义市场经济已然成熟时代转变后,在市场经济体制下,没有人认为在一个统一的市场上竞争的公有经营性资产还应当优先于非公有资产;1997 年刑法及此后的历次修正案、司法解释也均不遗余力地强调在涉及所谓公共财产犯罪时的身份论罪;③ 因此,从最低限度来说,至少现行刑法第 91 条第 2 款中的"国有公司、企业、集体企业"诸词皆可略去。

所余两案(严峻故意毁坏财物案与曾智峰、杨医男盗卖 QQ 号码侵犯通信自由案)均仅涉及现行刑法第 92 条第 4 项。在严峻故意毁坏财物案中,司法机关援引现行刑法第 92 条第 4 项规定,认为将代表无形财产权的股票作为故意毁坏财物罪中的"财物"认定,于法有据。④ 然而,如前所述,现行刑法第 92 条第 4 项所谓的"股份、股票、债券"并非民法上所谓的对物权,《物权法》第 65 条将之归入"私人合法权益"中,以示与《物权法》第 64

---

① 《潘勇、王伟职务侵占、虚报注册资本、贷款诈骗案》,载《刑事审判参考》(第 4 卷下),法律出版社 2004 年版,第 110~111 页。

② 参见《郭如鳌、张俊琴、赵茹贪污、挪用公款案》《刑事审判参考》(总第 48 集),法律出版社 2006 年版,第 41~57 页。

③ 通常被用来作为例证的是 2001 年 5 月 22 日最高人民法院审判委员会第 1176 次会议通过的《最高人民法院关于在国有资本控股、参股的股份有限公司中从事管理工作的人员利用职务便利非法占有本公司财物如何定罪问题的批复》(法释〔2001〕17 号)。尽管该司法解释并未直接涉及国有资产的认定问题,但事实上将国有资本控股、参股的股份有限公司排除出了公共财产的范围。最高人民法院研究室在对该解释的理解与适用中援引《公司法》第 4 条强调公司财产属于独立的公司法人财产,不同于任何出资者的财产,并否定了根据股东在公司中持有股份的多少或出资数量的大小认定公司财产的性质的主张,承认国家参股、控股的国有资产不属于公共财物,而国有公司、企业或者其他国有单位中从事公务的人员和国有公司、企业或者其他国有单位委派到非国有公司、企业以及其他单位从事公务的人员之所以以贪污罪论处,乃是基于刑法第 271 条第 2 款的特殊规定。参见沈德咏主编、最高人民法院研究室编:《刑事司法解释理解与适用》,法律出版社 2009 年版,第 729~732 页。

④ 参见《严峻故意毁坏财物案》,载《人民法院案例选》(2005 年第 4 辑,总第 54 辑),人民法院出版社 2006 年版,第 48~53 页;《中国审判案例要览·2005 年刑事审判案例卷》,人民法院出版社、中国人民大学出版社 2006 年版,第 280~285 页。

条规定的私有财产相区别;同样,在前述侵权法的讨论中,我们也可以发现侵权法对财产权利(对物权)与财产利益(债券等)的保护并不相同。因此,尽管我们不能否认现行刑法第 92 条第 4 项所谓的"股份、股票、债券"属于总体(整体)财产的范畴,但能否据此认定可适用侵犯财产罪章之罪名处罚,犹有商榷余地。此外,将"股份、股票、债券"列入私有财产范围,更多地体现了经济主导的意识形态话语的因素,与法律概念则差距甚远。如所谓股票,不过是股权的凭证;而股份是出资人在公司法人中的出资份额,二者如何能够并列?且从法律意义言,记名股票仅仅是财产凭证而非财产本身,财产的内容并不是股票,而是持股人对公司法人所拥有的包括获取股利分红、在公司法人解散后分割剩余财产等权利在内的财产性利益。至于债券同样也不过是债权之凭证,并非债权本身。但如前文所论,随着市场经济的发展,资本市场的发达,出现了债权动产化、证券化的趋势,无记名证券(包括无记名股票、无记名债券)在法律上被视为特别动产。不过,需要强调指出的是,无记名证券只有具备有体物的外观条件时才被认定为特别动产。因此,现行刑法第 92 条第 4 项之规定不仅无益甚且有害。

　　回到本案,严格来说本案所涉及的当为股票账户内之整体财产,而非股票账户内的具体股票。法律于此所评价的为股票账户,而股票账户就其性质为记名权利凭证,其实质与记名银行存折或借记卡相同,只不过股票账户是以电子数据为表现形式,而银行存折或借记卡以纸张或塑料卡片为表现形式。股票账户内的股票因欠缺有体物的外观条件,故虽为无记名,但仍非特别动产。

　　无记名证券之所以被认定为特别动产,其根基在于维护交易便捷,降低交易成本。无记名证券之持有人即被认定为权利人,持有无记名证券(即占有之外观)则足以表征权利,买受人因此无须审查无记名证券之持有人是否为权利人。事实上,如果要求买受人必须审查无记名证券之持有人是否为权利人,那么这一任务即便不是不可能完成的,至少也是需要付出巨额的成本才能完成。如此,则无记名证券这一商业发明的意义也就不复存在了。当然,这一规则无疑使无记名证券实际权利人的权利面临一定的风险。

　　但当该权利凭证不再具有有体物的外观,表现为记名账户中的数据时,其交付必须经由记名账户改写数据方能实现时,买受人自然有义务审查出卖人是否为权利人,否则记名账户之记名即无必要。因此,在证券公司开设的记名股票账户中的股票虽称为无记名股票,但并非特别动产,亦不具有独立形态,其存在系以记名账户为前提,无法认定为物,更不能直接认定为公私财物。因此,记名股票账户中的股票被盗卖,仅仅意味着股票账户所表征的整体财产的减损。

在本案中,司法机关援引现行刑法第 92 条第 4 项,认定本案的犯罪对象为股票,由此导致判决逻辑混乱。因为,如果认定本案的犯罪对象为股票,认定股票账户下的无记名股票为公私财物,则一旦被告人卖出股票账户中的特定股票,权利人对该特定股票的权利即告灭失,如此则被卖出的股票之市值必须全额认定为犯罪数额。至于卖出股票回到股票账户中的钱款,只是事后行为。然而,在本案中,司法机关仅只认定了股票账户中整体财产价值的减损数额,而没有将所有卖出的股票的市值认定为犯罪数额。显然,如果仅只认定股票账户中整体财产价值的减损数额,那么司法机关无疑并未将特定股票视为"公私财物",而是将股票账户的整体财产认定为"财物"。[①] 本案裁判逻辑之混乱由此可见。在这一意义上,本案对现行刑法第 92 条第 4 项的援引看似"于法有据",实则无益且有害。

而在曾智峰、杨医男盗卖 QQ 号码侵犯通信自由案中,司法机关所表达的立场值得称赞。在该案中,司法机关主张,根据文意解释,现行刑法第 92 条第 4 项"其他财产"应理解为与股份等并列而未罗列的其他财产权利凭证,QQ 号码显然不是与股票相并列的财产权利凭证,因此,在现行法律体系内,QQ 号码是民法意义上的物,[②]但不是刑法意义上的财物,[③]被告不

---

① 本案中司法机关并未明确指出被告人侵犯的是整体财产,而是始终强调被告人的行为造成了"客户股票市值的损失"。事实上,在二级交易市场上,同一股票的市值在通常情形下是客观的,被告人仅仅通过买卖 10 名客户股票账户内的同一股票,并不会导致该股票在二级交易市场的市值的大幅下跌(或上涨),因此,如果股票账户上的股票种类和数量并无变化,则所谓股票市值的损失通常并不会出现。而如果股票账户中的股票种类和数量发生了变化,则并非股票市值的损失,而是股票账户整体财产减少了。参见《严峻故意毁坏财物案》,载《人民法院案例选》(2005 年第 4 辑,总第 54 辑),人民法院出版社 2006 年版,第 48~53 页;《中国审判案例要览·2005 年刑事审判案例卷》,人民法院出版社、中国人民大学出版社 2006 年版,第 280~285 页。

② 尽管有为数不少的民事司法判例将 QQ 号视为民法上的财产,但仍不无争议。

③ 本案承审法院为避免争议,顺应目前民事司法中的多数判例,承认 QQ 号为民法上的物,但通过强调民、刑法之区分这一司法技术,将 QQ 号排除在刑法意义上的财物之外,亦值得称道。该院主张:"对财物作出民法意义或者刑法意义的区分,符合法律原则和立法精神。特别是成文法体系,因为法律的天然滞后,以调整平等主体之间人身关系和财产关系为己任的民法,必然以开放的姿态面对急剧变化的社会现实;而奉行"罪刑法定"的刑法则必须始终保持谦抑消极的面孔。因此,对财物作出民法意义或者刑法意义的区分不仅在法理上顺理成章,在司法实践中也应当一以贯之。"《曾智峰、杨医男盗卖 QQ 号码侵犯通信自由案》,载《人民法院案例选》(2007 年第 1 辑,总第 59 辑),人民法院出版社 2007 年版,第 53 页。

能定为盗窃犯。① 当然,本案否定了对现行刑法第 92 条第 4 项的直接援引,因此也不足以说明现行刑法第 92 条第 4 项之规定具有何等的规范指引意义。

## 二、学理中之现行刑法第 91 条、第 92 条

如前文所提及的,通行的刑法教科书通常会在阐述侵犯财产罪章概述部分援引现行刑法第 91 条、第 92 条,但这些援引似乎并无实际意义,因为对现行刑法第 91 条、第 92 条的援引与后文所阐述的财产或公私财物的特征并无直接的逻辑关联,与后文单独讨论的特殊对象如不动产、违禁品、自己之物等亦不存在直接的逻辑关联。② 大体上,似乎只是因为刑法有这么两条条文,必须得援引,至于援引的确切意义,并不明朗。③ 也许正是因为这一原因,近年来一些"新派"的刑法学教科书在阐述侵犯财产罪章概述部分不再援引现行刑法第 91 条、第 92 条,而直接阐述财产或公私财物的特征,甚至直接讨论特殊对象。④ 可以说,无论是否援引现行刑法第 91 条、第 92 条,学理上对现行刑法第 91 条、第 92 条的态度均较为淡漠,较为严肃的分析性的讨论非常之少。

实际上,早在 1990 年,郑伟教授就对 79 刑法第 81 条、第 82 条(即现行刑法第 91 条、第 92 条)提出了严厉的批评:

第 81 条和第 82 条的财产规定,只涉及财产的所有权性质而没有

---

① 参见《曾智峰、杨医男盗卖 QQ 号码侵犯通信自由案》,载《人民法院案例选》(2007 年第 1 辑,总第 59 辑),人民法院出版社 2007 年版,第 48~54 页。本案中,司法机关进一步指出,从腾讯 QQ 软件的功能来看,主要是对外联络和交流,因此,以 QQ 号码作为代码所提供的网络通信服务才是其核心内容,QQ 号码应被认为主要是一种通讯工具的代码,并据此以侵犯通信自由罪定罪量刑。

② 可参见高铭暄、马克昌主编,赵秉志执行主编:《刑法学》(第 4 版),北京大学出版社、高等教育出版社 2010 年版,第 553~554 页;苏惠渔主编:《刑法学》(第 4 版),中国政法大学出版社 2009 年版,第 479 页;杨春洗、杨敦先、郭自力主编:《中国刑法论》(第 4 版),北京大学出版社 2008 年版,第 373~374 页;刘宪权主编:《刑法学》(下册),上海人民出版社,第 640 页;等。

③ 这一习惯至少在讨论 79 刑法侵犯财产罪章时就已如此,尽管当时的著述对财产或公私财物的特征的讨论远没有现今详细而有逻辑,但论述格式却是一般无二(只是所援引的条文为 79 刑法的第 81 条、第 82 条)。参见中央政法干部学校刑法刑事诉讼法教研室:《中华人民共和国刑法分则讲义》,群众出版社 1980 年版,第 103~104 页;欧阳涛、张绳祖等:《〈中华人民共和国刑法〉注释》,北京出版社 1980 年版,第 80~81 页;何鹏主编,高格、金凯副主编:《刑法概论》,吉林人民出版社 1981 年版,第 239 页;等。

④ 可参见陈兴良主编:《刑法学》(第 2 版),复旦大学出版社 2009 年版,第 370~374 页;张明楷:《刑法学》(第 3 版),法律出版社 2007 年版,第 698~704 页;周光权:《刑法各论讲义》,清华大学出版社 2003 年版,第 84~91 页等。

更多的内容。它们与总则第 2 条和第 10 条,不存在解释与被解释的关系,在分则罪名中,也仅对贪污罪略具意义。对反革命破坏罪和玩忽职守罪而言,反而会引起疑问。对其他含有"财产"、"财物"等措词的罪名,则看不出有何实际作用。如此而已。①

也如他早已指出的,"我国刑法论著,在提及侵犯财产罪或盗窃罪的对象时,总喜欢说已由第 81 条和第 82 条作了明确规定。倘若追问一句你究竟'明确'了什么,多半也要伤伤脑筋的"。② 他为此建议从三个方面改进 79 刑法第 81 条、第 82 条以及分则中关于"财产"、"财物"的措词:

> 一是避免宣言式的空洞内容而增加实质性的明确规定;二是无意显示区别的话就不要制造区别;三是去掉那些不说明问题且又易使误解的虚饰定语。具体而言,第 81 条、第 82 条的内容不宜局限于财产的所有权性质而应致力于回答定罪量刑中迫切需要解决的实际问题。③

在 97 刑法修改中,由中国人民大学法学院刑法总则修改小组于 1994 年 1 月 31 日起草的《中华人民共和国刑法(总则修改稿)》(第 1 稿)在总则第 11 章"刑法用语"章删除了"公共财产范围"、"公民私有财产"的解释性规定,可以看出当时学理上的主流见解。④ 尽管此后的几稿趋向保守,这一稿较为激进的草案未被沿用,但此后的几稿仍间接表达了对 79 刑法第 81 条、第 82 条的批评态度。在分别于 1994 年 5 月、6 月和 9 月起草的《中华人民共和国刑法(总则修改稿)》第 2 稿、第 3 稿和第 4 稿中,中国人民大学法学院刑法总则修改小组均仅在草案总则第 7 章"刑法用语"中列了"公共财产范围"条,未列"公民私有财产"条,未对"公民私有财产"作出解释性规定。⑤ 尽管未见草案起草者的解释,但有理由推测,草案起草者应大体认同没有必要在刑法总则中对"公民私有财产"作出解释,依从其他法律规

---

① 郑伟:《刑法个罪比较研究》,河南人民出版社 1990 年版,第 126 页。
② 同上书,第 126~127 页。
③ 同上书,第 128~129 页。
④ 参见高铭暄、赵秉志编:《新中国刑法立法文献资料总览》(下册),中国人民公安大学出版社 1998 年版,第 2907 页。中国人民大学法学院刑法总则修改小组由高铭暄、王作富主持,成员包括赵秉志、陈兴良、姜伟、鲍遂献、黄京平、赫兴旺、颜茂昆。
⑤ 分别参见高铭暄、赵秉志编:《新中国刑法立法文献资料总览》(下册),中国人民公安大学出版社 1998 年版,第 2927、2944、2960 页。

定并参酌社会生活变迁即可的观念；而保留"公共财产范围"条的规定，一则强调刑法对社会主义公有制的经济基础的保护，同时也为厘清分则中涉及公共财产犯罪的犯罪对象提供依据。从上述 3 份草案所拟条文看，草案起草者的立场亦称得上较为谨慎。如第 2 稿该条第 2 款所拟条文"在国家、人民公社、合作社、合营企业和人民团体管理、使用或者运输中的私人财产，以公共财产论"在第 3 稿和第 4 稿中改为"在国家、公有制企业、事业单位和社会团体管理、使用或者运输中的私人财产，以公共财产论"。这一改动尽管未将经营性财产从"以公共财产论"的条款中清理出来，但将 1979 年刑法第 82 条中的"合营企业"排除在外，亦可称得上合乎时代变迁了。①

不过，在整个近十年（1988～1996 年）的刑法修改过程中，中国法学会刑法学研究会历年关于修改刑法的研讨和建议中，亦未见提及 79 刑法第 81 条、第 82 条的坚持、完善以及废止问题。② 在刑法修改的官方草案中，也仅有全国人大常委会法工委 1988 年 11 月 16 日和 12 月 25 日印发的《中华人民共和国刑法（修改稿）》两次草案未设"公共财产范围"、"公民私有财产"专条。此后诸稿及 97 刑法均延续了 79 刑法第 81 条、第 82 条的基本面目。97 刑法第 91 条、第 92 条仍然顽固地延续了 79 刑法第 81 条、第 82 条的所有缺陷。③

97 刑法颁行后，与 79 刑法第 81 条、第 82 条所面临的处境相似，学理上对第 91 条、第 92 条的认真分析也不多见，较有代表性的是唐世月教授的批评。他认为：

第一，鉴于我国刑法分则中没有直接以"公民私人财产"作为犯罪对象的犯罪，也没有只以"公民私人财产"的损失为成立条件的犯罪，"本法所称公民私人所有的财产"没有所指。因此，第 92 条关于公民私人财产的解释予以废除。

第二，现行刑法对财产分成"公共财产"和"公民私人财产"的分类是不全面的，没有反映现实社会经济生活实际。刑法不必在总体上对财产进行分类，尤其应当摒弃"公、私"两分法。

---

① 分别参见高铭暄、赵秉志编：《新中国刑法立法文献资料总览》（下册），中国人民公安大学出版社 1998 年版，第 2927、2944、2960 页。

② 参见《中国法学会刑法学研究会历年来关于修改刑法的研讨与建议综要》（1988 年～1996 年），载高铭暄、赵秉志编：《新中国刑法立法文献资料总览》（下册），中国人民公安大学出版社 1998 年版，第 3003～3052 页。

③ 参见前文对刑法"公共财产范围"条、"公民私有财产"条规定沿革的叙述，此处不再重复。

第三,由于现行刑法分则中,只有三个条文四种犯罪明文规定了以"公共财产"的损害为犯罪后果,且这四种犯罪中的"公共财产"没有必要作解释。因此,将现行刑法对"公共财产"的解释修改为对"公共财物"的解释,以解决第 382 条第 1 款的贪污罪的对象认定问题。[①]

尽管认真对待现行刑法第 91 条、第 92 条的论述极少,不过所能见到的这些少数论述几乎都对这两条条款作出了否定性的评价。[②] 自 79 刑法至今,学理上对"公共财产范围"、"公民私人财产"条之规定大多持回避态度,明确批评却也不多。在批评意见中,较激进的主张直接废除这两条条文;折衷的主张保留"公共财产范围"条,废弃"公民私人财产"条;主张技术上加以修改亦有之。不过,经由认真分析并得出结论明确赞成这两条条文的难以获见。

### 三、现行刑法第 91 条、第 92 条之存废

无论从现行刑法第 91 条、第 92 条条款本身,还是从判例对现行刑法第 91 条、第 92 条的援引,抑或从学理上对现行刑法第 91 条、第 92 条的讨论来看,至少现行刑法第 91 条、第 92 条虽为解释性规定,却难以为刑法侵犯财产罪章中财产概念的解释提供任何规范指引。如仅就侵犯财产罪章言,现行刑法第 91 条、第 92 条有害无益。除侵犯财产罪章,就刑法分则各章规范言,现行刑法第 91 条之规范价值或容斟酌,但第 92 条实无任何规范意义。

就第 91 条言,可以斟酌的无非有两点:其一,为分则相关罪名中"公共财产"、"公共财物"的措词提供解释;其二,强调对公共财产的优先保护。就第一个问题,分则中使用"公共财产"一词的,仅有第 304 条(故意延误投递邮件罪)、第 397 条(滥用职权罪;玩忽职守罪)以及第 403 条(滥用管理公司、证券职权罪)共 3 条条文,上述 3 条条文均使用了"公共财产、国家和人民利益遭受重大损失"的措词。如前述唐世月教授所指出的,这 3 条条

---

[①] 唐世月:《评刑法对公、私财产之解释》,载《法学评论》2003 年第 5 期。

[②] 比较有趣的是张明楷教授对现行刑法第 92 条的态度。尽管在其所著的教科书中,张明楷教授在讨论侵犯财产罪章时对现行刑法第 91 条、第 92 条视而不见,但在新近的著作中,为将财产性利益纳入盗窃、诈骗罪的犯罪对象——"财物"中,他援引了现行刑法第 92 条规定称,公民私人所有的财产实际上包含了财产性利益。显然,这一援引并不能代表他对现行刑法第 92 条的态度,只能代表他对盗窃、诈骗罪犯罪对象应包含财产性利益的态度。参见张明楷:《罪刑法定与刑法解释》,北京大学出版社 2009 年版,第 202～203 页。

文中的"公共财产"的措词根本无需专门在总则中予以解释。此外,第382条(贪污罪)使用了"公共财物"、"国有财物"的措词,第384条(挪用公款罪)使用了"公款"的措词。上述两条条文中涉及的"公共财物"、"国有财物"以及"公款"是否可以统一使用"公共财产"的统一措词? 如果需要,是否有必要为之在总则中专门加以解释? 以现有的第91条能否实现解释的目的? 显然,这些问题都很难获得肯定的回答。因此,如仅为现有刑法分则相关罪名中诸涉及公共财产的措词提供统一的规范解释,同样既无必要也难以实现解释目的。就强调对公共财产的优先保护而言,一方面宪法已强调了公共财产与公民私人财产的差异,[①]刑法似无必要重复;另一方面,在97刑法分则体系中,并不存在明确强调优先保护公共财产的条款;再次,随着社会经济的变迁,我国法律对公共财产优先保护的观念逐渐淡化,2007年颁行的《物权法》中即已强调对公共财产与公民私人财产的同等保护,[②]刑法亦无必要坚持这一政治宣言式的规定。因此,保留现行刑法第91条之规定如为强调公共财产之优先保护,则同样亦无实益且无必要。最后,如果说基于社会公共安全以及重大社会利益考虑,有必要对某些特殊财产予以优先保护的话,也未必需要通过在总则中专设解释性条款来解决,97刑法分则中已通过对犯罪对象和罪状的较详细的描述实现了这些目的,如分则第2章危害公共安全罪诸条款以及涉及特定款物犯罪的规定(如第263条抢劫罪加重情节第8项、第273条挪用特定款物罪、第384条第2款挪用公款罪加重情节等)。因此,这一理由亦难以为保留现行刑法第91条的主张提供充分的支持。

故此,现行刑法第91条、第92条既然不能为刑法分则侵犯财产罪章的财产概念的解释提供规范性指引,甚且在整个刑法典体系中如果不是有

---

① 我国现行宪法第12条第1款规定"社会主义的公共财产神圣不可侵犯",与此同时,第13条第1款规定"公民的合法的私有财产不受侵犯"。

② 我国《物权法》第4条规定"国家、集体、私人的物权和其他权利人的物权受法律保护,任何单位和个人不得侵犯"。尽管在物权法制定过程中,北京大学巩献田教授分别于2005年8月12日、2006年12月26日在网上发表题为《一部违背宪法的〈物权法(草案)〉——为〈宪法〉第12条和86年〈民法通则〉第73条的废除写的公开信》与《致胡锦涛、吴邦国公开信》两封公开信,质疑物权法草案对国家、集体和私人财产的平等保护违背了宪法第12条"社会主义的公共财产神圣不可侵犯"和第13条"公民的合法的私有财产不受侵犯"的原则精神。巩献田两封公开信分别参见 http://www. chinaelections. org/NewsInfo. asp? NewsID = 45986;http://article. chinalawinfo. com/Article_Detail. asp? ArticleID=35906。但这一物权法违宪说并未得到法学界的认可。无论民法学界还是宪法学界均不认为物权法违宪。参见《民法学者力挺物权法草案质疑北大教授公开信》,http://news. xinhuanet. com/legal/2006-02/28/content_4236357. htm;童之伟等:《宪法学者评〈物权法(草案)〉的违宪与合宪之争》,载《法学》2006年第3期。

害的话至少也不具有任何实际意义,那么,无论学理抑或判例再继续象征性地援引这两条条文作为解释的基础与前提便了无意义,本书也将完全抛开现行刑法第 91 条、第 92 条解释侵犯财产罪章的财产概念并主张直接废除这两条条文。

# 第三章　我国司法实践中侵犯财产罪的财产概念考察

考虑到我国刑法文本未能对侵犯财产罪的财产概念提供明晰的界定，我国的法体系中亦欠缺对财产概念稳定、清晰、富有逻辑的界定，因此，欲明了我国刑法侵犯财产罪的财产概念，考察司法实践中对该问题的立场与态度至为必要。进言之，即便立法文本中提供了貌似清晰的界定，也仍有必要考察司法实践中的具体适用，因为抽象的概念与法条只有在具体的司法实践中方得以展开其可能的内涵与外延。

就司法实践而言，现有的可资利用的素材大致分为三类。

其一为司法解释。在我国，司法解释具有法律规范的效力，其重要性自不待言。但鉴于我国司法解释的准立法性质以及立法式的制定司法解释的方式，司法解释所能提供的解释素材实为有限。

其二为判例。我国实务界和学界对"判例"一词的用法多有争议。在承认判例效力的国家（如英美法系诸国以及承认部分判例效力的大陆法系诸国），判例通常为具有先例意义的判决，其效力通过各种权威的判例汇编以及遵循先例制度得以维系。我国并无这一意义上的判例制度，不过，以典型案例指导审判、统一法律适用在我国由来已久。早在1983年3月11日最高人民法院就曾提出："复查平反冤、假、错案……要特别重视运用典型案例指导工作。1978年底、1979年初复查平反'文革'中的冤、假、错案刚开始时，我院和许多高级人民法院印发的一批典型案例，曾经对复查工作起了很大的推动作用。现在进一步复查，也应注意慎选典型案例，以指导下级人民法院掌握好政策，做好复查工作，把一切尚未平反的冤、假、错案坚决平反纠正过来。"[①]而自1985年起出版的《最高人民法院公报》上刊登的案例则是系统地公布指导案例之始。[②]

---

① 最高人民法院《关于要求报送贯彻中央办公厅中办发〔1983〕9号文件情况的通知》（1983年3月11日）。
② 最高人民法院在1993年9月11日发布的《关于印发〈最高人民法院审判委员会工作规则〉的通知》（法发〔1993〕23号）中规定的最高人民法院审判委员会的任务之一就是"讨论、决定《最高人民法院公报》刊登的司法解释和案例"。

自司法改革以来,最高人民法院明确开始推行案例指导制度。1999 年 10 月 20 日最高人民法院发布的《人民法院五年改革纲要》(法发〔1999〕28 号)规定,"2000 年起,经最高人民法院审判委员会讨论、决定的适用法律 问题的典型案件予以公布,供下级法院审判类似案件时参考"。2005 年 10 月 26 日最高人民法院发布的《人民法院第二个五年改革纲要》(法发 〔2005〕18 号)更是规定:"建立和完善案例指导制度,重视指导性案例在统 一法律适用标准、指导下级法院审判工作、丰富和发展法学理论等方面的 作用。最高人民法院制定关于案例指导制度的规范性文件,规定指导性案 例的编选标准、编选程序、发布方式、指导规则等。"这一规定标志着我国案 例指导制度的正式建立。①

在《人民法院第二个五年改革纲要》中,最高人民法院明确指导案例的 意义在于"统一法律适用标准"。此后,最高人民法院在各种文件中多次试 图阐明"统一法律适用标准"的具体内涵。最高人民法院副院长万鄂湘先 后提出"下级法院要参照最高人民法院的指导性案例办案,通过典型案例 指导,正确适用法律";②"通过典型案例指导,统一裁判尺度。"③最高人民 法院 2009 年 3 月 23 日发布的《关于贯彻实施国家知识产权战略若干问题 的意见》(法发〔2009〕16 号)更是明确"构建……案例指导制度,充分发挥 指导性案例在规范自由裁量权行使、统一法律适用标准中的作用,减少裁 量过程中的随意性。"最高人民法院发布的《关于当前经济形势下知识产权 审判服务大局若干问题的意见》(法发〔2009〕23 号)同样也明确,案例指导 制度意义在于"明确和完善法律适用标准"。可以说,尽管最高人民法院所 谓"统一法律适用标准"并未明言指导案例具有强制拘束力,但就上述最高

---

① 这一时期,最高人民法院在任院长、副院长在各种场合不断强调加强指导案例制度。如《最高 人民法院副院长曹建明在全国法院知识产权审判工作座谈会上的讲话——加大知识产权司法 保护力度依法规范市场竞争秩序》(2004 年 11 月 11 日)、《全面加强刑事审判工作,为经济社会 和谐发展提供有力司法保障——在第五次全国刑事审判工作会议上的讲话(节录)》(最高人民 法院院长肖扬,2006 年 11 月 7 日)、《建设公正高效权威的民事审判制度为构建社会主义和谐 社会提供有力司法保障——在第七次全国民事审判工作会议上的讲话》(最高人民法院院长肖 扬,2007 年 1 月 5 日)、《最高人民法院副院长奚晓明在全国民商事审判工作会议上的讲话—— 充分发挥民商事审判职能作用为构建社会主义和谐社会提供司法保障》(2007 年 5 月 30 日)、 《最高人民法院关于印发肖扬院长和曹建明、姜兴长副院长在第七次全国民事审判工作会议上 讲话的通知》(2007 年 1 月 29 日,法发〔2007〕5 号)、《最高人民法院副院长曹建明在全国法院 知识产权审判工作座谈会上的讲话——全面加强知识产权审判工作为建设创新型国家和构建 和谐社会提供强有力的司法保障》(2007 年 1 月 18 日)等。
② 万鄂湘:《全面提高涉外商事海事审判水平 为我国对外开放提供有力的司法保障——在第二 次全国涉外商事海事审判工作会议上的讲话》(2005 年 11 月 15 日)。
③ 万鄂湘:《最高人民法院副院长万鄂湘在全国海事审判工作会议上的讲话》(2006 年 10 月 26 日)。

人民法院的正式文件并结合我国司法体制的上诉制度来看,所谓"参照"、"指导"对下级法院仍具有相当大的约束力,具有某种程度的先例意义。因此,将这些案例径称为判例亦无不可。

而就刑事审判,前任最高人民法院院长肖扬曾明确指出,"要进一步加强案例指导,通过《最高人民法院公报》等平台,以案例指导法律的统一适用"。① 现任最高人民法院院长王胜俊也专门强调,"强化司法解释、案例指导工作,统一法律适用和宽严标准,保证刑事法律政策依法正确适用"。② 最高人民法院 2010 年 2 月 8 日发布的《关于贯彻宽严相济刑事政策的若干意见》(法发〔2010〕9 号)专门规定"最高人民法院将继续通过总结审判经验,制发典型案例,加强审判指导,并制定关于案例指导制度的规范性文件,推进对贯彻宽严相济刑事政策案例指导制度的不断健全和完善"。最高人民检察院于 2010 年 2 月 25 日发布的《最高人民检察院关于深入推进社会矛盾化解、社会管理创新、公正廉洁执法的实施意见》中明确指出,"建立案例指导制度,由高检院发布指导性案例,指导和规范办案工作,防止发生执法偏差"。

在现有的各种涉及刑事案例汇编中,较明确的具有指导案例地位的案例汇编大致有《最高人民法院公报》、《刑事审判参考》③以及《人民法院案例选》④。

---

① 肖扬:《在最高人民法院刑事法官大会上的讲话》(2006 年 12 月 15 日)。

② 王胜俊:《最高人民法院关于加强刑事审判工作维护司法公正情况的报告——2008 年 10 月 26 日在第十一届全国人民代表大会常务委员会第五次会议上》。

③ 最高人民法院副院长姜兴长在《关于当前刑事审判需要着重抓好的几项工作——在第五次全国刑事审判工作会议上的总结讲话》(2006 年 11 月 8 日)曾指出:"要落实最高人民法院'二五'改革纲要提出的案例指导制度,进一步做好运用典型案例指导刑事审判工作。各高级人民法院要紧密联系当前刑事审判司法实践中遇到的新情况、新问题,及时选择典型、疑难或新类型的刑事案例,采取选编典型案例、公布裁判文书等形式,理论联系实际地准确诠释刑事法律法规和司法解释,为刑事审判法官提供有针对性、权威性的业务指导与参考。《刑事审判参考》是运用典型案例指导刑事审判工作较为权威的刊物……"最高人民法院副院长南英在《进一步发挥〈刑事审判参考〉指导作用,不断推动刑事审判工作科学发展》(2009 年 10 月 28 日)中也指出:"《刑事审判参考》是最高人民法院指导全国法院刑事审判工作的唯一对下指导公开出版物。……每一期《刑事审判参考》都代表了最高人民法院对于具体刑事审判工作的处理意见和政策精神,……为全国各级法院处理相同或相似的案件提供了分析问题的思考模式和解决问题的具体方法。这些案例在刑事审判实践中已经被广泛参照适用。……通过《刑事审判参考》公布典型案例和相关司法政策,准确领会最高法院确定的司法标准,能够为各级人民法院刑事审判人员办理相关案件提供统一的执法尺度。"从这些讲话中,我们大致可以明确《刑事审判参考》刊发的案例具有指导案例的性质。

④ 最高人民法院办公厅 2005 年 6 月 23 日发布的《关于加强〈人民法院案例选〉编辑工作的通知》(法办〔2005〕275 号)规定:《人民法院案例选》"适当增加各高级人民法院的案例。根据案例指导制度本身的特点,指导性案例一般来源于较高级别的法院。因此,《人民法院案例选》将适当增加各高级人民法院审理的对法律适用问题具有指导意义的案例比例"。据此大体亦可明确《人民法院案例选》刊发的案例具有指导案例的性质。

考虑到我国明确建立指导案例制度至今为时较短,可明确为指导案例的数量太少;且主要的权威刑事案例汇编大多在指导案例制度建立之前即已存在,如果仅从考察刑事司法实践对立法的理解与适用考虑,自应不拘泥于一些权威的案例汇编所收案例是否为指导案例。故此,下文借以考察司法当局对刑法侵犯财产罪之财产概念的判例集中在以下案例集:《最高人民法院公报》(1985～2009年)、《人民法院案例选》(1992～2009年)、《刑事审判参考》(1999～2009年)、《中国审判案例要览》(1992～2008年)以及《人民司法》"案例研究"栏目所刊发的案例。[①]

此外,尚需说明的是,由于我国裁判文书向来缺少说理部分,往往径引法条直接裁判,虽经十余年的司法改革,裁判文书中说理部分略有增加,但在绝大多数判决书中仍不足以窥见裁判的真正法理基础。而上述权威判例汇编中,除《最高人民法院公报》外,大体均在摘录裁判文书外由案件承审法官、上级法院法官或最高人民法院研究室撰写裁判理由或评析意见,以阐明裁判的法理基础。因此,下文的讨论将同时考察裁判文书以及裁判理由或评析意见。

其三则为诸如最高人民法院法官对司法解释的解读、《人民司法》、《人民法院报》上刊载的反映司法实践的材料等。上述材料在我国目前的司法状态下,亦足以表达司法当局的态度与立场。故此亦应列入考察范围。考虑到这些材料的权威性尚不明确,下文将仅在讨论司法解释和判例时作为佐证和补充材料使用。

## 第一节　我国司法解释中侵犯财产罪的财产概念

我国司法解释中并未对侵犯财产罪的财产概念专门作出解释,司法解释中侵犯财产罪的财产概念只能依赖于对相关司法解释的讨论才能获得。在这些司法解释中,除了就具体问题的解答、批复外,涉及侵犯财产罪的综合性解释主要有1984年《盗窃解答》、1992年《盗窃解释》、1998年《盗窃解释》、2000年《抢劫解释》、2002年《抢夺解释》、2005年《抢劫、抢夺意见》以及1996年《诈骗解释》。在这些司法解释中,1984年《盗窃解答》、1992年《盗窃解释》

---

① 自最高人民法院明确建立指导案例制度以来,各高级人民法院乃至中级人民法院亦推出指导案例,限于各高级人民法院及其他法院公布指导案例的途径各异,难以获得全部案例,且各高级人民法院同类案件的立场与态度远非统一,故此本书不拟涉及。

与 1998 年《盗窃解释》一脉相承，是讨论我国司法当局侵犯财产罪的财产概念的基础；2000 年《抢劫解释》、2002 年《抢夺解释》、2005 年《抢劫、抢夺意见》以及 1996 年《诈骗解释》在该问题的立场上与前述诸解释并无重大区别。

## 一、三部盗窃罪司法解释中的财产概念

1984 年《盗窃解答》并未直接解释何为公私财物，1992 年《盗窃解释》则作了相对详细的说明，该解释规定"盗窃的公私财物，既指有形财物，也包括电力、煤气、天然气、重要技术成果等无形财物"，另外专款规定"盗用他人长途电话账号、码号造成损失，盗窃他人非法所得，数额较大的应当以盗窃罪定罪处罚"。在该规定中，1992 年《盗窃解释》将公私财物区分为有形财物和无形财物，将电力、煤气、天然气等资源与技术成果容纳在"无形财物"这一个概念下，似有未妥。值得注意的是，从规定看，长途电话账号、码号并不被直接视为公私财物，盗用他人长途电话账号、码号构成盗窃罪的前提是造成（财产）损失，其指向并非特定财物本身，而是被害人整体财产的损失。另外，单独列出"非法所得"耐人寻味，或许在司法当局看来，"非法所得"因占有人未取得法律上的所有权或合法占有的权利而不得径直视为"公私财物"，但对盗窃非法所得的行为仍应予以规制，故此单独列出。然而，该司法解释第 3 条（如何计算被盗物品的数额）中直接将违禁品列入。违禁品之占有人亦不拥有法律上的所有权或合法占有的权利，如依"非法所得"之例，似亦应在解释公私财物的条款中与"非法所得"并行列出。如此规定，似有未妥。

随着 97 刑法的颁布，1998 年《盗窃解释》也有了一些变化。该解释仅简单地规定"盗窃的公私财物，包括电力、煤气、天然气等"，未使用有形财物和无形财物的区分。"技术成果"则直接归入"商业秘密"，规定"盗窃技术成果等商业秘密的，按照刑法第二百一十九条〔侵犯商业秘密罪〕的规定定罪处罚"。[①] 而由于 97 刑法第 265 条明确规定了"以牟利为目的，盗接他人通信线路、复制他人电信码号或者明知是盗接、复制的电信设备、设施而使用的"依照盗窃罪规定定罪处罚，因此 1998 年《盗窃解释》在解释公私财物时并未专门提及电信码号问题。不过，从沿革上看，97 刑法第 265 条源

---

[①] 显然，97 刑法第 219 条第 3 款规定的商业秘密"是指不为公众所知悉，能为权利人带来经济利益，具有实用性并经权利人采取保密措施的技术信息和经营信息"，对技术成果所给予的保护范围要大得多，当然，立法目的显然也有较大区别，适用 97 刑法第 219 条侵犯商业秘密罪保护技术成果其目的在于维护公平的市场竞争，而将之纳入盗窃罪处理则在于保护权利人的财产性利益。参见刘宪权、吴允锋：《侵犯知识产权犯罪理论与实务》，北京大学出版社 2007 年版，第 318、322、345 页。

自 1992 年《盗窃解释》,从立法形式上看,97 刑法第 265 条并未作为第 264 条盗窃罪的专款规定,而是以专条的形式规定,尽管该条规定在侵犯财产罪章中,但仍足以说明就电信码号本身是否可以成为盗窃罪犯罪对象的公私财物不无疑问。全国人大常委会法工委刑法室在讨论构成本条犯罪必须符合的三个条件中亦主张"盗用他人长途电话账号、移动电话码号造成的经济损失,必须达到数额较大,才能构成本罪"。① 因此,如前所述,盗用电信码号构成盗窃罪的前提是造成(财产)损失,其指向并非特定财物本身,而是被害人整体财产的损失。从 1998 年《盗窃解释》第 5 条第 1 款第 9、10、11 项所规定的以当地邮电部门规定的电话初装费、移动电话入网费、合法用户为其支付的电话费为盗窃数额计算基准来看,亦可验证上述推断。② 在这一意义上,97 刑法第 265 条称为"准盗窃罪"也许更为妥当。值得说明的是,1998 年《盗窃解释》尽管未区分有形财物和无形财物,但"包括电力、煤气、天然气等"这一直接沿用 1992 年《盗窃解释》的措辞显然试图说明"公私财物"包括无形财物,如延续前述对 1992 年《盗窃解释》的理解,电信码号亦非"无形财物",当然也更谈不上"有形财物"了。如此,1998 年《盗窃解释》亦可令司法当局回避解释何为无形财物的困境,也避免将无形财物的解释扩大化。此外,该解释在公私财物概念条删除了"他人非法所得",同时沿袭 1992 年《盗窃解释》,在解释第 5 条(被盗物品数额计算)中直接将违禁品列入,或许是为了避免占有人未取得法律上的所有权或合法占有的权利的财物能否直接纳入"公私财物"的争议,造成既成事实。③

依据 1992 年《盗窃解释》第 3 条(被盗物品数额计算)与 1998 年《盗窃解释》第 5 条(被盗物品数额计算),通常作为盗窃罪犯罪对象的公私财物可以区分为普通公私财物和特殊类型的公私财物。普通公私财物包括:流通领域的商品、生产领域的产品(包括成品、半成品)、单位和公民的生产资料、生活资料等物品,农副产品(包括大牲畜),进出口货物、物品,金、银、珠宝等制作的工艺品(包括饰品和器皿等)以及黄金、白银,外币,一般文物(包括古玩、古书画等)。特殊类型的公私财物包括四类:其一为陈旧、残损或使用过的物品,残次品,废品,假、劣物品;其二为邮票、纪念币等收藏品、

---

① 全国人大常委会法制工作委员会刑法室编:《〈中华人民共和国刑法〉条文说明、立法理由及相关规定》,北京大学出版社 2009 年版,第 557 页。

② 这三项条文直接源自最高人民法院《关于对非法复制移动电话码号案件如何定性问题的批复》(法复〔1995〕6 号),该批复第 3 项亦明言"给他人造成损失的,应当以盗窃罪追究刑事责任"。

③ 无论 1992 年《盗窃解释》还是 1998 年《盗窃解释》,均规定盗窃违禁品的,不计数额,根据情节轻重量刑。有关数额与情节的问题,下文将另行讨论。

纪念品;其三为违禁品;其四为有价支付凭证、有价证券、有价票证。结合前述对司法解释关于公私财物范围的概括规定理解,电力、煤气、天然气可归入普通公私财物;而电信码号尽管在 1998 年《盗窃解释》中被列入第 5 条第 1 款规定,但仍不宜径直将之归入公私财物。

从我国 79 刑法、97 刑法与三部盗窃罪司法解释来看,如果说我国刑法侵犯财产罪章的公私财物概念有何明确的内涵的话,也许只有数额。我国 79 刑法、97 刑法均明确规定盗窃公私财物数额较大的行为构成盗窃罪(79 刑法第 151 条、97 刑法第 264 条),数额较大是构成盗窃罪的法定要件。1992 年《盗窃解释》与 1998 年《盗窃解释》均规定,所谓盗窃数额"是指行为人实施盗窃行为已窃取的公私财物数额",三部盗窃罪司法解释均专门讨论了如何计算数额。

1984 年《盗窃解答》就如何计算被盗物的数额规定"一般应按实际被盗物市价计算",1992 年《盗窃解释》与 1998 年《盗窃解释》也均将数额等同于价格,由此,我们可以判断,作为盗窃罪对象的公私财物一般为有交换价值、有市场价格的可交易物,无交换价值、无市场价格之物一般不能成为盗窃罪的对象。这些有交换价值、有市场价格之物还包括陈旧、残损或使用过的物品,残次品,废品,假、劣物品。因陈旧、残损或使用过的物品,残次品,废品,假、劣物品亦有交换价值,如废品亦有回收价格。而 1998 年《盗窃解释》所谓收藏品、纪念品亦指如邮票、纪念币等有交换价值、有市场价格之物,从文义来看,并不包括诸如情侣定情之一枚红豆或一缕青丝之类无交换价值、无市场价格之物件。

比较复杂的则是违禁品与有价支付凭证、有价证券、有价票证的问题。1998 年《盗窃解释》并未明言违禁品具体所指,不过 1992 年《盗窃解释》则明确"违禁品,如毒品、淫秽物品等",最高人民检察院 2010 年 5 月 9 日发布的《人民检察院扣押、冻结涉案款物工作规定》亦表述为"毒品、淫秽物品等违禁品"。《抢劫、抢夺意见》中,违禁品表述为"毒品、假币、淫秽物品等违禁品",增加了假币。而根据 97 刑法第 127 条(盗窃、抢夺、抢劫枪支、弹药、爆炸物、危险物质罪),违禁品显然并不包括枪支、弹药、爆炸物和危险物质等。[1] 据

---

[1] 最高人民法院 1998 年 9 月 2 日发布的《关于执行〈中华人民共和国刑事诉讼法〉若干问题的解释》(法释〔1998〕23 号)对第 291 条所表述的"违禁品、枪支弹药、易燃易爆物品、剧毒物品以及其他危险品"亦可作为认定违禁品不包含枪支、弹药、爆炸物和危险物质等的一个确证。另,最高人民法院早在 1985 年 8 月 21 日发布的《关于人民法院审判严重刑事犯罪案件中具体应用法律的若干问题的答复(三)》就明确否定了盗窃、抢夺爆炸物构成盗窃罪、抢夺罪,主张审判中直接依据全国人大常委会《关于严惩严重危害社会治安的犯罪分子的决定》第 1 条第 4 项的规定定罪处刑即可。

此可以认定,所谓违禁品仅指毒品、淫秽物品、假币三类。上述违禁品均在一定程度上存在着黑市交易,有其交换价值与黑市价格,但 1992 年《盗窃解释》与 1998 年《盗窃解释》均明确规定"盗窃违禁品的,不计数额,根据情节轻重量刑"。[①] 此处所谓情节,自可分别参酌最高人民法院、最高人民检察院、公安部发布的《办理毒品犯罪案件适用法律若干问题的意见》(公通字〔2007〕84 号),最高人民法院、最高人民检察院、公安部发布的《关于办理制毒物品犯罪案件适用法律若干问题的意见》(公通字〔2009〕33 号),最高人民法院印发的《全国部分法院审理毒品犯罪案件工作座谈会纪要》(法〔2008〕324 号),最高人民法院《关于审理伪造货币等案件具体应用法律若干问题的解释》(法释〔2000〕26 号),最高人民法院、最高人民检察院《关于办理利用互联网、移动通讯终端、声讯台制作、复制、出版、贩卖、传播淫秽电子信息刑事案件具体应用法律若干问题的解释》(法释〔2004〕11 号),最高人民法院、最高人民检察院《关于办理利用互联网、移动通讯终端、声讯台制作、复制、出版、贩卖、传播淫秽电子信息刑事案件具体应用法律若干问题的解释(二)》(法释〔2010〕3 号),最高人民法院《关于审理非法出版物刑事案件具体应用法律若干问题的解释》(法释〔1998〕30 号),最高人民法院《关于审理走私刑事案件具体应用法律若干问题的解释》(法释〔2000〕30 号)诸司法解释所规定的数量、面额、违法所得等标准。如结合前文所述 1992 年《盗窃解释》在讨论公私财物范围时将"非法所得"单列而在讨论被盗物品数额计算时径行列入违禁品以及 1998 年《盗窃解释》只字未提"非法所得"但在讨论被盗物品数额计算时沿袭 1992 年《盗窃解释》将违禁品径行列入讨论被盗物品数额计算的规定来看,或许我们有理由推断,司法当局事实上已经明确放弃了盗窃罪犯罪对象之公私财物仅限于可以合法所有或占有之物的立场,以所有意志事实上占有之非法财物同样可以成为盗窃罪犯罪对象。[②] 至于违禁品不计数额之规定,或许是为了避免造成司法当局承认违禁品为可交易之物的印象,同时违禁品之数量、面额、违法所

---

① 最高人民法院 2008 年 12 月 1 日印发的《全国部分法院审理毒品犯罪案件工作座谈会纪要》(法〔2008〕324 号)亦重申"盗窃、抢夺、抢劫毒品的,应当分别以盗窃罪、抢夺罪或者抢劫罪定罪,但不计犯罪数额,根据情节轻重予以定罪量刑"。

② 最高人民法院研究室在讨论 2005 年《抢劫、抢夺意见》的理解与适用时指出,"抢劫罪的对象不仅仅是指他人的合法财产,他人违法持有、占有的、在法律意义上属于国家所有的违禁品,本质上仍然属于'他人财物'的范畴,也应属于抢劫罪的对象"。但是,这个理由很明显非常牵强,如毒品、淫秽物品、假币,国家有义务收缴并予以销毁,所谓"在法律意义上属于国家所有"并不妥当。我们可以说毒品、淫秽物品、假币是具有物理存在的物,却不能说它们是财产。参见最高人民法院研究室编:《刑事司法解释理解与适用》,法律出版社 2009 年版,第 760 页。

得等亦足以说明犯罪社会危害性之程度。<sup>①</sup> 当然，这一规定方式显然与 79 刑法、97 刑法所规定的盗窃公私财物数额较大的行为构成盗窃罪的立法规范有所抵牾。不过，司法当局似乎亦不否认违禁品有其交换价值和"市场价格"，如最高人民法院在 2000 年 4 月 4 日发布的《全国法院审理毒品犯罪案件工作座谈会纪要》（法〔2000〕42 号）中即规定"认定盗窃毒品的犯罪数额，可以参考当地毒品非法交易的价格"。<sup>②</sup>

就有价支付凭证、有价证券、有价票证来看，1992 年《盗窃解释》与 1998 年《盗窃解释》均将之径行列入被盗物品数额计算条，似乎明定有价支付凭证、有价证券、有价票证属于盗窃罪犯罪对象之公私财物。然有价支付凭证、有价证券、有价票证较为复杂，径行全部认定为公私财物不无困难，而两部司法解释的规定亦不无可争议之处。

就有价支付凭证、有价证券、有价票证的具体对象来说，两部盗窃解释中明确列举的包括股票、活期存折、定期存折、支票、提货单。<sup>③</sup> 由于这些有价凭证性质差异非常大，既有民法所称的特别动产（无记名证券），亦有纯粹的债权凭证（如指名债权证书），非法窃取这些有价凭证的法律意义难以一概而论。因此，两部盗窃解释，对有价支付凭证、有价证券、有价票证

---

① 最高人民法院研究室在讨论 2005 年《抢劫、抢夺意见》的理解与适用时指出，"由于违禁品不具有合法的流通性，不易认定其具有的经济价值，但是，行为人抢劫违禁品的数量在一定程度上反映了其主观恶性的深浅以及客观危害的大小"。参见最高人民法院研究室编：《刑事司法解释理解与适用》，法律出版社 2009 年版，第 760 页。

② 该司法解释同时又主张"认定抢劫罪的数额，即是抢劫毒品的实际数量"，其规范目的颇令人费解。不过，最高人民法院已在 2008 年 12 月 1 日印发的《全国部分法院审理毒品犯罪案件工作座谈会纪要》（法〔2008〕324 号）再次重申"盗窃、抢夺、抢劫毒品的，应当分别以盗窃罪、抢夺罪或者抢劫罪定罪，但不计犯罪数额，根据情节轻重予以定罪量刑"，放弃了"认定盗窃毒品的犯罪数额，可以参考当地毒品非法交易的价格"的主张。

③ 1984 年《盗窃解答》另外规定了"盗窃粮票等无价证券的，视数额与具体情节，处罚时应予适当考虑"。1992 年《盗窃解释》与 1998 年《盗窃解释》均未涉及"无价证券"，其主要原因或许在于随着计划经济逐渐被市场经济取代，计划供应票证亦成历史遗迹，已无规定必要。不过，粮票等无价证券（计划供应票证）尽管禁止交易，但黑市交易频繁，倒卖之风不绝，同样亦有交换价值、"市场价格"，1984 年《盗窃解答》未规定计算数额，仅作为情节，亦可说明司法当局对待各种证券的慎重态度，并不轻易将各种证券纳入公私财物范畴。但在最高人民法院研究室 1990 年 8 月 31 日发布的《关于贪污盗窃粮票油票等计划供应票证应如何处理问题的电话答复》中，司法当局主张以当时当地粮油等计划供应商品的计划供应价与国营商店不收取计划供应票证或计划供应指标的议价之间的差价，乘以计划供应票证或计划供应指标的票面数额，所得出的金额，作为定罪量刑的数额依据。不过该解释又主张法律文书中只写计划供应票证或计划供应指标的票面数额，不写其折价金额。江西省高级人民法院的请示中明确给出的理由是："由于国家规定粮票和粮食指标是禁止买卖的无价证券，因此，在判决书中只认定其贪污粮票和粮食指标的数额，不宜认定其差价金额"。看起来司法当局对以存在黑市、有黑市价格即可认定为公私财物的理论还是信心不足。

作了类型化处理,并赋予了不同的法律后果。(参见表3-1)

表3-1

| 有价支付凭证、有价证券、有价票证分类 | | | | 数额计算 |
| --- | --- | --- | --- | --- |
| 是否记名 | 能否随即兑现 | 票面价值是否确定 | 是否兑现 | |
| 不记名、不挂失(不论能否随即兑现、不论是否兑现) | | | | 票面数额及可得收益 |
| 记名 | 能随即兑现 | 票面价值已定 | | 票面数额及利息或可提货物价值 |
| | | 票面价值未定 | 已兑现 | 实际兑现数额 |
| | | | 未兑现 | 定罪量刑情节 |
| | | 销毁或丢弃而失主能避免实际损失的 | | 定罪量刑情节 |
| | 不能随即兑现且失主避免实际损失的 | | | 定罪量刑情节 |

不记名、不挂失的有价支付凭证、有价证券以及有价票证,民法上视之为特别动产,证券与权利混同,自可径行纳入公私财物的范围而不至于有疑义。能否随即兑现与是否实际兑现并不影响其认定。① 就记名的有价支付凭证、有价证券以及有价票证,两部盗窃解释进一步以能否随即兑现、票面价值是否已确定来区分,但如从法律评价来看,则可区分为以票面数额计算数额、实际兑现数额计算数额以及不计算数额仅作为定罪量刑情节三类。事实上,就记名有价证券来说,窃取有价证券本身,并不意味着事实上获得财物,从两部解释规定销毁或丢弃能随即兑现的记名有价证券而失主能避免实际损失的仅作为定罪量刑情节来看,似乎司法当局亦担忧记名有价证券是否可以无争议地径行纳入公私财物的范围,因为记名有价证券不过是实现财产权利的凭证,并未与财产本身混同。但两部司法解释的分类尚存在以下解释的困难:

其一,盗窃票面价值已定且能随即兑现的记名有价证券究竟应以兑现数额为犯罪数额还是以票面数额为犯罪数额? 如考虑到记名有价证券与财产权利并未混同,占有证券本身并不意味着占有财产而只是意味着占有财产的可能性,那么以票面数额为犯罪数额不无争议。且两部盗窃解释均

① 最高人民法院研究室1989年1月24日发布的《关于盗窃不能随即兑现的金融债券、有奖债券的计算问题的电话答复》明确主张,"盗窃银行发行的金融债券、有奖债券,虽然不能随即兑现,但这类债券不记名、不挂失,其性质与国库券、股票相类似,一般应按票面数额计算。对于未兑现的,处理时一般可作为从轻考虑的一个情节"。

规定盗窃票面价值未定但能随即兑现的记名有价证券以兑现数额为犯罪数额，未兑现仅视为定罪量刑情节，票面价值已定与未定究竟有何实质性的差异可以导致如此不同的法律评价呢？司法当局未曾明确说明理由，只能存疑。

其二，所谓"销毁或丢弃能随即兑现的记名有价证券而失主能避免实际损失的"，如何理解？按照两部盗窃解释，"销毁或丢弃能随即兑现的记名有价证券而失主能避免实际损失的"，票面数额不作为定罪量刑的标准，但可作为定罪量刑的情节，换言之，如失主未能避免实际损失，则票面数额即为作为定罪量刑的标准犯罪数额。但如果细究销毁或丢弃能随即兑现的记名有价证券而失主遭受实际损失的情形，可以发现，如为销毁记名有价证券致使失主无法主张记名有价证券上所记载权利，则难以认定行为人构成盗窃罪，其理由首先当然是行为人并无非法占有目的，其次还在于因丧失记名有价证券而无法实现记名有价证券上记载的权利的原因在于有价证券义务人未能妥善维护记名有价证券权利人的利益所造成，这一责任显然不能由盗窃行为人承担。如系行为人丢弃记名有价证券而失主丧失记名有价证券上记载权利的，其情形无非两种，一为因丢弃难以寻获致使失主无法主张记名有价证券上记载的权利的，此种情形所导致的损失自难以归诸于盗窃行为人，理由与销毁的情形同；一为他人拾得后冒名取得失主记名有价证券上记载的权利的，此种情形自当追究冒名者的诈骗行为，而不应当将罪责归诸于盗窃行为人。[①] 因此，笔者认为，无论销毁或丢弃能随即兑现的记名有价证券而失主是否能避免实际损失，均不宜认定犯罪数额。

其三，记名有价证券上记载的财产权利的实现与"记名"不可分，换言之，盗窃行为人如欲实现记名有价证券上记载的财产权利，势必冒用权利人名号。而冒用权利人名号欺骗记名有价证券义务人为交付显然更符合诈骗罪的特征，而非盗窃罪。如认定盗窃罪，其犯罪指向的对象究为记名有价证券本身还是记名有价证券上记载的财产权利？通常解释主张盗窃是主要行为，而冒用是后续行为，因此定盗窃罪，不过无论如何，行为人犯罪指向的目标都是财产本身，而非记名有价证券，盗窃记名有价证券也好、伪造记名有价证券也好，均不过是手段。

---

[①] 最高人民法院、最高人民检察院《关于办理妨害信用卡管理刑事案件具体应用法律若干问题的解释》第5条第2款即规定，刑法第196条第1款第3项所称"冒用他人信用卡"的具体情形包括"拾得他人信用卡并使用的"。

其四,何为"定罪量刑情节"? 从 97 刑法第 264 条条文看,该条涉及四种情形,即盗窃公私财物"数额较大或者多次盗窃的"、"数额巨大或者有其他严重情节的"、"数额特别巨大或者有其他特别严重情节的"以及盗窃金融机构或珍贵文物的。[①] 依据 1998 年《盗窃解释》第 6 条第 3 项,"盗窃数额达到'数额较大'或者'数额巨大'的起点,并具有下列情形之一的,可以分别认定为'其他严重情节'或者'其他特别严重情节'",换言之,"数额巨大或者有其他严重情节的"中的所谓"或者有其他严重情节的"系指"'数额较大'并具有下列情形之一的"情形,"数额特别巨大或者有其他特别严重情节的"中所谓的"或者有其他特别严重情节的"系指"'数额巨大'并具有下列情形之一的"。上述所谓"下列情形"包括"犯罪集团的首要分子或者共同犯罪中情节严重的主犯;盗窃金融机构的;流窜作案危害严重的;累犯;导致被害人死亡、精神失常或者其他严重后果的;盗窃救灾、抢险、防汛、优抚、扶贫、移民、救济、医疗款物,造成严重后果的;盗窃生产资料,严重影响生产的;造成其他重大损失的"8 种情形,所有这些情形均不涉及数额计算问题。而 97 刑法第 264 条条文所谓的"多次盗窃的"系指"一年内入户盗窃或者在公共场所扒窃三次以上"(1998 年《盗窃解释》第 4 条),因此,从严格罪刑法定来看,盗窃罪入罪的标准就是"数额较大"或"多次盗窃"的。不过,1998 年《盗窃解释》仍主张盗窃公私财物接近"数额较大"(即未达到"数额较大"的标准)但具有"以破坏性手段盗窃造成公私财产损失的;盗窃残疾人、孤寡老人或者丧失劳动能力人的财物的;造成严重后果或者具有其他恶劣情节的"三种情形的仍可定罪,且不论这一解释是否有违严格罪刑法定原则,[②]即便三种情形中兜底的"造成严重后果或者具有

---

[①] 需要说明的是,《刑法修正案(八)》第 39 条对 97 刑法第 264 条作了重要修正,删除了盗窃金融机构或珍贵文物的规定,将"数额较大或者多次盗窃的"增订为"数额较大的,或者多次盗窃、入户盗窃、携带凶器盗窃、扒窃的",所增订部分只是将 1998 年《盗窃解释》中对"多次盗窃"的扩大解释法定化。

[②] 最高人民法院研究室在讨论 1998 年《盗窃解释》的理解与适用亦承认有不同意见主张这一规定既缺乏法律依据,也违反罪刑法定原则。但最高人民法院研究室给出的实质理由只有一条,即"从司法实践的具体情况看,存在着以破坏性手段盗窃公私财物,虽未达到但是接近'数额较大'的起点标准,并造成公私财产损失等情况,这种行为也具有严重的社会危害性,不定罪处罚,有失法律的公允"。即该条规定所指向的核心是破坏性盗窃问题。但我国刑法第 275 条已规定了故意毁坏财物罪,且 1998 年《盗窃解释》第 12 条第 5 款也明确规定"盗窃公私财物未构成盗窃罪,但因采用破坏性手段造成公私财物损毁数额较大的,以故意毁坏财物罪定罪处罚",这一理由显然不能成立。倒是所谓"弥补法律规定不足"才是真正的理由所在。而所谓"弥补法律规定不足"如果不是违反罪刑法定又是什么呢? 参见最高人民法院研究室编:《刑事司法解释理解与适用》,法律出版社 2009 年版,第 706~707 页。

其他恶劣情节的"亦指向犯罪手段和后果以及犯罪人主观恶性。[①] 显然，1998 年《盗窃解释》对情节有着非常明确的严格规定和解释，且未曾将1998 年《盗窃解释》第 5 条中提及的 4 种情节(盗窃违禁品、盗窃能随即兑现但未兑现且票面价值未定的记名有价证券、盗窃并销毁或丢弃能随即兑现的记名有价证券而失主能避免实际损失的、盗窃不能随即兑现的记名有价证券且失主避免实际损失的)涵盖在内。因此，我们有理由推断，至少就有价证券而言，在司法当局看来，将不能随即兑现的记名有价证券乃至能够随即兑现的记名有价证券径直纳入公私财物的范围之内不无疑虑。

　　最后，两部《盗窃解释》对记名有价证券的规定中，似乎又主张以"损失"数额作为犯罪数额的观念。[②] 在对能随即兑现但未兑现且票面价值未定的记名有价证券的规定中，将兑现数额视为犯罪数额，未兑现则不计数额，实际上兑现数额即失主的损失数额，未兑现即无损失；而盗窃并销毁或丢弃能随即兑现的记名有价证券、盗窃不能随即兑现的记名有价证券，只要失主避免了实际损失的，均不计数额。[③] 如果我们接受损失数额为犯罪数额，则仍存在解释的困难。即，如以损失数额为犯罪数额，则势必要突破传统上所认为的盗窃罪系为对特定公私财物的犯罪的观念，将盗窃罪的犯罪对象扩展到对被害人整体财产的犯罪。如此，则盗窃与诈骗的界限将更为模糊。同时需要指出的是，1998 年《盗窃解释》并未明确规定盗窃不能随即兑现的记名有价证券如已经通过转卖、提前兑现获取财物的，其数额如何计算，应以失主的损失计算抑或以票面价值计算(二者并不必然同一)或以行为人实际获益计算？ 或许司法当局对径直规定损失数额为犯罪数额仍有疑虑吧。

---

[①] 对于这一兜底条款尽管沿袭自 1992 年的《盗窃解释》，但仍似可参酌 1992 年《盗窃解释》中未被 1998 年《盗窃解释》沿袭的诸种情形来界定，如"教唆未成年人盗窃的；劳改、劳教人员在劳改、劳教期间盗窃的；在缓刑、假释考验期限内或者管制、监外执行期间盗窃的；曾因盗窃被治安处罚三次以上，或者被劳动教养二次以上，解除教养后二年内又进行盗窃的；曾因盗窃被免诉、免刑后二年内，或者因盗窃受过刑罚处罚后三年内又进行盗窃的"诸种情形。

[②] 1998 年《盗窃解释》第 5 条第 13 款新增了"盗窃行为给失主造成的损失大于盗窃数额的，损失数额可作为量刑的情节"的规定。

[③] 最高人民法院研究室 1994 年 6 月 30 日发布的《关于盗窃内部股权证持有卡违法销售应如何认定盗窃数额问题的答复》重申了这一立场，该答复主张，根据 1992 年《盗窃解释》第 3 条第 2 项和第 8 项规定的原则，被告人盗窃不能随即兑现的可挂失的定向募集内部股权证持有卡，失主可以通过挂失等方式避免实际损失的，被告人的盗窃数额可以不按面值金额计算。如果已销赃，获利额高于股权证持有卡面值金额的，盗窃数额应按销赃获利额计算；获利额低于股权证持有卡面值金额的，盗窃数额应按股权证持有卡面值金额计算。

1998 年《盗窃解释》对适用 97 刑法第 265 条亦专门作出了规定。如前所述,刑法第 265 条之规定原本来自司法当局(1992 年《盗窃解释》第 1 条第 4 项第 2 段;①最高人民法院 1995 年 9 月 13 日《关于对非法复制移动电话码号案件如何定性问题的批复》(法复〔1995〕6 号),97 刑法对此前司法解释有所修正,增加了"以牟利为目的"的限制。但 1998 年《盗窃解释》仍坚持了此前司法解释的立场。该解释第 2 条将刑法第 265 条"以牟利为目的"解释为了出售、出租、自用、转让等谋取经济利益的行为。此处所谓"自用"一词显然超出了传统上由投机倒把罪演化而来的"以牟利为目的"的通常解释,也使得 97 刑法第 265 条所增加的"以牟利为目的"这一限制了无意义。而 1998 年《盗窃解释》第 5 条第 1 款第 9、10、11 项之规定,与最高人民法院 1995 年 9 月 13 日《关于对非法复制移动电话码号案件如何定性问题的批复》(法复〔1995〕6 号)并无区别。如前文对 97 刑法第 265 条的讨论中所指出的,1998 年《盗窃解释》第 5 条第 1 款第 9 项与最高人民法院 1995 年 9 月 13 日《关于对非法复制移动电话码号案件如何定性问题的批复》(法复〔1995〕6 号)第 1 条的规定相同,它们所保护的不过是电信经营者的潜在市场利益,而将该潜在市场利益认定为公私财物无疑十分困难。97 刑法第 265 条前半句侧重的是对妨害电信市场秩序行为的规制,并非对侵犯电信经营者潜在市场利益的保护。随着信息产业部《关于电信网码号资源收费问题的通知》(信部清〔2003〕140 号)、信息产业部、财政部、国家发改委 2004 年 12 月 31 日发布的《电信网码号资源占用费征收管理暂行办法》明确禁止和取消电信经营者收取电信网码号开通费、工程费等一次性费用以及占用电信网码号资源占用费,1998 年《盗窃解释》第 5 条第 1 款第 9 项、第 11 项后半段乃至 97 刑法第 265 条前半句均失去了正当性。

而就 1998 年《盗窃解释》第 5 条第 1 款第 10 项、第 11 项而言,解释所侧重的是"损失"概念,这一损失系合法用户所额外支付的电信资费,并非通讯线路或电信码号的损失。因此使用明知是盗接他人通讯线路、复制他人电信码号的电信设备、设施的行为侵犯的是合法用户的整体财产,通讯线路的使用利益或电信码号并不因此可以被认定为公私财物。

在最高人民法院 2000 年 4 月 28 日发布的《关于审理扰乱电信市场管理秩序案件具体应用法律若干问题的解释》(法释〔2000〕12 号)中,司法当

---

① 最高人民法院研究室早在 1991 年 9 月 14 日《关于盗用他人长话账号案件如何定性问题的复函》尽管认为盗用他人长话账号案件情况比较复杂,是否都追究刑事责任,要具体案件具体分析,但同时强调"这类案件一般来说符合盗窃罪的特征"。

局的立场有所变化。该解释显然系针对 2000 年 9 月 25 日发布的《中华人民共和国电信条例》第 59 条之规定①而发布。解释将"将电信卡非法充值后使用"(第 7 条)、"盗用他人公共信息网络上网账号、密码上网"(第 8 条)造成电信资费损失数额较大的均规定依照刑法第 264 条规定而不以刑法第 265 条规定定罪处罚,颇值得注意。② 从行为对象分析,将电信卡非法充值后使用所指向的是通过非法充值的电信卡骗取电信经营者的通讯服务,解释规定按 97 刑法第 264 条而非第 265 条定罪处罚,想必出于这一考虑。③ 但"盗用他人公共信息网络上网账号、密码上网"显然与 1998 年《盗窃解释》所规定的盗接他人通讯线路的行为并无太大区别,何以同样规定依照刑法第 264 条规定而不以刑法第 265 条规定定罪处罚,颇令人费解。或许,司法当局对刑法第 265 条的规定本身亦开始有疑虑? 此外,该解释第 7、8、9 条均明确强调了"损失"概念。第 8 条明确为"他人电信资费损失"、第 7、9 条则为"电信资费损失"。前者所损失的当为合法用户须额外支出的电信费用,后者所损失的通常为电信经营者应收取的电信服务费用。④ 对行为人而言,无论何种情形,均非行为人直接获得财产,行为人所获取的仅仅是应当支付费用而享受的服务。因此,我们至多可以认为有偿电信服务或许可以成为财产犯罪的对象,而这一认识与 97 刑法第 265 条的规定密不可分,如果考虑到 97 刑法第 265 条规定方式及其在 97 刑法侵

① 该条规定全文如下:"任何组织或者个人不得有下列扰乱电信市场秩序的行为:(一)采取租用电信国际专线、私设转接设备或者其他方法,擅自经营国际或者香港特别行政区、澳门特别行政区和台湾地区电信业务;(二)盗接他人电信线路,复制他人电信码号,使用明知是盗接、复制的电信设施或者码号;(三)伪造、变造电话卡及其他各种电信服务有价凭证;(四)以虚假、冒用的身份证件办理入网手续并使用移动电话"。

② 最高人民检察院 2003 年 4 月 2 日发布的《关于非法制作、出售、使用 IC 电话卡行为如何适用法律问题的答复》亦持同一意见,主张"明知是非法制作的 IC 电话卡而使用或者购买并使用,造成电信资费损失数额较大的,应当依照刑法第二百六十四条的规定,以盗窃罪追究刑事责任"。

③ 值得注意的是,亦有意见认为,电信卡为电信码号,全国人大常委会法工委刑法室即持该主张。他们认为 97 刑法第 265 条所谓的"电信码号"是广义的,包括"电话磁卡、长途电话账号和移动通信码号,如移动电话码号的出厂号码、电话号码、用户密码"。参见全国人大常委会法工委刑法室编:《〈中华人民共和国刑法〉条文说明、立法理由及相关规定》,北京大学出版社 2009 年版,第 557 页。但这一解释并未获得司法解释的明确支持。倒是信息产业部在 2003 年 3 月 1 日发布的《电信网码号资源管理办法》第 2 条、第 7 条中明确规定,电信网码号资源是指"由数字、符号组成的用于实现电信功能的用户编号和网络编号",具体包括长途区号、网号、过网号和国际来话路由码,国际、国内长途字冠,本地网号码中的短号码、接入码、局号等,智能网业务等新业务号码;数字蜂窝移动通信网的网号、归属位置识别码、短号码、接入码等,卫星移动通信网网号、归属位置识别码、短号码,标识不同运营者的代码;数据网网号,网内紧急业务号码、网间互通号码,国际、国内呼叫前缀;国际 No.7 信令点编码,国内 No.7 信令点编码。

④ 当然,在该解释第 9 条"冒用身份证件办理入网手续并使用移动电话"的情形下,亦有可能是被冒用者的整体财产的损失。

犯财产罪章中的特殊性,我们或许也仅仅能够认可有偿电信服务基于法典特别规定可以构成盗窃罪,但有偿电信服务本身却并不因此可以直接归入公私财物,至于通讯线路使用利益、电信码号更非公私财物。[1] 司法当局显然回避了有偿服务能否成为盗窃罪犯罪对象问题,而仅仅强调了权利人整体财产的损失问题,仍立足于财产(电信资费)本身。[2]

此外,1998年《盗窃解释》第10条、第11条对97刑法第196条第3款规定的"盗窃信用卡并使用"的行为、第210条第1款规定"盗窃增值税专用发票或者可以用于骗取出口退税、抵扣税款的其他发票"的行为的数额认定也作出了规定。在前文讨论我国刑法文本中的财产概念时,我们即已主张,信用卡、增值税专用发票或者可以用于骗取出口退税、抵扣税款的其他发票本身均非公私财物。从司法解释的立场来看,就盗窃信用卡并使用的问题,除1998年《盗窃解释》外,此前无任何司法解释采取《关于惩治破坏金融秩序犯罪的决定》第14条第2款与97刑法第196条第3款的立场。而1998年《盗窃解释》之规定,亦是直接沿用刑法条文,仅仅主张以使用数额为犯罪数额,这一主张不过是明确将立法意旨表达出来而已。据此恐难以认定司法当局将信用卡纳入公私财物的范畴。如一定要类比的话,或许我们可以说,盗窃信用卡的司法认定其实不过是遵从1992年《盗窃解释》所规定并为1998年《盗窃解释》所沿袭的"票面价值未定但能随即兑现的记名有价证券以实际兑现数额计算犯罪数额"的规定而已。

尚需说明的是,尽管97刑法中并未明文规定抢劫信用卡并使用的以抢劫罪认定,但2005年《抢劫、抢夺意见》第6条中直接将"抢劫信用卡后使用、消费的"规定为抢劫罪,尽管这一规定不无违反罪刑法定原则的争议,但就其所规定的"以实际使用、消费的数额为抢劫数额;未实际使用、消费的,不计数额,根据情节轻重量刑。所抢信用卡数额巨大,但未实际使用、消费或者实际使用、消费的数额未达到巨大标准的,不适用'抢劫数额巨大'的法定刑",仍不过延续"票面价值未定但能随即兑现的记名有价证券以实际兑现数额计算犯罪数额"的老套路。最高人民法院研究室在解释上述规定时,其理由颇可玩味。最高人民法院研究室一方面主张抢劫信用

---

[1] 另外,该解释未曾提及盗接他人通信线路、复制他人电信码号问题,或许是因为1998年《盗窃解释》中已有规定。

[2] 尽管对于整体财产能否成为盗窃罪的犯罪对象一直有争议,但整体财产为诈骗罪的犯罪对象并无太大疑义。参见蔡墩铭:《刑法各论》(修订5版),台湾三民书局2006年版,第149~283页;张明楷:《刑法学》(第3版),法律出版社2007年版,第710页。

卡构成抢劫罪不以使用、消费为前提条件，因为抢劫罪侵犯双重客体，"因此，抢劫罪与盗窃罪、诈骗罪等其他侵犯财产犯罪不同，抢劫对象价值的大小，一般不影响抢劫罪的构成及既遂形态。信用卡作为一种有价证券可以成为抢劫罪的对象"。① 从这一理由来看，如抢劫信用卡未使用、消费的，亦构成抢劫罪，其数额即信用卡作为卡片的价值，而显然，信用卡作为卡片的价值几乎可以忽略不计。是否我们由此可以推断依此逻辑，单纯信用卡本身因为几乎可以忽略不计的价值不足以成为盗窃罪、诈骗罪的对象？最高人民法院研究室在解释该条规定时，还主张，"一般说来，信用卡具有消费支付、信用贷款、转账结算、存取现金等功能，但又不完全等同于财物本身。行为人只有在知晓密码或使用身份证等证明文件的情形下，信用卡的上述功能才能够实现，信用卡的经济价值才能体现。因此，行为人非法占有了他人的信用卡，并不意味着其已实际非法占有了信用卡中的全部钱款"。② 那么，所谓信用卡"但又不完全等同于财物本身"究竟指信用卡是公私财物，还是信用卡并不是公私财物呢？显然，司法当局在信用卡能否成为刑法侵犯财产罪中的"公私财物"的态度，一如记名有价证券含混不清。而在诸司法解释中，并未曾见将抢夺信用卡并使用规定为抢夺罪、将毁坏他人信用卡规定为毁坏公私财物罪的。最高人民法院、最高人民检察院倒是在 2009 年 12 月 3 日发布的《关于办理妨害信用卡管理刑事案件具体应用法律若干问题的解释》（法释〔2009〕19 号）第 5 条中规定，刑法第196 条第 1 款第 3 项所称"冒用他人信用卡"包括"拾得他人信用卡并使用的；骗取他人信用卡并使用的；窃取、收买、骗取或者以其他非法方式获取他人信用卡信息资料，并通过互联网、通讯终端等使用的；其他冒用他人信用卡的情形"4 种情形。就该解释看，窃取他人信用卡信息资料并通过互联网、通讯终端等使用的，与窃取他人信用卡并使用的除了是否有一张物质形态的卡片外，并无区别。而随着信息、通讯以及网络的发达，信用卡信息资料已无须依存于物质形态的卡片而存在，仅以是否有这一物质形态的卡片存在而分别认定为盗窃罪与信用卡诈骗罪显然说不过去。因此，从该解释看，司法当局对刑法第 196 条第 3 款的态度似乎有所转变。

1998 年《盗窃解释》直接援引 97 刑法第 210 条第 1 款的规定，认定增值税专用发票或者可以用于骗取出口退税、抵扣税款的其他发票的构成盗

① 参见最高人民法院研究室编：《刑事司法解释理解与适用》，法律出版社 2009 年版，第 758 页。
② 同上。

窃罪,其数额以盗窃发票份数计算。97 刑法第 210 条第 1 款规定本身源自司法当局的意见(两高《关于办理伪造、倒卖、盗窃发票刑事案件适用法律的规定》(法发〔1994〕12 号/高检会〔1994〕25 号),①如前文所述,无论是增值税专用发票还是具有出口退税、抵扣税款功能的收付凭证或者完税凭证,本身均无财产价值或财产利益,仅仅由于上述发票或凭证可以成为抵扣税款的依据,并不足以认定上述发票或凭证本身拥有财产价值或财产利益,至于因上述发票或凭证可以成为抵扣税款的依据并因此形成买卖上述发票或凭证的非法市场,更不足以成为认定上述发票或凭证为公私财物的理由。② 同样,最高人民法院《关于适用〈全国人民代表大会常务委员会关于惩治虚开、伪造和非法出售增值税专用发票犯罪的决定〉的若干问题的解释》(法发〔1996〕30 号)将诈骗增值税专用发票或者可以用于骗取出口退税、抵扣税款的其他发票认定为诈骗罪亦不足以说明增值税专用发票或者可以用于骗取出口退税、抵扣税款的其他发票为刑法侵犯财产罪中的公私财物。

最后,从 1984 年《盗窃解答》开始,对盗窃家庭财产或近亲属财产就作了特别规定。1984 年《盗窃解答》第 4 条第 2 款主张,"要把偷窃自己家里或近亲属的,同在社会上作案的加以区别",这一规定更多的似乎从行为的社会危害性着眼,对盗窃家庭财产或近亲属财产从宽处理。1992 年《盗窃解释》与 1998 年《盗窃解释》均规定盗窃(偷拿)"自己家里的财物或者近亲属的财物,一般可不按犯罪处理;对确有追究刑事责任必要的,处罚时也应与在社会上作案的有所区别",似乎延续了从社会危害性着眼执行特定刑事政策的思路。③ 2005 年《抢劫、抢夺意见》第 7 条第 3 款亦规定,"为个人使用,以暴力、胁迫等手段取得家庭成员或近亲属财产的,一般不以抢劫罪定罪处罚,构成其他犯罪的,依照刑法的相关规定处理;教唆或者伙同他人采取暴力、胁迫等手段劫取家庭成员或近亲属财产的,可以抢劫罪定罪处罚"。尽管司法当局承认这一规定沿袭了 1998 年《盗窃解释》之规定,但提

---

① 该法条的立法沿革前文已有交代,此处不赘。
② 以我国目前的财务报销制度论,通常财务报销均须以各种发票冲抵,但这些发票本身并不是公私财物并无争议。如因这些发票可以经由财务报销转化为钱款而认定这些发票为公私财物,岂不荒谬! 增值税专用发票或者可以用于骗取出口退税、抵扣税款的其他发票的情形与此相同。其他理由前文已有交代,此处不赘。
③ 最高人民法院 1995 年 5 月 2 日发布的《关于办理未成年人刑事案件适用法律的若干问题的解释》(法发〔1995〕9 号)以及 2006 年 1 月 11 日发布的《关于审理未成年人刑事案件具体应用法律若干问题的解释》(法释〔2006〕1 号)均规定未成年人盗窃自己家庭或者近亲属财物,或者盗窃其他亲属财物但其他亲属要求不予追究的,可不按犯罪处理。似乎亦出自同一考虑。

供了一个值得关注的新的理由。司法当局主张,家庭和亲属间的财产关系附属于血亲关系,家庭成员和近亲属对于家庭财产享有一定的共同管理、使用的权利,其性质与抢劫罪中的"他人财物"有一定区别。① 事实上,刑法第 263 条并未使用"他人财物"一词,而是"公私财物"一词,显然,司法当局认为,通常情形下,所谓"公私财物"限于他人财物,而在抢劫家庭成员或近亲属财产的情形下,行为人对作为犯罪对象的财物往往享有一定的财产权利,因此不以抢劫罪定罪处罚。换言之,在侵犯财产罪中通常所谓"公私财物"并不包括"自己之物"。② 2005 年《抢劫、抢夺意见》第 7 条第 2 款之规定亦可与之相互验证。该款规定认为,"行为人仅以其所输赌资或所赢赌债为抢劫对象,一般不以抢劫罪定罪处罚"。司法当局一方面主张,赌博参与者的赌资依法应予以没收,在法律意义上属于国家所有;另一方面又认为,对于仅以所输赌资或所赢赌债为抢劫对象的,行为人主观上对于所输赌资或所赢赌债的性质"毕竟不像抢劫罪中对于'他人财物'的性质认识的清晰和明确,其主观故意的内容与抢劫'他人财物'有所不同"。③ 如果说抢劫家庭成员或近亲属财产不以抢劫罪定罪处罚,是由于客观上难以区分所抢劫之对象是否为"他人之物"的话,那么抢劫所输赌资或所赢赌资不以抢劫罪定罪处罚,则在于行为人主观上将之视为"自己之物"。④ 2011 年《诈骗解释》第 4 条之规定亦可作同样理解。⑤ 无论如何,司法当局的"公私财物"为"他人之物"的观点还是相当明确的。这一理解似亦可适用于1992 年《盗窃解释》与 1998 年《盗窃解释》。⑥

① 参见最高人民法院研究室编:《刑事司法解释理解与适用》,法律出版社 2009 年版,第 761 页。另一理由是主张从刑事政策考虑,家庭成员或近亲属间的财产秩序一般说来由家庭内部维持,更有利于社会秩序的稳定。

② 更为复杂的一些情形将在下文展开。

③ 参见最高人民法院研究室编:《刑事司法解释理解与适用》,法律出版社 2009 年版,第 761 页。

④ 2005 年《抢劫、抢夺意见》第 9 条第 5 款"行为人为索取债务,使用暴力、暴力威胁等手段的,一般不以抢劫罪定罪处罚"。司法当局提供的理由一方面是行为人不具有非法占有目的,同时也主张"一般也不会造成债务人债务以外的财产损失",不应以侵犯财产类犯罪定罪处罚。在此,司法当局的立场似乎更为激进。因为,以通常之法理观之,债务人未偿付债务前,债务所涉及的财产当然属于债务人所有,并不属于债权人"自己之物",以债务人整体财产并未损失为由而主张不构成侵犯财产类犯罪,难以令人信服。参见最高人民法院研究室编:《刑事司法解释理解与适用》,法律出版社 2009 年版,第 765 页。

⑤ 2011 年《诈骗解释》第 4 条规定:"诈骗近亲属的财物,近亲属谅解的,一般可不按犯罪处理。诈骗近亲属的财物,确有追究刑事责任必要的,具体处理也应酌情从宽。"

⑥ 另外,从 1984 年《盗窃解答》开始,司法解释对涉及盗窃、抢劫、抢夺机动车作为犯罪工具使用的情形的规定中,涉及"使用盗窃"的问题,因与"何为公私财物"这一问题关联不大,在此不予展开。

## 二、《诈骗解释》与"损失"

侵犯财产罪其他司法解释如 2000 年《抢劫解释》、2002 年《抢夺解释》、2005 年《抢劫、抢夺意见》等在财产概念问题上大体延续三部盗窃解释的观点,前文已述及。或可特别注意的是 1996 年《诈骗解释》第 9 条。该条规定"对于多次进行诈骗,并以后次诈骗财物归还前次诈骗财物,在计算诈骗数额时,应当将案发前已经归还的数额扣除,按实际未归还的数额认定,量刑时可将多次行骗的数额作为从重情节予以考虑"。该条的意义在于突出了侵犯财产犯罪中的财产概念的"损失"维度。

我国刑法并未明文要求诈骗罪发生财产损失结果,法条所谓"数额较大"是指行为人骗取的财物数额较大,而并不直接意味着被害人的财产损失数额较大。[①] 在此意义上说,似乎只要转移了数额较大的财物,就成立诈骗罪。但是,如张明楷教授所指出的,如果欺骗行为不可能造成被害人的财产损失,就不成立诈骗罪;如果欺骗行为足以造成被害人的财产损失,但还没有造成现实的财产损失,就只能认定为诈骗未遂。因此,张明楷教授主张诈骗罪的成立要求财产损失。[②] 1996 年《诈骗解释》第 9 条从另一个角度肯定了诈骗罪的财产损失。在多次诈骗的场合下,如果依从行为人取得或使第三人取得财产的标准,则每一次诈骗数额自当累计,而第 9 条主张扣除已经归还的数额以及按实际未归还的数额认定诈骗数额,则明确肯定了诈骗罪要求财产损失。[③]

通常认为,财产损失概念在侵犯财产罪章往往与对个别财产的犯罪与对整体财产的犯罪的区分有直接关联。对整体财产的犯罪,应当将财产的丧失与取得作为整体进行综合评价,如果没有损失,则否认犯罪的成立;对个别财产的犯罪,只要存在个别的财产丧失就认定为财产损失,至于被害

---

① 参见张明楷:《诈骗罪与金融诈骗罪研究》,清华大学出版社 2006 年版,第 205 页。但刘明祥教授却认为,我国刑法第 266 条由于条文中把"数额较大"作为它的成立条件,"数额较大"也就是对被害人造成了数额较大的财产损失,因此,财产的损害自然是诈骗罪必不可少的要件。参见刘明祥:《财产罪比较研究》,中国政法大学出版社 2001 年版,第 239 页。这一说法显然过于轻率了。刘明祥教授似乎主张行为人获取的财产必然等同于被害人所损失的财产。从实践看,尽管诈骗罪中常见的情形是行为人犯罪所得数额与被害人财产损失数额一致,但同样存在着不一致的情形。

② 参见张明楷:《诈骗罪与金融诈骗罪研究》,清华大学出版社 2006 年版,第 205~206 页。

③ 刘明祥教授也持同一观点。参见刘明祥:《财产罪比较研究》,中国政法大学出版社 2001 年版,第 248 页。

人在丧失财产的同时，是否取得了财产或是否存在整体的财产损失，则不是认定犯罪所要考虑的问题。而一般认为，盗窃罪、抢劫罪属于对个别财产的犯罪，背信罪、诈骗罪则是对整体财产的犯罪。① 但由于我国刑法条文中难以引申出对个人财产的犯罪与对整体财产的犯罪的区分，学者间的意见亦混乱。如刘明祥教授明确主张对作为诈骗罪成立要件的财产损害应该理解为是整体的或实质的财产损害，不能视为个别财产的损害。进而认为，把财产罪分为对个别财产的犯罪与对整体财产的犯罪的区分本身就是值得商榷的。② 张明楷教授则主张，虽然从法律条文上理解，不应将诈骗罪理解为对整体财产的犯罪，而应采取实质的个别财产说。但他同时主张，日本刑法实质的个别财产说与财产价值减少说、德国的整体财产说没有原则区别。③ 张明楷教授亦主张，诈骗罪是对个别财产的犯罪还是对整体财产的犯罪，取决于各国刑法的规定以及刑法解释。④ 如从 1996 年《诈骗解释》第 9 条来看，则毫无疑问，我国刑法中的诈骗罪自可视为对于整体财产的犯罪，毋庸援引日本刑法理论的复杂模式。

事实上，从我国刑事立法与司法解释来看，很难说立法者与司法当局心目中存在着对个别财产的犯罪与对整体财产的犯罪这一区分。如果套用张明楷教授的话，则可谓，从法律条文上理解，不应将诈骗罪理解为对整体财产的犯罪，但同样不应将诈骗罪的理解局限于对个别财产的犯罪。这也是刘明祥教授声言"把财产罪分为对个别财产的犯罪与对整体财产的犯罪的区分本身就是值得商榷的"的理由所在。⑤

我国刑法上财产犯罪之"损失"概念，有其独特的来源。从苏联刑法中沿袭而来的"以公共财产论"（79 刑法第 81 条第 2 款、97 刑法第 91 条第 2 款）即是从损失角度作出规定的最突出的例子。从司法解释看，早在 1984 年《盗窃解答》中，司法当局就主张，计算被盗物的数额时只计算被盗的直接损失数额。而所谓直接损失数额，是指"现有的财产数额因犯罪行为而

---

① 参见张明楷：《诈骗罪与金融诈骗罪研究》，清华大学出版社 2006 年版，第 239～240 页。张明楷教授在该书中主张诈骗罪认定为对个别财产的犯罪还是对整体财产的犯罪，取决于各国刑法的规定及解释。但在其所著的《刑法学》（第 3 版）中，则明确将整体财产作为诈骗罪的犯罪对象。参见张明楷：《刑法学》（第 3 版），法律出版社 2007 年版，第 710 页。另外参见刘明祥：《财产罪比较研究》，中国政法大学出版社 2001 年版，第 238 页。
② 参见刘明祥：《财产罪比较研究》，中国政法大学出版社 2001 年版，第 245、247 页。
③ 参见张明楷：《诈骗罪与金融诈骗罪研究》，清华大学出版社 2006 年版，第 247 页。
④ 参见同上书，第 240 页。
⑤ 分别参见张明楷：《诈骗罪与金融诈骗罪研究》，清华大学出版社 2006 年版，第 240 页；刘明祥：《财产罪比较研究》，中国政法大学出版社 2001 年版，第 247 页。

减少或者丧失的数额"。① 最高人民法院研究室 1992 年 11 月 17 日发布的《关于如何计算正在使用中的通讯线路价值问题的电话答复》中重申,"盗窃数额是指行为人主观上意图通过盗窃行为占有,并在客观上已实际造成的公私财物的直接损失数额"。而 97 刑法第 196 条第 3 款规定的盗窃信用卡并使用的,1992 年《盗窃解释》、1998 年《盗窃解释》中关于盗用长途电话账号、码号,关于有价支付凭证、有价证券、有价票证的讨论中,均使用了"损失"概念。② 1996 年《诈骗解释》第 9 条在这一意义上不过表达了我国刑事立法与司法实践的一般态度而已。③ 因此,尽管我国刑法条文未曾明言,但从司法解释看,财产损失是我国刑法财产犯罪的一个非常重要的概念。④ 其所主张的基本立场是财产犯罪必须有财产损失,行为人行为有财产损失发生且损失数额较大,行为人应承担刑事责任,如未有财产损失发生,则可不予定罪处罚。⑤ 当然,由于 1992 年《盗窃解释》与 1998 年《盗窃解释》均未曾继续使用直接经济损失概念,且财产损失数额通常与犯罪所得数额相同,因此,财产损失数额在我国刑事司法实践中的地位相对于犯罪所得数额而言似乎始终是补充性的、限制性的。所谓补充性,即指在涉及长途电话账号、码号,有价支付凭证、有价证券、有价票证的情形中,难以径行将长途电话账号、码号,有价支付凭证、有价证券、有价票证纳入公私财物范畴,而行为确实侵犯了受害人的财产利益,通过财产损失概念可以回避长途电话账号、码号,有价支付凭证、有价证券、有价票证是否为公私财物的问题,而直接将之纳入侵犯财产罪加以评价。而回避长途电话账号、码号,有价支付凭证、有价证券、有价票证是否为公私财物的问题,也避免了将公私财物概念无限扩大,从而限制了刑法评价的滥用。1996 年《诈

---

① 陈兴良:《刑法各论的一般理论》,内蒙古大学出版社 1992 年版,第 287 页。

② 前文已述,此处不赘。

③ 最高人民法院研究室在 1991 年 4 月 23 日发布的《关于申付强诈骗案如何认定诈骗数额问题的电话答复》中表达了更严格的立场,主张"在具体认定诈骗犯罪数额时,应把案发前已被追回的被骗款额扣除,按最后实际诈骗所得数额计算"。其损失计算不仅仅扣除归还部分,追回的数额亦予以扣除。

④ 需要说明的是,本书所称之财产损失数额并非 1998 年《盗窃解释》第 5 条第 13 款所规定的"盗窃行为给失主造成的损失大于盗窃数额的,损失数额可作为量刑的情节"。此处所谓的"损失数额"所指向的是"破坏性盗窃"的情形(可参看 1992 年《盗窃解释》第 4 条第 1 款第 2 项、第 6 条第 1 款;1998 年《盗窃解释》第 6 条第 1 款第 1 项)。

⑤ 非常奇怪的是,有关犯罪数额的研究中往往不讨论侵犯财产罪中犯罪所得数额与犯罪损失数额的关联区分。参见张勇:《犯罪数额研究》,中国方正出版社 2004 年版;赵威:《数额犯研究》,吉林大学博士学位论文,2005 年。

骗解释》亦表达了财产损失概念的限制性功能。[①]

浙江省高级人民法院、浙江省人民检察院、浙江省公安厅 2002 年 1 月 9 日联合发布的《关于抢劫、盗窃、诈骗、抢夺借据、欠条等借款凭证是否构成犯罪的意见》规定："债务人以消灭债务为目的,抢劫、盗窃、诈骗、抢夺合法、有效的借据、欠条等借款凭证,并且该借款凭证是确认债权债务关系存在的惟一证明的,可以抢劫罪、盗窃罪、诈骗罪、抢夺罪论处"。这一意见明确将借据、欠条视为债权债务证明,并非财物本身,亦无法视为财产性利益(债务消灭为财产性利益,而非借据、欠条本身为财产性利益),此点应无疑义。然该意见的意义似乎仍在于所谓的"财产性利益"问题,因为消灭债务并未占有任何财产,而通常认为抢劫、盗窃、诈骗、抢夺等犯罪为获取型财产犯罪,因此认为该意见将财产性利益纳入抢劫、盗窃、诈骗、抢夺等犯罪保护范围,也说得过去。但如果结合前文对司法解释的考察,或许也可以认为,该意见的意义不在于承认财产性利益可以成为抢劫、盗窃、诈骗、抢夺等犯罪的对象,而在于强调财产损失的概念。从该意见的行文看,该意见对"并且该借款凭证是确认债权债务关系存在的惟一证明"的强调或许可为证明。如果这一解释成立,该意见亦可成为我国刑事司法解释中"财产损失"概念的一个旁证。

最后需要补充的是 2011 年《诈骗解释》。姗姗来迟的 2011 年《诈骗解释》是一部令人失望之作。2011 年《诈骗解释》看上去似乎仅仅是将 1996 年《诈骗解释》中被 97《刑法》吸收的有关合同诈骗、非法集资、贷款诈骗、票据诈骗、信用证诈骗、信用卡诈骗、保险诈骗的条款删除,重新划分段落编织而成。但更为关键的是,2011 年《诈骗解释》的"导言"明确将诈骗罪的犯罪客体确定为"公司财产所有权",同时删除了 1996 年《诈骗解释》第 9 条。由此,2011 年《诈骗解释》不仅未能为目前纷繁复杂的财产概念、"公私财物"的具体内涵提供任何新的实质性判别标准,甚至根本无视了这一问题,进而彻底删除了 1996 年《诈骗解释》中最有意义的、突出了侵犯财产罪中财产概念的"损失"维度的第 9 条。与 1996 年《诈骗解释》相比,2011 年《诈骗解释》大大地限缩了我国刑法诈骗罪应有的规范意义。上述做法,

---

[①] 当然,我国刑事司法解释中往往又强调销赃数额高于犯罪所得数额的,犯罪数额按销赃数额计算。如 1992 年《盗窃解释》第 3 条第 8 款,1998 年《盗窃解释》第 5 条第 1 款第 7 项、第 5 条第 7 款,最高人民法院 1995 年 9 月 13 日发布的《关于对非法复制移动电话码号案件如何定性问题的批复》(法复〔1995〕6 号)第 1 条以及最高人民法院研究室 1994 年 6 月 30 日发布的《关于盗窃内部股权证持有卡违法销售应如何认定盗窃数额问题的答复》。销赃数额高于犯罪所得数额时以销赃数额为犯罪数额的规定,又似乎反映了司法当局扩张侵犯财产罪罪责的倾向。对这些规定的批评,参见张勇:《犯罪数额研究》,中国方正出版社 2004 年版,第 29 页。

不仅无助于规制犯罪对象日益复杂的诈骗犯罪,亦完全无视我国刑法实践与理论在过去十余年来的发展,令人倍感遗憾。尽管 2011 年《诈骗解释》对侵犯财产罪司法适用中"公私财物"的界定将产生何等影响尚难判断,但仅从 2011 年《诈骗解释》与 1996 年《诈骗解释》的对照解读以及十余年来司法实践的发展来看,笔者对 2011 年《诈骗解释》的上述变化不敢苟同,本书亦将无视 2011 年《诈骗解释》的上述立场。

从对上述司法解释的分析来看,笔者认为,我国司法当局对侵犯财产罪的财产概念的立场还是相对谨慎的,其核心为:所谓"公私财物",为他人所有或有权占有的具有经济(交换)价值之物。其中的"物"包括无形物质,如电力、煤气、天然气,但不包括非物质与权利。就权利凭证而言,只有那些在民法上足以被认定为动产(特别动产)的权利凭证被直接纳入公私财物的范围。而非动产权利凭证、信用卡以及长途账号、电信号码等则可借助于"损失"的概念将之纳入侵犯财产罪规制的范围,同时也回避了是否将之认定为"公私财物"的问题。就盗窃、抢劫违禁品(如毒品、淫秽物品、假币)以及盗窃增值税发票,司法当局尽管主张适用盗窃罪、抢劫罪定罪,但同时亦不主张计算上述物品的数额,而以数量代替,似乎表达了司法当局是否将违禁品与增值税发票纳入公私财物的矛盾态度。此外,从司法解释来看,司法当局并不在意或无意引入物与财产性利益的区分、对个体财物的犯罪与整体财产的犯罪的区分或者保护所有权与保护占有的区分。可以说,司法解释对社会变迁的回应是就事论事的,如果说有什么整体性的解释方式,或许我们只能将之描述为"价格+损失"模式了。所谓"价格",即"公私财物"须为可交易之物,相当于我国传统民法理论中的流通物与限制流通物的概念;所谓"损失",则为经济上可度量的整体财产的损失。这一基本模式在判例中有着更突出的体现。

## 第二节　我国判例中侵犯财产罪的财产概念考察

与司法解释的审慎相比,我国司法判例对"公私财物"概念的讨论则涉及了更多的对象,也提出了更多的新问题以及解决的方式。同时,如果参酌我国的立法实践,可以发现,司法解释往往具有实验性立法的意义,即在立法回避时由司法解释填充,待司法解释的相关规范在实践中得以检验后,将之直接或略加修正纳入到立法中;而就指导案例或判例而言,指导案例或判例同样也起到了为司法当局准备司法解释提供规范来源的作用。

因此,我们可以说,在经济社会状况急剧变迁的当下,也许只有通过司法判例,才有可能真正深入理解我国刑法侵犯财产罪章的财产概念。

## 一、我国侵犯财产罪判例中阐述的财产内涵

在前述司法解释中,限于司法解释的性质,司法当局仅仅给出具体规范,难以展开阐述侵犯财产罪中财产或公私财物的具体内涵。而在判例中,尽管为数不多,但仍有一些判例非常详细地表达了司法机关对侵犯财产罪中财产或公私财物的具体内涵的理解。

在程稚瀚盗窃案中,[①]司法机关认为,"财物一般是指有形、具有一定经济价值并可为人所控制的实体财产或物品。但随着经济社会的发展,这种对于财物的传统认识已经不能适应惩治犯罪的实际需要,因此对刑法中的财物概念进行重新认识和界定就显得必要"。而"根据当下经济活动实际",凡具有以下几个特征均可成为盗窃罪的犯罪对象——财物:

(1) 具有一定经济价值。经济价值既包括可公开的法律予以认可的价值,也包括非公开交易不为法律所认可甚至为法律所禁止的价值,如违禁品。

(2) 可支配。……若财物不能支配,行为人就不可能实际占有、使用财物进而处分财物,其非法占有财物的目的就不可能实现。同时,如果财物不能支配,也难以体现出财物的所有权属,进而也就难以判断行为是否侵犯了财产权益。

(3) 处于他人占有或管理之下。存在他人占有或管理这一事实是盗窃行为存在的前提,只有这样,才能实现通过非法方式改变占有关系这一盗窃罪的特征。[②]

上述三项特征或曰内涵中,除第 3 项在涉及侵占罪、挪用罪时无法适用外,均可适用于侵犯财产罪章所有罪名。这一表述大体上也为其他判例所承认。在曾智峰、杨医男盗卖 QQ 号码侵犯通信自由案中,[③]司法

---

[①] 《程稚瀚盗窃案》,载《刑事审判参考》(总第 72 集),法律出版社 2010 年版,第 38～46 页;《中国审判案例要览·2007 年刑事审判案例卷》,人民法院出版社、中国人民大学出版社 2008 年版,第 293～300 页。

[②] 同上书,第 298 页。

[③] 《曾智峰、杨医男盗卖 QQ 号码侵犯通信自由案》,载《人民法院案例选》(2007 年第 1 辑,总第 59 辑),人民法院出版社 2007 年版,第 48～54 页。

机关主张：

> 根据刑法解释的一般原理，可归纳财物的三个基本特征：客观性、专有性、经济性。客观性就是指财物是客观存在的，不是存在于人们的想象当中。专有性就是指财物有归属，不是无主的，而且能够被人们所控制支配。经济性即是否有价值。有价值，指的是经济价值，不是精神权益。[①]

这一解释除增加了"客观性"这一特征外，所谓"专有性"不过是程稚瀚盗窃案中所谓的"可支配"与"处于他人占有或管理之下"（"不是无主的"）的复合而已。在本案中，司法机关对"价值"做了较详细地说明，明确了所谓价值或经济性仅指经济价值，不包括精神权益。司法机关主张：

> 价值在不同的学科领域其内涵与外延也不同。哲学领域的价值是指主、客体之间的适配关系，即客体对主体的有用性。经济学提出了价值和使用价值。劳动创造价值，价值是凝结在商品中的人类无差别劳动，使用价值就是物品能满足人的某种需求的有用性。法学的价值概念与经济学的价值概念相关。在司法层面上，价值概念是静态的，侧重研究如何用一般等价物计算换算，对价值来源、本质、变化等价值规律则不深究。[②]

从该解释来看，司法机关认为刑法上公私财物所谓的价值是可以用一般等价物计算换算的，换言之，即有价格（需要注意的是，此处所谓价格并不必然仅指存在公开市场的价格）。但司法机关又未明言法学的价值概念等同于经济学的价值概念，只言"相关"，颇令人费解。其关键或许在于本案直接援引的马克思主义政治经济学的"劳动价值论"说，即"劳动创造价值，价值是凝结在商品中的人类无差别劳动"。现代市场经济的发展在许多时候已经很难认为价格与价值完全一致，当价格与所谓价值相差悬殊时，自然会导致"劳动价值论"受到挑战。对于司法机关而言，一方面要坚持"劳动价值

---

[①] 《曾智峰、杨医男盗卖QQ号码侵犯通信自由案》，载《人民法院案例选》（2007年第1辑，总第59辑），人民法院出版社2007年版，第51页。

[②] 同上书，第51～52页。

论",另一方面又要面对市场经济的现实创造,难免纠结,难免"相关"。而这一"相关"势必导致尴尬。如在王一辉、金珂、汤明职务侵占案、颜亿凡盗窃案等案件中,司法机关为维持这一"劳动价值论",所提出的理由令人发笑。在王一辉、金珂、汤明职务侵占案中,司法机关认为,"网络游戏中的'装备'和'武器'是游戏玩家投入了一定时间、金钱、精力积累取得的,在某种程度上,应算是一种劳动所得"。① 在颜亿凡盗窃案中,司法机关认为,"对于玩家来说,虚拟装备是其交付了费用获得许可使用游戏软件和虚拟人物的权利后,再付出创造性劳动获取的虚拟物品。……虚拟装备具有价值,为获取游戏装备,玩家以支付金钱和劳动为对价,即必须按时间支付上网费和游戏费等费用。……虚拟装备虽然仅是存在于电脑网络和游戏程序之中的电磁记录,但却是游戏者投入了时间、精力和金钱后获取的劳动成果"。② 因此,所谓价值,不过是价格,与劳动价值无关,也未必需要坚守劳动价值论。

在詹伟东、詹伟京盗窃案中,③司法机关主张"盗窃罪中作为犯罪对象的公私财物是指属于动产范围,具有使用价值和经济价值,能够为人们掌握和控制的物,包括有体物和无体物"。在该案中,司法机关对财物特征的表述包括三个方面:

> 首先,应当具有使用价值,可予以经济评价。没有使用价值的物,一般不会具有经济价值,同时根据我国刑法规定,盗窃财物的价值只有达到数额较大的标准,才能进入刑法评价的范畴。因此,盗窃罪的对象应当具备一定的经济价值。其次,盗窃罪的对象为动产。最后,能够为人力所管理、掌控。盗窃行为的一个显著特征,就是排除他人对财物的现实支配关系,而建立自己的非法支配关系。非人力可以有效管理、掌控的物,如阳光、风力等自然资源,虽具有一定经济价值和使用价值,一般不能成为盗窃罪的对象。④

在本案中,司法机关强调了作为盗窃罪犯罪对象的财物只能是可移动

---

① 《王一辉、金珂、汤明职务侵占案》,载《刑事审判参考》(总第 58 集),法律出版社 2008 年版,第 56 页。

② 《颜亿凡盗窃案》,载《中国审判案例要览·2007 年刑事审判案例卷》,人民法院出版社、中国人民大学出版社 2008 年版,第 285~286 页。

③ 《詹伟东、詹伟京盗窃案》,载《刑事审判参考》总第 66 集,法律出版社 2009 年版,第 54~61 页;姜君伟、涂平一:《窃取纺织品出口配额构成盗窃罪》,载《人民司法》2008 年第 24 期。

④ 同上。

的财物(动产),①但并未提及"处于他人占有或管理之下"这一特征,应是疏忽。不过,在本案中,司法机关强调了财物须有"使用价值",但同时又主张盗窃罪的对象"应当具备一定的经济价值","使用价值"是否可以成为公私财物一个独立的特征呢?尽管本案中,司法机关主张,无使用价值之物,一般不会有经济价值。但如果不将"使用价值"的涵义无限扩大,那么,无使用价值之物未必就没有经济价值。在颜亿凡盗窃案中,司法机关则明确了使用价值构成公私财物的一个独立特征,司法机关声称:

> 本案涉及的装备属于虚拟财产,与有形财产一样具有价值和使用价值,具有财产属性,属现行法律,包括刑法的调整范围。虚拟装备具有以下特点:首先,它具有使用价值。其次,它具有价值,为获取游戏装备,玩家以支付金钱和劳动为对价,即必须按时间支付上网费和游戏费等费用。再次,它能够为玩家所控制。最后,它具有流通性,可以转让、交换、自由处分。故虚拟装备应属玩家所有的私人财产,与有形财产在本质上并无不同。②

显然,司法机关在此将使用价值与价值区分开来,将使用价值视为财产的一个独立特征。不过如果说价值(价格)尚算得上相对明确的话,那么究竟该如何界定使用价值呢?在本案中,司法机关并未给出解释。如果套用马克思主义政治经济学的说法,所谓使用价值,即在于能够满足人们需要。而如何认定物能够满足人们需要呢?考虑到所谓需要是因人而异的纯粹主观感觉,因此,所谓使用价值也就不具有任何客观的规范意义了。事实上,在本案中,司法机关所谓的使用价值仅仅是"能帮助玩家所操纵的虚拟人物在虚拟环境中发挥作用,为玩家带来精神上的愉悦",这样的所谓的"使用价值"显然并无意义,不提也罢。

此外,在本案中,司法机关提出了"流通性"特征,所谓流通性的特征自是将公私财物一律作为商品看待,③如此一来,无疑限缩了程稚瀚

---

① 需要说明的是,我国刑法中并无关于"动产"的直接定义,此处所谓动产显然也与物权法所谓的动产并不是一回事,因此与其使用动产一词,还不如使用传统上所用的"可移动的财物"更妥当。

② 《颜亿凡盗窃案》,载《中国审判案例要览·2007年刑事审判案例卷》,人民法院出版社、中国人民大学出版社2008年版,第285~286页。

③ 本案中,司法机关确实也多次使用了"商品"一词,如"虚拟财产和现实生活中的货币是紧密相连的,具备了商品的一般属性"、"本案涉及的装备属于虚拟财产,与普通商品一样具有价值和使用价值"等。参见《颜亿凡盗窃案》,载《中国审判案例要览·2007年刑事审判案例卷》,人民法院出版社、中国人民大学出版社2008年版,第286页。

盗窃案中司法机关的主张。程稚瀚盗窃案中，司法机关明确将"非公开交易不为法律所认可甚至为法律所禁止"的物品也纳入到了公私财物的范围。① 当然，所谓"流通性"一说，与司法实践的通常状况似有所不符。②

在林通武盗窃案中，司法机关的表述是"公私财物能被人们控制和占有，并具备一定的经济价值"。③ 在徐剑心盗窃案中，司法机关认为，"有价值的、可以控制的无形财物可以成为盗窃罪的犯罪对象。显然，本案涉及的充值卡数据属具有经济价值、是可支配的无形财物，且不属于不动产的范畴，具备财物的全部特征，可以作为盗窃犯罪的对象"。④

在林通武盗窃案中，司法机关还主张，盗窃罪的犯罪对象是公私财产，"对于财产的界定一般是依据民事法的标准来判断"。在我国民法中，一般认为财产应当具备价值性、稀缺性、有用性、可支配性等特征。⑤ 因此，大体上，从判例来看，司法当局并不认为对公私财物内涵的解释中民法与刑法有何实质性的差别。

不过，有一个重要的例外，即曾智峰、杨医男盗卖 QQ 号码侵犯通信自由案。在该案中，司法机关一方面认为，民法意义上的财物与刑法意义上的财物在特征上是一致的；但另一方面又认为，由于民法关于物的解释是开放的，只要不是法律所明确禁止的都可以构成民法意义上的财物，而刑法基于罪刑法定的基本原则，对财物的解释必然是相对封闭的，只有刑法明确规定了才能构成刑法意义上的财物。⑥ 这个解释显然没有太大的说服力。民法上所认可的财物，民法自当予以保护，然刑法对于这些财物可以不予以保护吗？从罪刑法定的基本原则来看，刑法本身只规定了"公私

① 参见《程稚瀚盗窃案》，载《刑事审判参考》（总第 72 集），法律出版社 2010 年版，第 41 页；《中国审判案例要览·2007 年刑事审判案例卷》，人民法院出版社、中国人民大学出版社 2008 年版，第 298 页。
② 参见《王治祥、徐小彬、罗光富共同盗窃麻醉药品案》，载《人民法院案例选（1992～1999 年合订本）·刑事卷》（下），中国法制出版社 2000 年版，第 811～816 页。不过司法机关的态度似乎也有所变化，参见《薛佩军等盗窃案》，载《刑事审判参考》（第 4 卷下），法律出版社 2004 年版，第 94～99 页。下文再另行讨论。
③ 参见《林通武盗窃案》，载《中国审判案例要览·2008 年刑事审判案例卷》，人民法院出版社、中国人民大学出版社 2009 年版，第 337 页。
④ 《徐剑心盗窃案》，载《中国审判案例要览·2006 年刑事审判案例卷》，人民法院出版社、中国人民大学出版社 2007 年版，第 286 页。
⑤ 参见《林通武盗窃案》，载《中国审判案例要览·2008 年刑事审判案例卷》，人民法院出版社、中国人民大学出版社 2009 年版，第 337 页。
⑥ 《曾智峰、杨医男盗卖 QQ 号码侵犯通信自由案》，载《人民法院案例选》（2007 年第 1 辑，总第 59 辑），人民法院出版社 2007 年版，第 51～53 页。

财物",至于何为"公私财物",既然刑法本身未给出独立的说明,何来所谓"相对封闭"?如果意指刑法第91条、第92条之规定,那么如前文所述,刑法第91条、第92条并未提供解释的基础,自无所谓"相对封闭"之说。因此,所谓"公私财物"的具体内涵,自当由司法实践认定、填充,谈不上违背罪刑法定的问题。就本案而言,问题的关键仅仅在于QQ号码是否应当认定为财物,而不在于民刑有别。

综合以上判例的立场,我们可以认为,判例中所主张的刑法侵犯财产罪章"公私财物"概念的内涵与民法上的财产概念并无实质区别,尽管有部分争议,但大体上均认同:所谓"公私财物",应为有经济价值之物,即有价格,狭义上限于流通物,广义上包括存在非法市场价格的违禁品;应为可支配、可控制之物,有形物还是无形物在所不论;应为他人占有或管理之物,狭义为合法占有或管理,广义包括非法的实际占有或管理。大体上,我们也由此可以将"公私财物"称为有经济价值、可控制支配的他人之物。

如参照前述我国所继受的20世纪中叶苏联刑法理论,判例中所表达的"公私财物"的特征与20世纪中叶苏联刑法理论的观点并无区别。[1] 只是随着技术的进步,无体物(仅指难以为人感知的客观物质,不包括权利)的范围得以进一步扩张而已,而这也是苏联刑法逻辑发展的应有之物。[2] 不过苏联刑法无论是1926年《苏俄刑法典》还是1961年《苏俄刑法典》,还是延续了大陆法系刑法的传统理路,较严格地区分了财物(有经济价值之物)与财产权利或财产利益,[3]我国刑法则对之不予区分,因此,如将"公私财物"径直理解为"具有经济价值之物",则难以包容诈骗罪、敲诈勒索罪中

---

[1] 参见〔苏联〕Б. A. 库利诺夫:《盗窃国家财产和盗窃公共财产的刑事责任》,刘玉璨、雷良莱、陈炽基、刘秀丰译,法律出版社1955年版,第21~30页;〔苏联〕T. Л. 谢尔盖耶娃:《苏维埃刑法对社会主义所有制的保护》,〔苏联〕A. H. 瓦西里耶夫审校,薛秉忠、王更生、高铭暄译,法律出版社1957年版,第29~44页;〔苏联〕苏联司法部全苏联法律科学研究所编:《苏维埃刑法分则》,中国人民大学刑法教研室译,法律出版社1956年版,第271~283页。

[2] 1926年《苏俄刑法典》第163条专门规定了窃用电力罪,说明将电力径直纳入财产范围之内,尚有疑虑,因此特别予以明确规定;而在1961年《苏俄刑法典》中,不再就窃用电力做专门规定,此时,电力为财产亦无任何争议,无须明确规定。从电力扩展到其他新发现的难以为人感知的、可控制的、具有经济价值之物,如煤气、天然气,并无任何理论或逻辑上的障碍。

[3] 如1961年《苏俄刑法典》在偷窃、抢夺、强盗等侵犯财产罪中均将犯罪对象统一表述为"国家财产或公共财产"、"公民个人财产",但在诈骗罪中表述为"致成财产上的损失"、"财产或财产上的权利",勒索罪则表述为"国家财产或公共财产或者财产上的权利"、"个人财产或财产权或为某种财产性质的行为"。

的财产性利益，①失之过窄；如将"公私财物"理解为涵盖财产性利益，并将之推及至盗窃、抢夺、抢劫等罪，则未免失之过宽。由此导致司法实践中一方面不得不通过曲解"公私财物"，将之解释为"财＋物"，所谓"财"通常解释为"财产"，但从与"财物"对称的角度看，所谓"财产"，其所指应为财产性利益，从而将财产性利益涵盖在"公私财物"中；另一方面也必须寻求限制无限扩张该解释的适用范围，其限制的主要途径则在于"损失"概念。不过，从判例来看，司法机关现有判例似乎尚未完全清晰的厘清这一问题。

在刘国芳、高登基诈骗案中，司法机关主张：

> 对财物的理解无疑应作广义上的理解，"财物"既包括物，也包括财，即财产、财产收益。……只要是财物，具有财物的属性，就可能成为诈骗犯罪的对象。普通诈骗罪诈骗对象一般为有一定的固定的经济价值的物，而本案中诈骗行为人骗取的实际是一种服务即通讯服务，这种服务同样蕴涵着财产价值，其对价即为话费（通常，用户与电信部门按"先使用，后付费"的方式结算话费）。诈骗行为人间接取得财产性利益即应当付出而没有付出，对于诈骗人来说已经非法占有了受害人财产。因此，采用虚假的身份证购买手机卡并连续拨打使用，其犯罪对象是一种服务，即支付一定对价才能取得的服务，这种服务实质也可纳入财物的范畴。②

如前所述，将"公私财物"解释为"具有经济价值之物"，在涉及诈骗罪时，如本案所示，显然失之过窄，由此，司法机关不得不将"公私财物"曲解为"财＋物"。本案由此明确有偿服务（财产性利益之一种）可以成为诈骗罪犯罪对象。就此，本案的基本逻辑可以概括为，诈骗行为人直接（而非"间接"）取得了受害人享有的财产性利益，财产性利益为"公私财物"，行为人构成诈骗罪。

需说明的是，司法机关在此所表述的"间接"一词应有深义。在本案

① 需指出的是，苏联刑法所谓财产权利，如借用民法上对权利的分类，应为请求权性质的财产权利，而非支配权性质的财产权利，而财产利益则指未必法律明确为权利的但法律仍予以保护的具有经济价值的利益，二者相加大体上相当于"财产性利益"。下文因此将直接讨论财产性利益。另外，财产性利益一词的兴起与日本及台湾地区刑法有密切关联，其来源似非苏联刑法中的"财产权利或财产利益"。在日本及台湾地区刑法中，"财产性利益"与"物"或"财物"对称，且法条通常亦有明确指示。
② 《刘国芳、高登基诈骗案》，载《人民法院案例选》（第36辑），人民法院出版社2001年版，第34页；《刑事审判参考》（第4卷上），法律出版社2004年版，第168～169页。

中,司法机关仍同时继续使用"通过使用手机,享受服务,在消费中占有他人财产"这样的词句,故有"间接"一词。在同类判例中,司法机关大多使用这样的传统逻辑。如在方学玲盗用他人电话号码通话案中,司法机关称"盗用人窃取他人的电话号码用来通话,每通话一次,被盗的电话户主就要为他付出一次电话费,犹如被他窃走一次钱财,蒙受一次经济损失"。[①] 在张鹏、孙德锋盗用他人上网费案中,司法机关称"通过计算机技术获取电信服务,造成他人电信资费损失,来实现占有他人财物的目的"。[②] 该案的判决逻辑也很特别,司法机关称,"计算机电信信息成为有价值的无形财产已成为社会共识,一些犯罪分子为非法占有这种无形财产的价值,采用各种手段获取他人公共信息网络上网账号、密码,而后上网达到利用他人财产得到电信服务的目的"。如此,则侵犯的对象是他人财产、电信服务,还是电信信息? 如认定电信信息本身为无形财产,那么电信服务呢? 或许,我们可以说,从方学玲盗用他人电话号码通话案到张鹏、孙德锋盗用他人上网费案再到刘国芳、高登基诈骗案,司法机关才得以通过扩张"公私财物"概念,承认财产性利益(有偿服务)为"公私财物",避免传统逻辑的混乱,为解决此类案件提供一个尽可能合乎逻辑的解释。只是这一转变尚未彻底完成。

在何忠宝盗窃案中,司法机关似乎也表达了将财产利益纳入"公私财物"范畴的态度。在该案中,司法机关主张,"盗窃彩票与盗窃有价支付凭证、有价证券、有价票证的情形相似,行为人的目的均是欲占有通过这些票、证可兑现的利益,所以,本案彩票中奖的奖金计入盗窃数额是有法律依据的"。司法机关在此并未认定彩票为公私财物,而似乎主张盗窃的对象为彩票上承载的可兑现的利益。大体上,司法机关似乎主张彩票本身并无价值,其价值在于彩票上承载的财产性利益(中奖奖金),"被告人盗窃彩票时系希望彩票能中奖而领取奖金,说明被告人主观上具有非法占有彩票奖金的目的"。[③] 然而,彩票上承载的财产性利益只是期待利益,如未能中奖,则彩票不过为一张废纸,自不能构成盗窃罪;只有当彩票中奖,且行为人"客观上被告人亦实施了领取奖金的行为,符合盗窃罪的构成要件"。因

---

① 《方学玲盗用他人电话号码通话案》,载《人民法院案例选(1992～1999年合订本)·刑事卷》(下),中国法制出版社2000年版,第919页。

② 《张鹏、孙德锋盗用他人上网费案》,载《人民法院案例选》(2003年第1辑,总第43辑),人民法院出版社2003年版,第48页。

③ 参见《何忠宝盗窃案》,载《中国审判案例要览·2008年刑事审判案例卷》,人民法院出版社、中国人民大学出版社2009年版,第338～341页。

此,与其说司法机关主张的是"财产利益"为犯罪对象,还不如说主张实实在在的中奖奖金为犯罪对象。①

在涉及欠条、借据的案件中,司法机关往往倾向于直截了当地认定财产性利益为"公私财物",可以成为侵犯财产罪的犯罪对象。如在刘先武等抢劫、敲诈勒索、流氓案中,司法机关主张,"刑法〔指 79 刑法〕第 154 条敲诈勒索罪在客观上要求行为人实施了采用威胁、要挟方法,迫使害人交付财物或提供财产性利益的行为。如本案中,被告人逼被害人打下欠条,构成敲诈勒索罪"。② 在韩继林抢劫案中,司法机关主张,"……欠条系确认双方债权债务的惟一凭证,欠条的毁损,表明被害人已失去了向债务人主张债权的凭据。……因此,被告人毁损欠条的行为,侵犯了他人合法的财产性利益,成立抢劫罪"。③ 上述两案中,司法机关的逻辑还是非常清晰的,但在此后的类似案件中,司法机关的立场似有反复。

在孙吉勇利用他人过错敲诈勒索案中,司法机关一方面认为,"就借条属性来说,它是一种债据,是一种广义上的有价证券。对出借方而言,借条就是一种证明其给借用人出借了一定金额的金钱或者实物的凭证,是其向人民法院起诉主张债权的证据。从这个意义上说,借条就是财产,谁拥有该借条,谁就能获得该借条上载明的财产。……敲诈勒索罪的对象是'公私财物'。'借条'具有财物凭证的属性,能够成为敲诈勒索犯罪的对象",同时又主张,"借条虽然可以作为财产的凭证,但债权的实现须有债务人自动履行债务行为或者法律的强制措施。从这个意义上说,借条本身还不是财产。本案被告人虽然非法占有了被害人出具的 54800 元借条,在其尚未实际获得 54800 元的情况下,是犯罪未遂"。④ 司法机关在本案中就借条是否应认定为财产的立场显然前后矛盾。这一矛盾恰恰在于,以通常的理解,财产性利益与公私财物并不全然是一回事,司法机关必须借助于对财产性利益概念的明确说法才可能解决此类案件中的逻辑与言辞的混乱。

在戚道云伙同他人抢劫欠条逃债案中,司法机关的裁判逻辑也存在同

---

① 在若干"彩票案"的判例中,司法机关的立场并不全然一致,所涉及问题亦很复杂,此处仅及财产利益问题,就彩票本身能否作为公私财物认定将在下文讨论。

② 《刘先武等抢劫、敲诈勒索、流氓案》,载《中国审判案例要览·1994 年综合本》,中国人民公安大学出版社 1995 年版,第 298 页。

③ 《韩继林抢劫案》,载《中国审判案例要览·2003 年刑事审判案例卷》,人民法院出版社、中国人民大学出版社 2004 年版,第 240 页。

④ 《孙吉勇利用他人过错敲诈勒索案》,载《人民法院案例选》(2007 年第 2 辑,总第 60 辑),人民法院出版社 2007 年版,第 92~93 页。

样的混乱,其主张:

> 欠条是债务人出具给债权人用以证明一定债务关系存在的凭证,它对债权人对债务人享有的财产请求权起到证明作用。刑法所保护的社会关系体现为对权利的保护,不仅保护公民对动产直接享有的所有权,而且保护依该动产所享有的其他财产性利益。被告人劫取被害人 10 万元欠条的行为,是为了剥夺被害人对该 10 万元的请求权,从而取得对该 10 万元的所有权……尽管欠条与支票、股票等有价证券有区别,不具有当然的价值,但它在特定的当事人间则具有价值,是一定的财产权凭证,具有表明一定财产所有关系的特征,体现为一定的民事权利,该民事权利的物化就是财产。因而欠条应当纳入抢劫罪侵犯对象的公私财物的范畴中。①

在上述论证中,司法机关同时使用了财产性利益、民事权利(请求权性质的财产权利)、公私财物三个概念,但在该案中上述三个概念之间的逻辑似乎并不明确。一方面,司法机关声称,"被告人劫取被害人 10 万元欠条的行为,是为了剥夺被害人对该 10 万元的请求权",显然 10 万元的请求权只是财产性利益,而非严格意义上的财物(具有经济价值之物),司法机关也承认"欠款凭证本身不是财产","但却是财产权利的主要证明凭证,有时甚至是惟一的证明凭证,丧失这种凭证,债权人就难以甚至根本无法向债务人主张自己的财产权利",在此,仍只是阐明债权为财产性利益;另一方面,司法机关又主张"欠条……体现为一定的民事权利,该民事权利的物化就是财产",主张"在特定情况下,欠款凭证往往就等于同值的财产",然而,等于同值的财产是否即为财产本身? 民事权利的物化为财产并无争议,然尚未物化的民事权利(请求权性质的财产权利)是否可以径直认定为财产? 司法机关又论证了"剥夺被害人对该 10 万元的请求权"就是"取得对该 10 万元的所有权","被告人所实施的行为最终目的是非法占有本不属于自己所有的 10 万元人民币",这一论证逻辑也同样奇特,因为就货币的法律属性而言,占有货币即意味着占有人对货币拥有所有权,就本案而言,被告人已取得了 10 万元的所有权,如何再次取得? 我们可以说被告人侵害了被害人的财产权利,却不能说侵害了被害人的所有权,因为被害人在借出这

---

① 《戚道云伙同他人抢劫欠条逃债案》,载《人民法院案例选》(第 41 辑),人民法院出版社 2003 年版,第 60 页;《刑事审判参考》(第 3 卷上),法律出版社 2002 年版,第 103～104 页。

10 万元后，即不再拥有这 10 万元的所有权。因此，我们可以说，在本案中，被告人的抢劫行为导致了被害人财产性利益受到损害，整体财产减少，却不能说被害人的所有权或者公私财物受到了侵犯。①

由此，我们有理由认为，从司法判例来看，司法机关对财产性利益似乎总是难以给出清晰的解释和界定，并且，往往又与整体财产概念纠缠在一起。在严峻故意毁坏财物案中，司法机关看似主张公私财物为"财＋物"，因此公私财物包含财产性利益，实则主张整体财产的概念。在该案中，司法机关主张：

> 所谓"财物"是指钱财和物资，它包括有形的或者无形的动产、不动产以及附属物。……摒弃传统刑法理论关于财物必须看得见、摸得着、具有某种特殊形态的观点，符合刑法原则和立法精神。……随着现代科技的进步和发展，某些无形财产，如电力、煤气、股权等逐渐进入人们的普通生活，尤其是在股票及其代表的无形权利与有形财产具有可转让、继承、赠与、质押等相同特征的情况下，如果将这些有一定经济价值并为人们所支配和管理的财物排斥在刑法保护范畴之外，显然没有法律依据，也不符合我国刑法的基本原则。②

司法机关在本案中的论证逻辑非常有趣。先是谈论所谓"财物"是"财＋物"，而后又谈论有形财物、无形财物问题。在前文中，我们已经区分了难以为人感知的、具有经济价值的客观物质和财产性利益（包括请求权性质的财产权利），并认为，径行将二者囊括在无体物（无形财物）概念中并不妥当。很明显，前者是物，后者不是物。这也是 1998 年《盗窃解释》放弃 1992 年《盗窃解释》中"无形财物"概念，直接规定"包括电力、煤气、天然气等"的原因所在。因此，本案中，司法机关所要讨论的问题与财产的有形无形无关，而是财产性利益（包括请求权性质的财产权利）能否成为毁坏公私财物罪的犯罪对象"公私财物"的问题。司法机关所给出的理由是"在股票及其代表的无形权利与有形财产具有可转让、继承、赠与、质押等相同特征的情况下，如果将这些有一定经济价值并为人们所支配和管理的财物排斥

---

① 参见《戚道云伙同他人抢劫欠条逃债案》，载《人民法院案例选》（第 41 辑），人民法院出版社 2003 年版，第 53～62 页；《刑事审判参考》（第 3 集上），法律出版社 2002 年版，第 100～104 页。
② 参见《严峻故意毁坏财物案》，载《人民法院案例选》（2005 年第 4 辑，总第 54 辑），人民法院出版社 2006 年版，第 52～53 页；《中国审判案例要览·2005 年刑事审判案例卷》，人民法院出版社、中国人民大学出版社 2006 年版，第 283～284 页。

在刑法保护范畴之外,显然没有法律依据,也不符合我国刑法的基本原则"。

在本案中,所谓财产性利益是否即指股票所表征的财产性利益呢? 司法机关的表述显然认为在本案中其所谓的财产性利益即指"股票及其代表的无形权利"。司法机关称,"股票代表的是一项财产权益,股票所有人依法对持有的股票享有占有、收益、处分的权利,10 名客户股票市值的损失就是股票代表的财产权益损失"。不过,尽管判例并未提供相关事实的说明,但依通常之理解,所谓"股票市值的损失"通常指称二级交易市场(证券交易所)上特定股票价格下跌,而所持有的特定股票及其数量并未发生变化。如果这一理解成立,那么股票所有人对所持股票享有的占有、收益、处分的权利均未受任何影响。而所谓"客户股票市值的损失"同样值得推敲。事实上,在二级交易市场上,证券市场价格被操纵,同一股票的市值在通常情形下是客观的,被告人仅仅通过买卖 10 名客户股票账户内的同一股票,并不会导致该股票在二级交易市场的市值的大幅下跌(或上涨)。① 因此,如果股票账户上的股票种类和数量并无变化,则所谓"股票市值的损失"通常并不会出现。因此,且不论在证券公司开立的记名股票账户下的股票是否为物,本案中,股票权利人的权利或财产利益就相应股票本身而言,并未被毁损,真正遭到毁损的只能是权利人股票账户下的整体财产减少了。

同时,如前所述,在证券公司开设的股票账户中的股票虽为无记名证券,但因其并不具备有体物的外观,并非特别动产,亦不具有独立形态,其存在系以记名账户为前提,因此无法认定为物,更不能直接认定为公私财物。司法机关如果认定本案的犯罪对象为"股票及其代表的无形权利",则一旦被告人卖出股票账户中的特定股票,权利人对该特定股票的权利即告灭失,如此则被卖出的股票之市值必须全额认定为犯罪数额,而这显然并不公正。或许正是基于这一理由,在本案中,司法机关仅认定了股票账户中整体财产价值的减损数额,而没有将所有卖出的股票的市值认定为犯罪

---

① 我国刑法第 182 条规定的操纵证券交易价格的方式主要有三种:一是单独或者合谋,集中资金优势、持股优势或者利用信息优势联合或者连续买卖,操纵证券交易价格的;二是与他人串通,以事先约定的时间、价格和方式相互进行证券交易或者相互买卖并不持有的证券,影响证券交易价格或者证券交易量的;三是以自己为交易对象,进行不转移证券所有权的自买自卖,影响证券交易价格或者证券交易量的。显然,本案之情形(买卖 10 名客户股票账户内的同一股票)本案并不构成操纵证券交易价格,司法机关亦不认为本案涉及操纵证券交易价格。参见《严峻故意毁坏财物案》,载《人民法院案例选》(2005 年第 4 辑,总第 54 辑),人民法院出版社 2006 年版,第 52~53 页;《中国审判案例要览·2005 年刑事审判案例卷》,人民法院出版社、中国人民大学出版社 2006 年版,第 283~284 页。

数额。如此,我们与其说司法机关将特定股票视为"公私财物",还不如说司法机关所主张的其实是股票账户的整体财产为"财物"。就此而言,本案其实无关乎财产权利或财产利益,而是个别财物还是整体财产。如为整体财产,自当包括可交易的有经济价值的权利和利益。[①]

在许成呆职务侵占、诈骗案中,司法机关主张:

> 通说认为,职务侵占罪中的"本单位财物"应当从广义上理解,既包括已在本单位占有、管理和支配之下的为本单位所有的财物,也包括为本单位所有的债权,还包括本单位根据法律规定和合同的约定临时占有、管理、使用、运输、加工等的他人财物。由此可以得出,其一,事实上的占有与否,不应成为判断财物是否属于本单位财物的标准,因为只要享有债权,即使现实未占有,也属本单位财物。因此,是否属于本单位的财物,应当从法律关系上予以判断;其二,本单位的财物不仅包含单位享有所有权的财物,还包含享有债权的财物,甚至包含在单位根据法律规定和合同约定而事实占有的情况下可能因财物的灭失而由单位对外承担债务的财物。这是因为,债权或债务的存在,均可能产生单位的财产在事实上增加或减损的结果,具有财产的本质,应归属于本单位的财产。[②]

债权为典型的财产性利益,本案中司法机关主张"本单位财物"包括债权,其理由是单位整体财产的增加或减损。与严峻故意毁坏财物案相似,与其说本案中司法机关主张"本单位财物"包含财产性利益,还不如说司法机关在此主张的是"整体财产"的概念。

综上,或许我们可以认为,鉴于我国刑法笼而统之的使用"公私财物"的概念,司法机关对其扩张解释,将财产性利益纳入"公私财物"内,并将该解释直接适用于侵犯财产罪章的所有各罪,似乎信心不足。[③] 司法机关似

---

① 在朱建勇故意毁坏财物案中,司法机关仅仅声称故意毁坏财物罪的犯罪对象"可以是各种形式的公私财物,包括生产资料、生活资料、动产、不动产、有形物、无形物等等",但并未详加解释在非法侵入受害人股票账户进行恶意交易的行为所侵害的是股票账户还是股票,或是股票权利。参见《朱建勇故意毁坏财物案》,载《中国审判案例要览·2003年刑事审判案例卷》,人民法院出版社、中国人民大学出版社2004年版,第315~318页。

② 《许成呆职务侵占、诈骗案》,载《中国审判案例要览·2007年刑事审判案例卷》,人民法院出版社、中国人民大学出版社2008年版,第332页。

③ 在德日及我国台湾地区的传统上,财产性利益往往限于诈骗、敲诈勒索等罪名(部分包括抢劫罪),而不适用于诸如盗窃、抢夺、毁坏等罪名。

乎更倾向于抛开"公私财物"概念,而以刑法分则第5章章名"侵犯财产罪"中的"财产"概念替代,既为"财产",自可不限于"有经济价值之物"("财物"),从而囊括财产权利与财产利益或谓"财产性利益";且"财产"不必限于特定财产,自亦可囊括特定主体的全部"财产"。因此,对"财产"概念的使用势必倾向于在"整体财产"意义上使用。从而可以避免"财产性利益"概念的纠缠,也能够合乎我国刑事政策一贯所主张的"严惩各种犯罪,最大限度地保护国家和人民利益"的立场,也合乎我国刑事立法笼而统之的使用法律概念的旧习。

显然,如果径直用整体财产意义上的"财产"概念取代严格意义上的"公私财物"概念,无疑将大幅度扩大刑法侵犯财产罪章各罪的惩治范围,有违刑法的谦抑原则。因此,司法机关对整体意义上的"财产"概念的使用还是附加了一定的限制。结合判例,这一限制可以理解为静态意义上的"财产损失",即实际意义上的财产减少,但不包括期待利益或获利机会的丧失。

在陆惠忠、刘敏非法处置扣押的财产案中,司法机关主张,"在我国刑法理论和实践上,侵犯财产罪的犯罪客体一直被认为是他人对财产的所有权,而且需要被害人有实质的财产损害或损害危险。盗窃他人占有的本人财物的行为中,有的行为人主观上不具有非法占有的目的,其行为客观上也不会造成占有人财产的损失,因而不宜以盗窃罪论处"。[①]

在叶文言、叶文语等盗窃案中,司法机关亦主张,"行为人秘密窃取他人占有的自己的财物的行为是否构成盗窃罪,还要结合行为人的主观目的而定。如果行为人秘密窃取他人保管之下的本人财物,是为了借此向他人索取赔偿,这实际上是以非法占有为目的,应以盗窃罪论处。如果只是为了与他人开个玩笑或逃避处罚,或者不愿将自己的财物继续置于他人占有、控制之下,并无借此索赔之意的,因其主观上没有非法占有的故意,不以盗窃罪论处。……由于赔偿数额实质上体现了行为人因盗窃而给他人造成的财产损失,因而应认定为盗窃数额"。[②] 尽管该案中,司法机关的焦点似乎在于行为人对本人之物是否存在"非法占有目的"问题,实则主张行为人之行为目的在于"索赔",在于对他人整体财产所造成的损失,与陆惠忠、刘敏非法处置扣押的财产案中司法机关的态度并无区别。

---

① 《陆惠忠、刘敏非法处置扣押的财产案》,载《刑事审判参考》(总第51集),法律出版社2006年版,第29页。
② 参见《叶文言、叶文语等盗窃案》,载《刑事审判参考》(总第43集),法律出版社2005年版,第42~44页。

在钱炳良盗窃案中,司法机关主张:

> 被告人……通过支付"对价"秘密窃取被害人账户上的股票,给付股票秘密将被害人股票账户上的资金转归己有,即通过买、卖股票的形式非法占有了其中的差价款。由于被告人非法占有盗买盗卖股票的"获利"款,直接来源于被害人的财产损失,这种盗窃手段与直接非法占有被害人的财产在本质上是相同的,应以盗窃罪定罪处罚。①

这一裁判理由比较典型地表达了司法机关的论证逻辑,即造成被害人整体财产损失与直接占有被害人特定财产"在本质上是相同的",从而掩盖了其间从"公私财物"到整体"财产"的转化,其中介即为"损失"(静态意义上的财产减少)。

在章杨盗窃案中,司法机关反向主张了"损失"概念,同时也明确了"损失"仅指"财产利益的减少或者灭失",司法机关称:

> 确定国库券在盖了"付讫"章后是否仍有有价属性,不应以是否造成损失为标准。就其基本含意而言,损失是指财产利益的减少或者灭失。已付讫的国库券丢失、被盗,国家、银行的财产实际没有丢失、被盗。银行的"损失"实际是一种内部核销凭证不存在而无法予以核销的"损失",充其量只是银行账面上的"损失",国家并未有实际财产的损失。②

在张卫兵盗窃案中,司法机关认为,"虽然学界一般认为盗窃罪的犯罪对象为财物,而不能为财产性权利,但是,存在银行卡内的'电子资金'应是盗窃罪的一种特殊犯罪对象",其主要理由之一是:"虽然银行卡是记名的金融凭证,但是本案被害人由于自身过失遗失银行卡导致资金被划拨后,无法通过挂失、补领、补办或者其他手续等方式挽回损失,损失已经实际造成……从这个意义上说,与记名有价支付凭证、有价证券、有价票证不同的

---

① 《钱炳良盗窃案》,载《刑事审判参考》(总第 41 集),法律出版社 2005 年版,第 44 页。
② 《章杨盗窃案》,载《刑事审判参考》(第 2 卷),法律出版社 2001 年版,第 136 页。当然,就本案而言,这一主张并非没有漏洞,如细考司法机关上述主张,则可发现司法机关混同了国家与银行两个主体,将之视为一个主体。事实上,对银行来说,损失不仅仅是账面的;退一步,即使认定损失是账面的,那么账面该由谁填平?

是,银行卡内的资金已成为犯罪对象"。① 在该案中,司法机关的主要逻辑即为,银行卡内的资金之所以能够成为犯罪对象乃是因为盗划银行卡内资金造成了被害人财产损失。

更为典型的是司法机关在杨聪慧、马文明盗窃机动车号牌案中的论证,值得大幅援引。在该案中,司法机关尽管承认"单纯的盗窃机动车牌照并不具有实质性的意义,机动车号牌本身没有什么经济价值",但又主张:

> 行为人主观上虽然没有实现非法取财的目的,但其主观上对于造成他人财产损失是故意的,客观上亦造成了被害人为补办车牌带来的利益损失,具有一定的社会危害性,故以盗窃罪予以处罚符合刑法原理。盗窃罪属于侵财犯罪,其盗窃财产的数额一般就是被害人的财产损失数额。机动车牌照本身不能买卖,不具有经济价值,但其具有使用价值,所有人需支付相应办理牌照的费用才能获取,从这个意义上讲,被害人因盗窃所遭受的经济损失就是需支付的补办牌照费用,虽然此部分费用被告人并未获取,但确属被害人遭受的经济损失,由于侵财犯罪中有些情况下犯罪人非法获财情况与被害人损失情况并不一致,但并不妨碍将其未实际获取的部分认定为犯罪数额,因此本案中以被害人补办车牌所需的费用作为盗窃数额符合侵财犯罪的本质原理。②

显然,这是一个超越常识的判例,难免"欲加之罪,何患无辞"之讥。③然而,正是这个极端的判例道明了司法机关一贯主张的立场,即,侵犯财产罪章各罪的成立,并不以直接侵犯"公私财物"为前提,只要造成被害人财产损失为已足。

由此,我们或许可以说,就判例而言,司法机关对侵犯财产罪的立场似

---

① 参见《张卫兵盗窃案》,载《中国审判案例要览·2006年刑事审判案例卷》,人民法院出版社、中国人民大学出版社2007年版,第277~278页。

② 《杨聪慧、马文明盗窃机动车号牌案》,载《刑事审判参考》总第70集,法律出版社2010年版,第58~59页。

③ 在该案中,司法机关甚至声称:"最高人民法院《盗窃案件解释》第12条第(四)项规定了为练习开车、游乐等目的,多次偷开机动车辆,并将机动车辆丢失的,以盗窃罪定罪处罚。据此,举重以明轻,对盗窃机动车车牌处以盗窃罪也是有法律依据的。"众所周知,所谓"举重以明轻",其意乃指法律如对更为严重的行为不予以惩罚,那么自不能对性质更轻微的行为予以惩罚,因此,"举重以明轻"为出罪之法理,而非入罪之法理。入罪之法理为"举轻以明重"而非"举重以明轻"。

已悄然完成了从侵犯"公私财物"到造成"整体财产损失"的观念转化。

## 二、我国侵犯财产罪判例中对具体对象的讨论

在一般情况下,关于某一具体对象是否为公私财物,无论法律还是一般社会观念均不至于出现截然不同的判断。理论、学说、原则的意义即在于发掘一般状况之内涵,用以判明概念与事物的边界。与此同时,对位于模糊地带的、有争议的情形深入讨论,亦有助于厘清概念与事物的边界。因此,对侵犯财产罪判例中公私财物一般内涵的梳理与对具体争议类型的讨论不可偏废。对具体争议类型相关判例的讨论将有助于进一步澄清我国司法实践中的"公私财物"概念。

由于一般情形下,对某一具体对象是否为公私财物通常争议不大,因此,从既有判例来看,有争议的对象类型比较集中,主要有以下几类:无价值之物、他人之物、权利凭证、虚拟财产、电信码号等。下文试分述之。

### (一)无价值之物

如前所述,我国司法判例对于公私财物的一般解释主张公私财物须有价值,无价值之物不被视为公私财物,不属于侵犯财产罪之犯罪对象。司法判例大多亦坚持这一主张。在江贤红盗窃案中,司法机关主张,"药品是一种特殊商品,必须是真药才有价值,被盗药品的真实性值得怀疑",认定被告人行为不构成犯罪。[①] 在商华诈骗案中,司法机关认定,"空白提货单本身不具有价值,即不是一种有价证券,必须由售出单位业务人员专门填写并加盖专用章后,方具有价值。因此,被告人如果不采用伪造等行为,只盗走不具有价值的提货单,其行为不构成犯罪"。[②] 在袁辉等职务侵占案中,司法机关根据《食品卫生法》第 9 条"超过保存期限的食品属于不符合卫生标准的食品,禁止生产销售"的规定,认定过期饮料应是无价值产品。但同时主张,因饮料失去价值,易拉罐空壳沦为废品,其可以作为废品回收。因此,"被告人侵占的财物的实有价值的存在",认定职务侵占罪罪名成立。[③] 在本案中,尽管司法机关以"如果销赃所得高于赃物实际价值,以销赃所得计算"为由将销售过期饮料所得收入认定为犯罪数额,但显然,被

---

① 参见《江贤红盗窃案》,载《中国审判案例要览·1999 年刑事审判案例卷》,中国人民大学出版社 2002 年版,第 213~216 页。

② 参见《商华诈骗案》,载《中国审判案例要览·1992 年综合本》,中国人民公安大学出版社 1992 年版,第 239~241 页。

③ 参见《袁辉等职务侵占案》,载《中国审判案例要览·2000 年刑事审判案例卷》,中国人民大学出版社 2002 年版,第 222~226 页。

告人销售过期饮料所得收入并非销售易拉罐空壳所得收入,此赃(销售易拉罐空壳所得收入)非彼赃(销售过期饮料所得收入)。而待报废物品亦有废品回收价值,司法判例通常遵循诸司法解释规定认定为公私财物。①

由上述判例可见,司法机关大体上还是倾向于将无价值之物排除出公私财物的范畴,但在诸多判例中司法机关主张毒品等违禁品具有黑市价格因此有价值、主张网络游戏中的虚拟装备存在交易市场因此有价值,如依此逻辑,考虑到现今市场(公开的或地下的)交易之发达程度,可以说,几乎任何物品皆可谓有价值,甚至可以说无物无价值(前述袁辉等职务侵占案中的过期饮料依此逻辑亦有价值)。讨论物之价值的有无似乎已不再重要。

### (二) 他人财物

我国刑法侵犯财产罪章各法条通常使用"公私财物"一词,并未明确为"他人所有之财物",诸司法解释中也未曾强调侵犯财产罪犯罪对象之"公私财物"须为他人所有之财物。因此,我国刑事司法实践中并不固守"所有"的观念,日本刑法中所谓"本权与占有"的争论在我国司法实践中似乎不是问题。在前述程稚瀚盗窃案中,司法机关即明确主张作为盗窃罪犯罪对象的"财物"须"处于他人占有或管理之下"而非须为"他人所有"。② 在叶文言、叶文语等盗窃案中,司法机关更是明确主张:

> 根据刑法第 264 条的规定,盗窃罪的犯罪对象是"公私财物"。这里的公私财物实际上是指他人占有的公私财物。所谓他人,是指行为人以外的人,包括自然人、法人和其他组织。他人占有意味着他人对该财物可能拥有所有权,也可能没有所有权。对没有所有权的财物,他人基于占有、控制之事实,负有保管和归还财物的义务。如果在占有期间财物丢失或毁损,占有人依法应负赔偿责任。从这个意义上说,没有所有权的财物在他人占有、控制期间应当认定为是他人即占有人的财物。③

① 如陈立军、王航盗窃案,参见《陈立军、王航盗窃案》,载《中国审判案例要览·1993 年综合本》,中国人民公安大学出版社 1994 年版,第 232～235 页。
② 参见《程稚瀚盗窃案》,载《刑事审判参考》(总第 72 集),法律出版社 2010 年版,第 38～46 页;《中国审判案例要览·2007 年刑事审判案例卷》,人民法院出版社、中国人民大学出版社 2008 年版,第 293～300 页。
③ 《叶文言、叶文语等盗窃案》,载《刑事审判参考》(总第 43 集),法律出版社 2005 年版,第 41 页。

不过,在他人财物中,尚有一些问题值得进一步展开。其一,他人财物是否须合法所有或占有? 其二,违禁品上是否存在所有权或合法占有权? 如不存在,能否称得上他人财物? 进而能否成为"公私财物"? 其三,祭葬品、尸体、骨灰等能否认定为他人财物? 其四,人体的某一部分如血液能否认定为他人财物? 其五,他人合法占有之本人财物能否认定为"公私财物"。

就他人财物是否须合法所有或占有问题,司法机关通常并不认为侵犯财产罪中的"公私财物"须为合法财物。在黎刚等抢劫案中,司法机关主张,"抢劫非法所得,同样为法律所不允"。其理由是,"一切非法所得,依法均应没收、追缴。然后,有的退还受害人,有的上缴国库。即一切非法所得最终要归于其原合法占有人或国家,任何人以任何方式非法占有它,都是非法的"。① 司法机关的逻辑或可表述为非法所得最终都是合法所有人的财产,至于非法占有人占有财产是否非法在所不问。在黄勇、郑洪忠、葛发云抢劫、敲诈勒索案中,司法机关亦主张,"赌场上的赌资,是应当予以没收的,但它并不是任何人都可以拿来归己的无主物,应当没收的财物只能由国家司法机关依法没收归公,而不准他人任意侵犯。这并不意味着保护违法犯罪分子对这些非法所得财物的所有权,而是因为非法从赌博犯手中抢劫这些财物,归根到底是对国家财产权利的侵犯"。② 不过,侵犯财产罪章所谓的"公私财物"涵盖非法财产的理由未必从"最终都侵犯了合法所有人的财产"方得以论证,如从黎刚等抢劫案中司法机关未予展开的"维护社会秩序,维护法律的尊严,禁止一切私刑和非法所得"③一语中寻求论证或应更为妥帖。

值得注意的是,司法机关在娄树惠等职务侵占、行贿案中主张,"职务侵占罪的侵犯对象是行为人所在单位的合法财物"。所谓"合法财物",司法机关认为,"只要单位占有的财物不是国家法律禁止占有或通过违法犯罪而获得,就应视为本单位的合法财物"。④ 司法机关为此区分了民法等私法意义上的非法占有与刑法、行政法等公法所确定的非法占有,认为刑法等公法意义上的非法占有"是指违反国家法律法规规定而占有","职务

---

① 参见《黎刚等抢劫案》,载《中国审判案例要览·1994年综合本》,中国人民公安大学出版社1995年版,第294页。

② 《黄勇、郑洪忠、葛发云抢劫、敲诈勒索案》,载《中国审判案例要览·1992年综合本》,中国人民公安大学出版社1992年版,第223页。赌资案的这一逻辑及其限制(仅以所输赌资或所赢赌资为抢劫对象的不以抢劫罪定罪处罚)得到了诸司法解释的确认,前文已有所述,不再展开。

③ 参见《黎刚等抢劫案》,载《中国审判案例要览·1994年综合本》,中国人民公安大学出版社1995年版,第294页。

④ 参见《娄树惠等职务侵占、行贿案》,载《中国审判案例要览·2006年刑事审判案例卷》,人民法院出版社、中国人民大学出版社2007年版,第301页。

侵占罪的侵犯对象是行为人所在单位不是通过违法犯罪而占有的一切财物"。① 但如依据前述黎刚等抢劫案、黄勇、郑洪忠、葛发云抢劫、敲诈勒索案,司法机关似乎并无理由将职务侵占罪的侵犯对象限定在"合法财物"。这是否意味着司法机关立场的转变,由于没有更多的判例可资参证,姑且存照。

就违禁品问题,由于违禁品禁止私人持有,禁止交易,除公权力机关暂时控制外,自无所谓所有权或合法占有问题。然我国诸相关司法解释仍倾向于将之认定为"他人财物",前已述及。就判例来看,所见早期判例与司法解释之倾向并无二致。在王治祥、徐小彬、罗光富共同盗窃麻醉药品案中,司法机关主张,"麻醉药品是国家严格控制的物品,只允许特定的专门机构使用,不允许私人非法持有和在市场上自由买卖,其所有权是国家的。盗窃这种特殊的公物,侵犯的客体是公共财物的所有权"。② 但在较晚近时期的判例中,司法机关不再明确提及违禁品为公共财物。在薛佩军等盗窃案中,司法机关仅仅声称"根据司法解释的规定,盗窃毒品等违禁品的,也应以盗窃罪追究刑事责任",主张"对于毒品等违禁品,因其本身不为法律所保护,没有合法的市场交易价格",主张依据最高人民法院《关于审理盗窃案件具体应用法律若干问题的解释》第 5 条第 8 项规定,盗窃违禁品按盗窃罪处理的,不计数额,根据情节轻重量刑,并同时指出,尽管最高人民法院 2000 年《全国法院审理毒品工作座谈会纪要》规定的参考标准(即"认定盗窃毒品犯罪数额,可以参考当地毒品非法交易的价格"),但数额只是参考,《解释》精神仍需贯彻执行。③ 本案或许可以视为司法判例逐步倾向于不再将毒品等违禁品纳入他人财物理解的体现。④

盗窃非文物祭葬品,1984 年《盗窃解答》与 1992 年《盗窃解释》均将之规定为盗窃罪,但 1998 年《盗窃解释》未予规定,未知何故。不过,从判例来看,判例仍坚持前两部司法解释的立场。在李善庆等抢劫案中,司法机关认为陪葬品"系守墓者守护的财产",劫取陪葬品构成抢劫罪。⑤ 如果说

---

① 参见《娄树惠等职务侵占、行贿案》,载《中国审判案例要览·2006 年刑事审判案例卷》,人民法院出版社、中国人民大学出版社 2007 年版,第 301 页。

② 《王治祥、徐小彬、罗光富共同盗窃麻醉药品案》,载《人民法院案例选(1992~1999 合订本)·刑事卷》(下),中国法制出版社 2000 年版,第 813~814 页。

③ 参见《薛佩军等盗窃案》,载《刑事审判参考》(第 4 卷下),法律出版社 2004 年版,第 94~99 页。

④ 最高人民法院 2008 年 12 月 1 日印发的《全国部分法院审理毒品犯罪案件工作座谈会纪要》(法〔2008〕324 号)亦再次重申"盗窃、抢夺、抢劫毒品的,应当分别以盗窃罪、抢夺罪或者抢劫罪定罪,但不计犯罪数额,根据情节轻重予以定罪量刑"。参见前文对相关司法解释的讨论。

⑤ 参见《李善庆等抢劫案》,载《中国审判案例要览·2000 年刑事审判案例卷》,中国人民大学出版社 2002 年版,第 203~207 页。

本案中的陪葬品尚可谓守墓者管理之下的财产的话,如无守墓者,则陪葬品(祭葬品)是否仍可径直认定为他人财物,恐不无疑问。因为,以常理论,祭葬品系祭献给死者的物品,死者无人格,无法律上的权利能力,自无所有权之说;而对生者言,生者对祭献给死者的物品难谓有所有或占有的意思,这与有主坟墓不同。或许这就是1998年《盗窃解释》不再规定盗窃祭葬品以盗窃罪处罚的原因吧。对于尸体,97刑法已专列第302条盗窃、侮辱尸体罪,亦未见有判例将之认定为他人财物的。至于骨灰,最高人民检察院研究室2002年9月18日发布的《关于盗窃骨灰行为如何处理问题的答复》(高检研发〔2002〕第14号)中规定,"'骨灰'不属于刑法第302条规定的"尸体"。对于盗窃骨灰的行为不能以刑法第302条的规定追究刑事责任",也未将骨灰认定为他人财物,判例中亦未见将骨灰认定为他人财物的。

就人体之部分能否认定为他人财物,早期判例大多认定,作为人体之部分的血液为他人财物。在邱泽平超量抽血盗卖血浆案中,司法机关主张,"被告人负责采血工作期间向卖血人员超量抽血,并将超量抽取的血液换成价格较高的血浆,私自销售,构成盗窃罪",认为"具有商品价值的血液可以成为犯罪对象"。[①] 不过该案未能区分已分离的具有商品价值的血液与尚未与人体分离的血液,已分离的具有商品价值的血液认定为他人财物当无疑问,但尚未与人体分离之血液能否认定为他人财物似可斟酌。在王晓光等抢劫案中,司法机关主张,"被告人用暴力强制手段强迫他人卖血,将所得据为己有,不仅侵犯了血员的财产权利,同时也侵犯了血员的人身权利,构成抢劫罪"。不过,司法机关并未明确被告人抢劫的是血液还是血站支取的劳务费、血浆款。[②] 随着97刑法第333条规定了强迫卖血罪,作为人体之部分的血液至少不再被视为抢劫罪的犯罪对象。同时,若沿着97刑法第333条第2款规定的"有前款行为,对他人造成伤害的"依照故意伤害罪定罪处罚的理路,超量抽血损害他人健康的,以故意伤害罪定罪处罚似无不可。2011年2月25日通过的《刑法修正案(八)》第37条对有关人体器官犯罪的规定进一步明确了人体之部分不作为财物看待。根据该修正案,增加了刑法第234条之一,其中,第一款规定了组织出卖人体器官罪;第二款规定"未经本人同意摘取其器官,或者摘取不满十八周岁的人的

---

① 参见《邱泽平超量抽血盗卖血浆案》,载《人民法院案例选(1992~1999年合订本)·刑事卷》(下),中国法制出版社2000年版,第785~788页

② 参见《王晓光等抢劫案》,载《中国审判案例要览·1996年综合本》,中国人民大学出版社1997年版,第366~368页。

器官,或者强迫、欺骗他人捐献器官的",以故意伤害罪、故意杀人罪定罪处罚;第三款规定"违背本人生前意愿摘取其尸体器官,或者本人生前未表示同意,违反国家规定,违背其近亲属意愿摘取其尸体器官的",以盗窃、侮辱尸体罪定罪处罚。

就他人合法占有之本人财物能否认定为"公私财物"问题,由于我国司法实践坚持取财型侵犯财产罪须有非法占有目的,司法机关对取回本人之物能否认定非法占有目的不无疑虑,因此,我国司法判例中对本人之物能否认定为侵犯财产罪的"公私财物"多有争议,主流立场倾向于他人合法占有下的本人财物亦为"公私财物",其理由是合法占有人将因此遭受财产损失。

在孙潇强盗窃其质押给债权人的质物案中,司法机关即主张:

> 盗窃罪的客体除了财产所有权外,还应包括与财产权有关的其他财产权利。第一,刑法第264条并未规定盗窃罪的客体只限于财产所有权,只规定"盗窃公私财物,数额较大或多次盗窃的"构成盗窃罪。第二,与财产所有权有关的财产权利都应得到法律保护。刑法规定盗窃罪的目的,是为了保护公私财产的所有权不受侵犯,但有些权利虽然不受所有权,但与所有权有关,仍然需要法律的保护。本案中,被害人虽然不是该影碟机的所有人,但是当质押合同成立之后,被害人就享有对质物(影碟机)的占有权,当债务履行期限届满而未受到清偿时,被害人就享有依法拍卖或变卖质物而优先受偿的权利。被害人在享有权利的同时,也负有一定的义务,即应妥善保管质物,因保管不善致使质物灭失或毁损的,应当承担民事责任。也就是说,被害人虽然不享有质物的所有权,但其所享有的担保物权就排除任何人侵害这一点上来说,是与所有权直接有关的权利,侵犯该权利即应受到法律制裁。①

在本案中,司法机关的逻辑大致可以区分为三个层次:首先,司法机关主张盗窃罪客体不限于所有权,合法的占有权亦应得到保护;其次,被害人对所合法占有的质物拥有财产性利益——当债务履行期限届满而未受到清偿时享有依法拍卖或变卖质物而优先受偿的权利,该财产性利益应受保护;再次,被害人如因保管不善致使质物灭失或毁损而承担民事责任,将导

---

① 《孙潇强盗窃其质押给债权人的质物案》,载《人民法院案例选》(2002年第3辑,总第41辑),人民法院出版社2003年版,第64~65页。

致被害人整体财产遭受损失。虽然在本案中,司法机关回避了行为人的"非法占有目的"问题,然而,促使司法机关认定罪名成立的关键理由恐怕还在于因质物被盗,被害人将承担赔偿责任从而造成被害人财产损失。这一逻辑在郭玉敏盗窃案中有着更清楚的说明。

在郭玉敏盗窃案中,司法机关主张,"存单虽署名被告人,在形式上所有权没有转移,但存单事实上已被被害人占有,应视为被害人的合法财产,被害人可以在存单到期后兑取。而被告人的盗窃行为给吕〔被害人〕的财产权益造成了损害"。司法机关同时强调,"被告人秘密窃取该存单并实际兑取占有了存单中的1万美金,由于该存单被被告人窃走,而不是向被害人要走的,被害人并不知道存单为何人所窃,也就无权'继续要求被告人返还其欠款',从而不可避免地会遭受经济损失",故应计入犯罪数额。① 可以说,在本案中,司法机关认定盗窃罪名成立的关键理由仍然是"遭受经济损失"。

这一认定本人财物为"公私财物"的逻辑在扣押物案中也得到了充分体现。典型如叶文言、叶文语等盗窃案。在该案中,司法机关主张:

> 行为人秘密窃取他人占有的自己的财物的行为是否构成盗窃罪,还要结合行为人的主观目的而定。如果行为人秘密窃取他人保管之下的本人财物,是为了借此向他人索取赔偿,这实际上是以非法占有为目的,应以盗窃罪论处。如果只是为了与他人开个玩笑或逃避处罚,或者不愿将自己的财物继续置于他人占有、控制之下,并无借此索赔之意的,因其主观上没有非法占有的故意,不以盗窃罪论处。……赔偿数额实质上体现了行为人因盗窃而给他人造成的财产损失,因而应认定为盗窃数额。②

司法机关在此所表达的立场与前述孙潇强盗窃其质押给债权人的质物案、郭玉敏盗窃案应略有不同。尽管司法机关的表述为"行为人秘密窃取他人占有的自己的财物",不过公权力机关扣押下的本人财物当与通常所谓之他人合法占有的本人财物有所区别。就孙潇强盗窃其质押给债权人的质物案、郭玉敏盗窃案而言,被害人对所合法占有的财物拥有财产利

---

① 参见《郭玉敏盗窃案》,载《人民法院案例选》(2003年第1辑,总第43辑),人民法院出版社2003年版,第31~35页。
② 《叶文言、叶文语等盗窃案》,载《刑事审判参考》(总第43集),法律出版社2005年版,第42~44页。

益,但很难说公权力机关对扣押物拥有直接的财产利益,因此,在孙潇强盗窃其质押给债权人的质物案、郭玉敏盗窃案中,司法机关均主张了多重标准,而非单一的造成整体财产损失的标准。但在本案中,司法机关仅仅主张了造成整体财产损失(索赔)的标准,从而也解决了非法占有目的问题,即所非法占有的并非本人财物,而是被害人整体财产的部分。

在陆惠忠、刘敏非法处置扣押的财产案中,司法机关坚持了叶文言、叶文语等盗窃案中同样的逻辑,主张盗窃他人合法占有的本人财物的行为"应当根据行为人是否具有非法占有目的进行分别处理……对于行为人具有非法占有目的的,应当以盗窃罪论处;对于行为人不具有非法占有目的的,不应以盗窃罪处理"。① 理由是:

> 一方面,对于行为人以非法占有目的从财产占有人处窃财的,这种情况一般表现为行为人从财物占有人处秘密窃取了本人的财物后,还以索赔等手段,要求保管人赔偿损失的情况。由于本人的财产在他人的合法占有之下,他人就对该财产负有保管的责任,在保管期间财物丢失,属于保管不当,应负赔偿责任。所以这种情况表面上看来窃取的是自己的财物,但实际上侵犯了他人的财产权,符合盗窃罪的本质特征,应当以盗窃罪处理。另一方面,因为在我国刑法理论和实践上,侵犯财产罪的犯罪客体一直被认为是他人对财产的所有权,而且需要被害人有实质的财产损害或损害危险。盗窃他人占有的本人财物的行为中,有的行为人主观上不具有非法占有的目的,其行为客观上也不会造成占有人财产的损失,因而不宜以盗窃罪论处。②

从上述两案来看,尽管司法机关讨论的是公权力扣押的本人之物,但司法机关字里行间似乎均将造成被害人实质财产损害或损害危险的标准推广到所有的他人占有之下的本人财物。前述两案均强调了索赔的情节,索赔情节无疑对认定非法占有目的至关重要。如无索赔情节,司法机关则倾向于适用 97 刑法第 314 条规定的非法处置查封、扣押、冻结的财产罪定

---

① 《陆惠忠、刘敏非法处置扣押的财产案》,载《刑事审判参考》(总第 51 集),法律出版社 2006 年版,第 29 页。
② 《陆惠忠、刘敏非法处置扣押的财产案》,载《刑事审判参考》(总第 51 集),法律出版社 2006 年版,第 29 页。

罪处罚。[1]

有关共有财产的判例也从侧面表达了司法机关对本人财物的立场，但司法机关在涉及侵犯共有财产的判例中的立场似乎有较大差异。在近亲属之间的盗窃案件中，司法机关坚持诸盗窃司法解释的立场，主张"一般可不按犯罪处理"。在文某被控盗窃案中，司法机关给出的理由是：

> 一方面，家庭财产关系比较复杂，家庭成员对于共有财产拥有平等的占有、使用、收益和处分的权利，相互之间还具有抚养、赡养、监护、继承等人身和财产方面的权利义务关系。由于长期共同生活和财产在生产、交换、分配、消费过程中的频繁流转，家庭成员之间的财产权利往往很难划分清楚。发生在家庭成员之间的偷盗，一般难以区分偷盗的哪些属家庭共有财产，哪些属其他家庭成员的个人财产，难以确定犯罪的具体对象。即使财产能够区分清楚，行为人的主观恶性、社会危害性都较小。一般可不按犯罪处理。[2]

在王菊牙盗窃自己与他人共有的耕牛案中，司法机关主张，"盗窃他人财物，已构成盗窃罪。被告人与被害人共有的耕牛，被告人自己占有一半的份额，拥有该财产一半的所有权。被告人盗窃自己所有的财物，不属于非法占有，不应将自己所有财物的金额计算为盗窃金额。"[3]从这一判决看，司法机关并不认为本人财物可以成为作为盗窃罪犯罪对象的"公私财

---

[1] 如罗扬非法处置查封的财产案，参见《罗扬非法处置查封的财产案》，载《刑事审判参考》（总第54集），法律出版社2007年版，第42～51页；曾琼芳非法处置扣押财产案，参见程为清、张薇：《用被扣押银行卡的配套存折取走赃款构成非法处置扣押财产罪》，载《人民司法》2008年第22期。不过也有例外，如刘清祥盗窃案，参见《刘清祥盗窃案》，载《中国审判案例要览·2004年刑事审判案例卷》，人民法院出版社、中国人民大学出版社2005年版，第273～276页。在该案中，司法机关援引97刑法第91条第2款，认定已在征管所管理之下的涉案车辆在案发时属于公共财产。但司法机关同时又声称，"从民法学'返还财产'的角度考虑，假如本案上诉人将涉案车辆偷开走后，未被及时发现并追回，日后上诉人仍可凭借手中持有征管所出具的暂扣凭证，在接受处罚后要求征管所将车发还给他，而征管所在此情况下就必须承担赔偿的责任，从这个角度来说上诉人将车偷开走的行为将会给征管所造成经济上的损失，因此可认定上诉人的行为已具备构成盗窃罪的要件。"这一逻辑非常蹊跷，所谓赔偿问题尚未出现，如何可以事先定罪呢？这也正是前述叶文言、叶文语等盗窃案与陆惠忠、刘敏非法处置扣押的财产案中司法机关特别强调索赔情节的理由。

[2] 《文某被控盗窃案》，载《刑事审判参考》（第3卷下），法律出版社2002年版，第153～154页。

[3] 《王菊牙盗窃自己与他人共有的耕牛案》，载《人民法院案例选》（2004年刑事专辑，总第47辑），人民法院出版社2005年版，第354页。

物"。但在有关抢劫共同共有财产的案件中,司法机关的立场有所不同。

在包胜芹等故意伤害、抢劫案中,司法机关明确,"夫妻任何一方,未经与他方协商同意(事前或事后)都无权擅自占有或处分夫妻共同财产,否则就构成对另一方的民事侵权。其中,如果以暴力为手段非法占有夫妻共同财产的,则有可能构成犯罪行为。被抢财物的夫妻共同财产属性,并不影响被告人犯罪行为性质的确认"。[①] 在刘汉福邀人抢劫夫妻共同财产案中,司法机关更是明确主张:

> 从民法理论而言,所谓共同共有即是数人不分份额地对同一笔财产享有所有权,其中每一个所有人对该笔财产都拥有完全的、绝对的权利,包括占有、使用、收益和处分的各项权利。……对共有物尤其是共同共有物的处分应当征得其他共有人的同意,否则即是无权处分行为,侵犯了其他共有人的所有权。……被告人应对所抢 10 万元共同共有财产全额负刑事责任。因为夫妻共同财产在析产前是无法分割的,就被告人所抢劫的 10 万元而言,认为其中必然包含有属于被告人的份额的看法是武断的,夫妻共同财产并非简单的一分为二或者按照某种比例将某些财物予以分割。从被害人角度讲,自己被抢的是 10 万元,而非只损失了其中仅属于自己的份额,从民事法律关系看,如果行为人抢劫 10 万元的事实未被发现,那么,被害人在损失共同共有财产 10 万元中属于自己的份额之外,还应在以后的生活中承担起共同归还 10 万元债务的责任。最高人民法院《关于审理盗窃案件具有应用法律若干问题的解释》第 1 条第 4 项中所规定的对盗窃家庭共有财产行为的处理方式中,并没有作出被告人仅对共同共有财产中不属于自己的份额负责的规定。……共同共有财产由于共有状态的复杂性,夫妻共同财产更是在分割之前处于一种复杂状态,如果按照财产分割后的数额认定犯罪,势必带来操作上的困难。[②]

如据此认为,司法机关主张共同共有财物为"公私财物",而按份共有财物中仅他人所有之份额才是"公私财物",似乎并无太大问题。然而,如此认定无疑难谓公正。因此,或许我们可以说,司法机关在上述几个判例

---

① 《包胜芹等故意伤害、抢劫案》,载《刑事审判参考》(第 3 卷上),法律出版社 2002 年版,第 98 页。
② 《刘汉福邀人抢劫夫妻共同财产案》,载《人民法院案例选》(第 40 辑),人民法院出版社 2002 年版,第 33～34 页;《刑事审判参考》(第 3 卷下),法律出版社 2002 年版,第 123～126 页。

中,对犯罪数额的认定与其说基于共同共有与按份共有的区别,不如说是基于对盗窃与抢劫的不同的社会危害性的所作的区别。[①]

从上述判例看,就本人财物,大体上司法机关倾向于主张本人财物应认定为"公私财物",但并不主张扩大处罚范围,故同时认为如客观上不会造成占有人财产的损失,主观上也不具有非法占有的目的,不宜认定本人财物为"公私财物"。[②] 就前述判例来看,司法机关的裁判逻辑或许可以区分为两个层次,第一个层次为对财产性利益的保护,即合法占有人对本人财物享有财产性利益,如孙潇强盗窃其质押给债权人的质物案、郭玉敏盗窃案;第二个层次为对合法占有人造成财产损失,如叶文言、叶文语等盗窃案、刘清祥盗窃案(该案的理由为"财产损害风险")。合乎第一个层次标准,自可入罪;如不合第一个层次标准,但合乎第二个层次标准,亦可入罪。如合法占有人对本人之物既无财产性利益且行为人又未造成合法占有人财产损失,不宜定侵犯财产罪,如陆惠忠、刘敏非法处置扣押的财产案、罗扬非法处置查封的财产案、曾琼芳非法处置扣押财产案等。

## (三) 权利凭证与权利凭证电子数据化

权利凭证问题在我国司法解释中有着详尽的规定,前文已详加论述。然如结合民法之规范与学说,权利凭证大体可以分为两大类,一类是特别动产,将之归入"公私财物"范畴,似无太大争议;一类是非特别动产的权利文书,这一类权利凭证是否应纳入"公私财物"范畴,争议颇大。非特别动产的权利文书本身并无价值,利用非特别动产的权利文书获得财产,其犯罪对象或许应认定为受害人的整体财产,这也是前述对司法解释的讨论中突出司法当局对财产损失概念的强调的原因。这一分类亦可视为1992年《盗窃解释》与1998年《盗窃解释》中的复杂分类的一个简化版或一个可行的简化方向。就判例而言,似乎亦可验证上述观念。另外需要特别提出的是,随着技术的进步,尤其是数据处理技术与数据交换技术的发达,由纸质或其他实物作为权利表达载体的传统,已逐步演化为可由特定的可控制的电子数据信息来表达,二者仅仅是权利表达的载体不同,基本原理并无太大区别,下文将一并予以讨论。

考虑到权利凭证的措词过于宽泛,下文将以具体的权利凭证类型为线

---

[①] 在明安华抢劫案中,司法机关在裁判理由中直接援引刘汉福等抢劫案,认定明安华抢劫共同共有财产,应全额认定。参见《明安华抢劫案》,载《刑事审判参考》(第3卷下),法律出版社2002年版,第140~144页。究其更为学理的理由,或为所谓抢劫罪的双重客体说之故。

[②] 参见《陆惠忠、刘敏非法处置扣押的财产案》,载《刑事审判参考》(总第51集),法律出版社2006年版,第26~32页。

索整理诸司法判例。大体上，就目前所见司法判例而言，比较常见的权利凭证类型有票据、提单、存折（含定额存单）及借记卡、信用卡（贷记卡）、股票及公司债券、欠条、彩票以及储值卡等。

票据（含汇票、支票、本票）是最典型的权利凭证，当票据按照法定条件签章并完成法定必须记载事项后，持票人即享有向票据债务人请求支付票据金额的权利，因此，已按法定条件签章并完成法定必须记载事项[1]的票据为记名有价证券。根据我国《票据法》第 57 条以及第 15 条之规定，票据"付款人及其代理付款人付款时，应当审查汇票背书的连续，并审查提示付款人的合法身份证明或者有效证件"（《票据法》第 57 条）；"票据丧失，失票人可以及时通知票据的付款人挂失止付"（《票据法》第 15 条），因此，取得法定条件签章并完成法定必须记载事项的票据仍不足以直接获得票据上记载数额的金钱。单纯的票据本身本无价值，其意义在于可以兑现或背书转让。而无论兑现或背书转让均须具备两个条件，其一，票据本身形式没有瑕疵；其二，提示付款人或背书人的合法身份证明或有效证件。显然，非权利人除非伪造、涂改、冒名顶替，否则无法取得票据所记载数额的金钱。在这一意义上，单纯票据并非"公私财物"。

在邓格勤以借款为名盗窃巨款案中，司法机关认定，被告人在"盗得空白转账支票 1 张后，偷盖了转账需要的公章和私章，填写了 8.5 万元的金额，到银行将此款转入自己的账号上，盗窃罪名成立"。[2] 本案认定的依据是转账支票所填写的金额已转至被告人账号，被告人实际取得转账支票上所记载数额的金钱。这是司法判例中司法机关的一般立场。

但在徐明辉盗窃转账支票后交给顾耀忠骗取财物案中，司法机关认定，被告人窃得已盖好印章的空白转账支票为能随即兑现的有价证券，构成盗窃罪，使用支票应视为其盗窃行为的延续；而被告人窃得尚未加盖印章的空白转账支票，构成诈骗罪。[3] 显然，本案中，司法机关主张能随即兑现的支票本身即为"公私财物"，不过，司法机关也充分考虑到本案中

---

[1] 根据我国《票据法》规定，汇票必须记载事项包括：表明"汇票"的字样；无条件支付的委托；确定的金额；付款人名称；收款人名称；出票日期；出票人签章。本票必须记载事项包括：表明"本票"的字样；无条件支付的承诺；确定的金额；收款人名称；出票日期；出票人签章。支票必须记载事项包括：表明"支票"的字样；无条件支付的委托；确定的金额；付款人名称；出票日期；出票人签章。

[2] 参见《邓格勤以借款为名盗窃巨款案》，载《人民法院案例选（1992～1999 年合订本）·刑事卷》（下），中国法制出版社 2000 年版，第 753～756 页。

[3] 参见《徐明辉盗窃转账支票后交给顾耀忠骗取财物案》，载《人民法院案例选（1992～1999 年合订本）·刑事卷》（下），中国法制出版社 2000 年版，第 840～844 页。

被告人将窃得已盖好印章的空白转账支票交给被告人顾耀忠使用并已获得所填支票金额等值的财物,即此处能随即兑现的支票已经兑现。①

上述两案将窃得印鉴齐全的支票且兑现的情形认定盗窃罪而非诈骗罪,将兑现情节视为事后行为,强调此前盗窃行为的优先地位。如果考虑到所有票据的兑现均涉及伪造、冒用等欺骗情节,且未兑现票据本身本无价值,也许认定诈骗罪更为妥当。然而我国刑法及司法实践仍延续认定盗窃罪的传统,并主张为此修改 97 刑法之规定。在胡永新盗窃案中,司法机关首先承认,"当行为人窃取的对象是他人汇票、支票、本票,尤其是盗盖了印章的空白支票时,行为人对票据权利人的财产所有权的侵害处于不确实状态,还需通过承兑的方式取得现金,才能实现非法占有他人财物的目的"。② 换言之,如未承兑,票据本身并无财产价值。但司法机关同时认为:

> 司法实践中,分歧的焦点在于刑法第 194 条第 3 项规定的"冒用他人汇票、本票、支票"中的"冒用",是否只要具有该条规定的冒用行为均认定构成票据诈骗罪,而不管行为人在冒用行为之前是否还具有盗窃等其他行为。……〔根据 1992 年《盗窃解释》〕,盗窃随即能兑现的记名有价支付凭证、有价证券、有价票证(票面金额未定),随后实施兑现行为的,仍应按盗窃罪定罪,盗窃数额以实际兑现的数额计算。如在今后修订刑法时,在该法第 194 条增加一款,即"盗窃他人汇票、本票、支票并使用的,依照本法第 264 条的规定定罪处罚"。③

司法机关这一主张显然受极有争议的 97 刑法第 196 条第 3 款的影响。司法机关坚持以盗窃罪定罪处罚,其理由或许仅仅由于重刑思想作怪。④ 大体上,司法机关仍然延续 1984 年《盗窃解答》以来的传统,认定票

---

① 参见《徐明辉盗窃转账支票后交给顾耀忠骗取财物案》,载《人民法院案例选(1992~1999 年合订本)·刑事卷》(下),中国法制出版社 2000 年版,第 840~844 页。

② 《胡永新盗窃案》,载《中国审判案例要览·1999 年刑事审判案例卷》,中国人民大学出版社 2002 年版,第 219 页。

③ 《胡永新盗窃案》,载《中国审判案例要览·1999 年刑事审判案例卷》,中国人民大学出版社 2002 年版,第 219~220 页。

④ 尽管从 97 刑法条文上看,第 264 条盗窃罪与第 266 条诈骗罪在处刑上并无区别,而第 194 条票据诈骗罪、第 196 条信用卡诈骗罪看似处刑更重,实则"数额较大"、"数额巨大"、"数额特别巨大"的司法认定标准有很大差距,在 1998 年《盗窃解释》中,"数额较大"、"数额巨大"、"数额特别巨大"的标准分别为人民币 500~2000 元以上、5000~20000 元以上、30000~100000 元以上;而在 1996 年《诈骗解释》中,"数额较大"、"数额巨大"、"数额特别巨大"的标准分别为人民币 2000~4000 元以上、30000~50000 元以上、200000 元以上。

据(印鉴齐全的票据为可随即兑现的记名有价证券)为"公私财物",但同时强调兑现情节。尚未见有盗窃票据但未兑现而予以定罪处罚的判例。

与票据相近的有价证券尚有政府债券,实践中主要涉及国库券。除记账式国债外,通常国库券为不记名、不挂失的债权凭证,到期可兑现,未到期国库券亦可在二级市场自由流通转让。司法判例中,对国库券的认定大体一致,通常倾向于认定为"公私财物"。如在姜灵盗窃、故意毁坏公私财物案中,司法机关将被告人盗窃的国库券及锦江集团债券800余元、国库券200余元均计入盗窃数额。① 在郭如鳌、张俊琴、赵茹贪污、挪用公款案中,司法机关甚至主张,国债"虽不能直接作为货币使用,但可在二级市场流通转让,自由买卖,随时变现为人民币。同时,国债具有储蓄和投资等功能,……在一定程度上具有货币的某些特征"。② 大体上,将国库券(国债)认定为特别动产应无疑义。不过,在吴献荣盗窃案中,司法机关曾主张遵循1984年《盗窃解答》的规定,对于未兑现的或不能随即兑现的不记名、不挂失的有价证券,仅可作情节予以考虑,因此判定,因被告人盗窃的18万元国库券至案发日仍属不能随即兑现的有价证券,而被告人以兑换抵债的方式兑换了其中13万元国库券,这部分国库券应视为可随即兑换抵债的有价证券,应按票面额计算盗窃数额。至于另5万元国库券至案发时尚未兑换,则可作为情况予以考虑。③ 随着司法当局在1992年《盗窃解释》与1998年《盗窃解释》中坚持"不记名、不挂失的有价支付凭证、有价证券、有价票证,不论能否随即兑现,均按票面数额和案发时应得的孳息、奖金或者奖品等可得收益一并计算",吴献荣盗窃案的立场已不具有实践意义。

在章杨盗窃案中,司法机关反向清晰地阐明了国库券作为特别动产的性质。司法机关认为:

> 所谓有价证券,泛指表示一定面额财产的证券,如汇票、支票、股票、公债券、国库券、提单等。其特征为(1)表示财产权,证券上记载是权利人或执票人财产权的内容;(2)证券券面所表示的权利与证券不可分离,权利的行使和转移,以背书或交付证券为条件。……盖有"付

---

① 参见《姜灵盗窃、故意毁坏公私财物案》,载《中国审判案例要览·1992年综合本》,中国人民公安大学出版社1992年版,第227~229页。

② 参见《郭如鳌、张俊琴、赵茹贪污、挪用公款案》,载《刑事审判参考》(总第48集),法律出版社2006年版,第56页。

③ 参见《吴献荣盗窃案》,载《中国审判案例要览·1993年综合本》,中国人民公安大学出版社1994年版,第216~220页。

讫"章的国库券已经失去有价证券可以转让、兑付的基本特征,不再是有价证券。……执票人一旦向银行交付国库券,银行据券兑付后,该国库券所表示的有价证券属性即行消灭,剩下的只不过是盖有"付讫"章的一种废券。"付讫"二字不仅表明有价证券所表现的权利已被执票人实现,而且也表明此券已丧失了它的原有有价属性,即可兑付性。[①]

提单亦是主要的有价证券类型。在涉及提单的案件中,司法机关的立场较为温和。在商华诈骗案中,司法机关认定,"被告人秘密窃取空白提货单,偷盖提货专用章,目的是为诈骗财物作准备。空白提货单本身不具有价值,即不是一种有价证券,必须由售出单位业务人员专门填写并加盖专用章后,方具有价值。因此,被告人如果不采用伪造等行为,只盗走不具有价值的提货单,其行为不构成犯罪"。[②] 本案所涉及的提货单因本身尚未具备提货单的完整形式,自无价值,理应不予定罪,但如行为人窃取的提货单本身形式完整,且行为人事后已提走提货单上所载货物,则司法判例中,通常认定盗窃罪名成立。[③]

在涉及提单案件中,值得特别注意的是龚俊盗窃月饼预约券案。在该案中,司法机关一方面认定被告人所窃取的杏花楼月饼预约券为不记名、不挂失的有价凭证,如此,根据 1998 年《盗窃解释》,被告人盗窃 3000 张总计面额为 20.4 万元的月饼预约券自应全额计算,这也是一审宣判后检察院抗诉的主张;[④]但司法机关同时又主张:

> 最高人民法院的解释只是对盗窃有价凭证犯罪数额的认定作出了规定,解决了犯罪数额的认定问题,但在对盗窃犯罪分子量刑时还要考虑不同犯罪形态对量刑的影响,而最高人民法院的解释对这类犯罪的形态却没有作出明文规定。盗窃是结果犯,处在不同形态的犯罪,对被告人的量刑是不同的。……盗窃罪的既遂是以财产所有人失去对财产实际控制而被盗窃行为人实际占有,即盗窃的危害结果已经

---

[①] 《章杨盗窃案》,载《刑事审判参考》(第 2 卷),法律出版社 2001 年版,第 135~136 页。

[②] 《商华诈骗案》,载《中国审判案例要览·1992 年综合本》,中国人民公安大学出版社 1992 年版,第 241 页。

[③] 参见《迟晖等人勾结民警关达以查案为名进行盗窃案》,载《人民法院案例选(1992~1999 年合订本)·刑事卷》(下),中国法制出版社 2000 年版,第 788~791 页。

[④] 参见《龚俊盗窃月饼预约券案》,载《人民法院案例选》(2004 年刑事专辑,总第 47 辑),人民法院出版社 2005 年版,第 335 页。

发生。如果财产所有人尚未失去对财产的实际控制而被盗窃行为人
实际占有，即犯罪的结果尚未发生，则属犯罪未遂。……本案盗窃月
饼预约券犯罪的既遂与未遂应以被告人是否实际占有月饼或者是否
将月饼券卖出为标准。盗窃月饼预约券，仅表示该券所反映的月饼的
支配权发生转移，真正要取得该券所示月饼的实际控制，还须盗窃行
为人本人或通过他人至指定地取得月饼后才能取得财产控制权。因
为该预约券仅是反映财产的一种权利凭证的载体，并非指财产本身，
该载体取得与丧失并不必然反映财产所有权的取得和丧失。①

可以说，本案判决颠覆了诸司法解释对于有价凭证的立场，主张无论
何种有价凭证（本案中为不记名、不挂失的提单）仅仅是凭证，并非"公私财
物"。这一判决不仅仅颠覆了此前即有争议的记名有价凭证问题，进而扩
张至不记名、不挂失的有价凭证，即特别动产。本案中，司法机关主张"真
正要取得该券所示月饼的实际控制，还须盗窃行为人本人或通过他人至指
定地取得月饼后才能取得财产控制权"，因此，仅认定被告人已出卖的150
张月饼券为犯罪既遂数额。当然，由于本案中另外2850张月饼券"因被害
单位报案并采取措施未能出卖"，所以，这一认定似乎不成问题，但如果假
定行为人并非从杏花楼公司窃得上述月饼券，被害人无法采取措施阻止月
饼被提取，是否仍仅认定行为人实际占有月饼或将月饼券卖出的数额？如
依据本案司法机关的主张，自仍应仅认定行为人实际占有月饼或将月饼券
卖出的数额，因为月饼券"仅仅是权利的载体，而非财产本身"。这一结论
显然对被害人并不公正。因此，或许可以采取一个较为折衷的立场，即坚
持司法解释中所谓的"能随即兑现的有价支付凭证、有价证券、有价票证已
被销毁、丢弃，而失主可以通过挂失、补领、补办等方式避免实际损失的，票
面数额不作为定罪量刑的标准"，即以行为所导致的受害人的财产损失数
额作为认定依据。

在涉及存折案件中，司法机关的基本立场倾向于认为存折本身并无价
值，并非公私财物，存折案件中的犯罪对象与其说是存折，还不如说是存折
中的存款。在张泽容、屈自强盗窃案中，司法机关主张：

定期存单作为一种记名有价支付凭证，在存款未取出之前，其票

---

① 《龚俊盗窃月饼预约券案》，载《人民法院案例选》（2004年刑事专辑，总第47辑），人民法院出版
社2005年版，第336～337页。

面数额只具有财产权利上的象征意义,仅仅盗窃定期存单并不能实现对其财产所有人的财产权益的侵犯。只有将存单票面金额内的资金兑现或者转账才能真正占有他人财产,从而实现非法占有他人财产的犯罪目的。……在本案中,被告人盗窃定期存单而尚未将其取出现金之前,其盗窃行为应属盗窃未遂。当被告人到银行将款取出后,才实际上完全控制被盗财物,构成盗窃既遂。[①]

在本案中,司法机关同时提供了认定盗窃的理由:

　　考察被告人非法取得财物的主要手段或者说被害人丧失对财物的控制的根本原因在于被害人存单的被盗,也就是说,盗窃在被告人非法占有财物过程中起了决定作用。同时,从财产被害人来看,该财产的真正受害者是失主而不是银行,失主财产受侵犯不是因为受到诈骗所致,而是因为存单被秘密盗窃所致。因此其行为的基本特征是盗窃而不是诈骗,应当认定盗窃罪。[②]

这两点理由是司法机关乃至很多学者就此情形认定盗窃而非诈骗的主要理由。事实上,这两点理由能否成立不无疑议。就第一点,如银行未交付存单款项,被告人就无从获得财产,被害人的财产就不会有损失,而对记名存单(实践中所有存单均为记名)银行负有审查取款人身份信息义务;就第二点,因银行未尽审查义务导致存单所有人财产受到损失,银行负有赔偿义务,所谓真正受害者能否遽定为失主,亦有可议处。如此裁决逻辑,无非试图减轻银行责任,在现今银行基本上国有或国家控股的背景下,亦可理解。

在程剑诈骗案中,司法机关亦主张:

　　拾得他人遗失存折,猜配他人取款密码,将他人持有的不为他人所知的密码予以破解,可以视为一种无形偷盗行为,但猜中密码并不意味着取得了他人存款,……且密码本身并无价值,因而不具有独立的法律意义。在被告人取得他人的存款之前,存款完全置于银行的控

---

① 《张泽容、屈自强盗窃案》,载《刑事审判参考》(总第 52 集),法律出版社 2007 年版,第 26～27 页。

② 《张泽容、屈自强盗窃案》,载《刑事审判参考》(总第 52 集),法律出版社 2007 年版,第 26 页。

制、支配之下,被告人支取他人存款,是凭借银行的信任通过银行的交付得以实现的,银行对于存款的交付,……是基于一种错误的判断,而这正是被告人隐瞒真相冒用他人名义以致银行不明真相误以为其具有取款合法资格的结果,属典型的冒用诈骗行为。①

因此,单纯非法取得存单并无意义,司法判例中认定未遂并不在于存单本身是公私财物,而是对存单所记载的存款的未遂。在郭玉敏盗窃案,尽管被告人所窃取的为署名为其本人的存单,但仍全额认定存单所载明的数额,其理由是被告人"实际兑取占有了存单中的1万美金"并"不可避免地会〔使受害人〕遭受经济损失",故应计入。②

由于借记卡与存折、存单的区别仅仅在于前者是以塑料卡片为表现形式,后者以纸张为表现形式,二者并无区别,自当一并讨论。不过,仅仅从纸张变成了塑料卡片,司法机关的立场却变得异常丰富了。

在刘作友等人盗窃案中,司法机关认为,盗窃或骗取借记卡行为人的"非法占有的内容在于借记卡内的钱款,而并非借记卡本身",并明确主张,"从经验上看,以单纯诈骗信用卡或单纯盗窃信用卡(而不使用)为目的的犯罪行为是极为罕见的,因为这种行为,一是不合生活逻辑,二是司法实践中即使存在也不宜认定为犯罪"。③

这一判决大体上遵循了存折不是"公私财物"的立场,但在王功国盗窃案中,司法机关却主张,"附有密码的储蓄卡,是一种有效金融凭证",并根

① 《程剑诈骗案》,载《刑事审判参考》(总第33集),法律出版社2003年版,第45页。不过,司法机关又声称:"如果存折的所有人将存折、取款密码及取款所需的其他相关文件一并交付给他人,或者他人捡拾的存折系未设密码的活期存折,说明此时存折所载款项已完全置于持有人之控制下,持有人也随时可据存折提款,那么行为人的取款行为应当认定侵占。"同注,第43~44页。众所周知,所有的存折有记名,银行在交付款项时自当审查取款人是否有权,在行为人尚未取得存款之前,无论如何存折都还不是现实的金钱,认定侵占与正文所引本案判决意见的逻辑并不相符。
② 参见《郭玉敏盗窃案》,载《人民法院案例选》(2003年第1辑,总第43辑),人民法院出版社2003年版,第31~35页。另在曹阿孝等盗窃案,司法机关将被告人窃得并予销毁的银行有奖贴花储蓄凭证所记载数额计入盗窃犯罪数额。考虑到银行有奖贴花储蓄凭证为记名存单的一种形式,所有人可以通过挂失等手段避免实际损失,计入犯罪数额恐有未妥。由于该判例时间较早,其意义似不应高估。参见《曹阿孝等盗窃案》,载《中国审判案例要览·1994年综合本》,中国人民公安大学出版社1995年版,第299~302页。
③ 参见《刘作友等人盗窃案》,载《人民法院案例选》(2007年第2辑,总第60辑),人民法院出版社2007年版,第76~87页。尽管在本案中,司法机关花大篇幅讨论了"借记卡记载着一定的财产性利益,基本可理解为财物",仅以长久以来"不盗利、不抢无形"的观念否认其可以成为盗窃罪或诈骗罪的犯罪对象。但有必要指出的是,"借记卡记载着一定的财产性利益"并不等于借记卡本身为财产性利益,它只是主张财产性利益的凭证,而记名的权利凭证本身并无价值。

据 1998 年《盗窃解释》所规定的"对有价支付证券、有价证券、有价票证，不论能否即时兑现，均按票面数额和案发时应得的孳息、奖金或者奖品等可得收益一并计算"声称"可以认定拾得附有密码的储蓄卡即拾得现金"。[①] 1998 年《盗窃解释》该条规定明确指为"不记名、不挂失的有价支付凭证、有价证券、有价票证"，而所有储蓄卡（借记卡）均为记名、可挂失，因此，该判决对 1998 年《盗窃解释》的援引显然是有意歪曲甚至违背司法解释的规定。司法机关何以如此断案呢？我们所能推测的仅仅是，储蓄卡尽管记名、可挂失，但储蓄卡可以在自助设备（包括自动取款机、电话银行、网络银行等）凭借储蓄卡或储蓄卡卡号、密码等信息便捷的存取资金、办理转账，因此，记名不再有意义。传统上，记名的意义在于存折或储蓄卡只能在银行柜台存取、转账，银行自有审查义务，而随着自助设备的普及，大量的账户资金存取、转账不再通过银行柜台，银行也无法审查，因此记名便不再有意义。但是，仅以此为由，主张"附有密码的储蓄卡即为现金"是否妥当？如取得附有密码的储蓄卡或储蓄卡卡号但未通过取款或转账获得相应账户内的资金，是否也应认定犯罪既遂？事实上，在行为人实际取得储蓄卡或储蓄卡卡号相应账户内的资金之前，账户所有人仍可以通过挂失、补办等手段避免损失。就此，本案判决的逻辑显然未尽妥当。

在张卫兵盗窃案中，司法机关进一步厘清了借记卡问题。司法机关明确：

> 遗忘在自动提款机内的信用卡确实属于遗忘物，但银行卡系记名债权凭证，并不具有物权的特征，本身并不具有多大的价值，被害人遗失后可以通过挂失等程序重新主张权利，并不必然丧失对卡内财产的控制。……行为人获得了处于无密码状态的信用卡并不等于获得了信用卡上的资金……被告人利用被害人的过失，通过银行转账的方式积极实施了非法占有他人财物的行为，才真正获得信用卡所承载的经济利益。[②]

换言之，借记卡（本案称为信用卡）本身并不是公私财物。司法机关进一步主张，"存在银行卡内的'电子资金'应是盗窃罪的一种特殊犯罪对

---

① 参见《王功国盗窃案》，载《中国审判案例要览·2003 年刑事审判案例卷》，人民法院出版社、中国人民大学出版社 2004 年版，第 247～250 页。

② 《张卫兵盗窃案》，载《中国审判案例要览·2006 年刑事审判案例卷》，人民法院出版社、中国人民大学出版社 2007 年版，第 276 页。

象"。"电子资金"尽管仅仅是一串电子数据,但该数据与用纸张形式表现的货币并无区别,不过是随着技术的进步产生的货币的新的表现形态而已。如司法机关在本案中所说,"行为人通过转账行为,将他人的电子资金调拨进自己的账户中,实际上已经控制了资金的所有权,行为人能够随时方便地进行提取现金,再次转账或者在网络中进行购物和其他消费,与窃取现金实无本质区别"。① 如结合前述王功国盗窃案,我们可以说"电子资金"与现金无本质区别,但我们不能说"附有密码的储蓄卡即为现金"。即便如此,在本案中,司法机关仍坚持,因本案"遗失银行卡导致资金被划拨后,无法通过挂失、补领、补办或者其他手续等方式挽回损失,损失已经实际造成,行为人实施的犯罪已经是既遂"。②

综上,我们可以认为,判例中司法机关的倾向性立场为:无论存折抑或借记卡本身均非"公私财物",涉及存折或借记卡的侵犯财产罪的犯罪对象并非存折或借记卡,而是存折或借记卡账户内的资金,账户内的资金才是"公私财物"。只有当账户内的资金被转移,损失已经实际造成,方能认定为犯罪既遂。③

商业实践中信用卡(贷记卡)与借记卡最主要的区别是是否具有透支功能,即银行是否允许其存款户在事先约定的限额内,超过存款余额支用款项。当持卡人透支时,即意味着持卡人与银行间形成贷款关系,持卡人承担在事先约定的期限内还款的义务,而所贷得的资金自为持卡人所有。因此,从刑法侵犯财产罪章各罪而言,信用卡(贷记卡)与借记卡似无严加区分的必要。④ 从判例上看,司法机关就信用卡(贷记卡)的立场与借记卡并无太大区别。

在顾文清盗窃信用卡冒名使用案中,司法机关主张,"窃得信用卡,并

---

① 《张卫兵盗窃案》,载《中国审判案例要览·2006 年刑事审判案例卷》,人民法院出版社、中国人民大学出版社 2007 年版,第 277 页。

② 参见《张卫兵盗窃案》,载《中国审判案例要览·2006 年刑事审判案例卷》,人民法院出版社、中国人民大学出版社 2007 年版,第 273~278 页。

③ 事实上,在前述王功国盗窃案中,被告人也已实际取现储蓄卡内的所有资金(含利息),损失已实际造成。参见《王功国盗窃案》,载《中国审判案例要览·2003 年刑事审判案例卷》,人民法院出版社、中国人民大学出版社 2004 年版,第 247~250 页。在李旭东抢劫、盗窃案中,被告人亦在对被害人隐瞒了存款系卡折合用,私自存留储蓄卡后,将被害人的存款私自提取后据为己有。参见《李旭东抢劫、盗窃案》,载《中国审判案例要览·2005 年刑事审判案例卷》,人民法院出版社、中国人民大学出版社 2006 年版,第 239~246 页。

④ 或许正是基于这一原因,全国人大常委会 2004 年 12 月 29 日通过的《关于〈中华人民共和国刑法〉有关信用卡规定的解释》将所有由商业银行或者其他金融机构发行的具有消费支付、信用贷款、转账结算、存取现金等全部功能或者部分功能的电子支付卡均界定为信用卡。当然,因信用卡具有透支功能,犯罪人即有可能利用透支功能获取银行资金,构成信用卡诈骗罪。

未达到其占有信用卡所含财物价值的目的,必须通过使用该卡才能实现这一目的"。① 在李立新盗窃信用卡购买物品案中,司法机关明确主张,"由于信用卡只是记名而没有载明金额。因此,严格地说,信用卡还不能认为是有价证券,不能认为谁非法占有了它,谁就非法占有了财产。只有不仅非法占有了信用卡,而且利用信用卡占有了财产,才能认定非法占有了财产,达到了一定数额的,才构成侵犯财产的犯罪"。并认为,根据全国人大常委会通过的《关于惩治破坏金融秩序犯罪的决定》第 14 条第 2 款所规定的"盗窃信用卡并使用的,依照刑法关于盗窃罪的规定处罚",行为人盗窃了信用卡,又用信用卡取款、购物或消费,数额较大的,才能按盗窃罪处罚,"这正可以说明信用卡本身还不能认为是一种财产"。② 在林进聪等盗窃案中,司法机关亦明确:

> 信用卡是一种支付凭证,行为人窃得信用卡,只是获得了非法获利的机会,未实际控制或占有卡上款项。如果仅有盗窃他人信用卡而无后续的使用行为,不足以对信用卡合法持卡人的财产权利造成实际损害,不足以定罪。③

在刘丽信用卡诈骗案中,司法机关亦主张:

> 银行信用卡是一种具有消费支付、存取现金、转账结算等功能的电子支付卡,其不同于财产,本身无价值,只有被用于取款或消费结算时,才能体现出财产价值。……行为人捡到他人信用卡后只是占有了卡本身,单纯持有并不能实际取得卡上一定数额的财产,只要不利用密码冒用,失主就不会丧失对卡上财产的所有权。④

综上,司法机关较一致地认定信用卡本身并无价值,并非"公私财物",行为人通过"使用"信用卡,将信用卡内的资金变现(包括实际支取现金、转

---

① 《顾文清盗窃信用卡冒名使用案》,载《人民法院案例选(1992～1999 年合订本)·刑事卷》(下),中国法制出版社 2000 年版,第 832 页。

② 参见《李立新盗窃信用卡购买物品案》,载《人民法院案例选(1992～1999 年合订本)·刑事卷》(下),中国法制出版社 2000 年版,第 876～877 页。

③ 《林进聪等盗窃案》,载《中国审判案例要览·2008 年刑事审判案例卷》,人民法院出版社、中国人民大学出版社 2009 年版,第 326 页。

④ 刘丽信用卡诈骗案,参见张建文、朱帅:《捡到已知密码的信用卡在自动取款机上取款行为的定性》,载《人民司法》2008 年第 12 期。

账以及消费结算），造成持卡人实际损失时，方能定罪。[①]

股票、公司债券亦是主要的权利凭证类型。如前所述，无记名股票、无记名债券为特别动产，可直接认定为公私财物；而记名股票、记名公司债券直接认定为公私财物则不无困难。从司法实践看，就公司债券，目前所见判例仅王福建盗窃案一件。在该案中，因被告人所窃取的公司债券系不记名、不挂失，一经发售，即可按规定进入证券市场交易、买卖的债券，司法机关因此认定为"能随即兑现的有价证券"，予以全额认定。[②]

在有关股票的判例中，甘毅盗窃股票案涉及的是记名股票。在该案中，司法机关一方面认为"虽然被告人所盗的股票属于记名可挂失的有价证券，但因他同时还盗取了股东代码卡及身份证，根据深圳证券公司出具的证明，这些股票证件齐全，按交易程序完全可以抛售，因此，对其盗取的股票票面数额予以认定"，但同时又判决"所盗之股票尚未抛售，属犯罪未遂"，[③]颇令人费解。如所盗之股票为"公私财物"，则盗取即为既遂，所谓抛售不过是销赃行为；如所盗之股票为无价值之物，自无所谓认定数额问题。或许可以理解为，被告人的犯罪对象为股票之价金，非为股票本身，股票票面数额仅仅是用以计算所欲盗取之价金。如这一理解成立，则股票本身不过是无价值之纸张，并非"公私财物"。

因此，就记名股票而言，由于股票本身仅为记名权利凭证，并无价值，并非"公私财物"，仅仅是获得公私财物的手段；就公司债券而言，记名公司债券可与股票做同一理解，但不记名、不挂失的公司债券具备了特别动产的特征，可径直认定为公私财物。需要特别指出的是，尽管我国在二级市场（证券交易所）上公开交易的上市公司股票为无记名股票，但如前文所述，这些无记名股票欠缺有体物的外观条件（为证券公司记名股票账户中的数据），其交付必须经由记名账户改写数据方能实现，其自身并不具有独立形态，其存在系以证券公司记名股票账户为前提。因此，这些无记名股

---

[①] 判例中争议较大的并不在于信用卡是否为"公私财物"，而是盗窃信用卡并使用的行为应定盗窃还是诈骗，这一分歧很大程度上由所谓"机器不能成为诈骗的对象"而来。且不论"机器不能成为诈骗对象"的说法能否成立，假定盗窃信用卡后至银行柜台转账或支取现金，究竟该定何罪？立法者不能因为自助机器的普及改变行为的性质。参见黄寒：《在银行存入假币后领取真币的行为如何定性》，载刘宪权主编：《刑法学研究》（第2卷），上海人民出版社2006年版，第231～239页；关于"机器不能成为诈骗对象"的主张，参见张明楷：《机器不能成为诈骗罪的受骗者》，载刘宪权主编：《刑法学研究》（第2卷），上海人民出版社2006年版，第71～96页。

[②] 参见《王福建盗窃案》，载《中国审判案例要览·1994年综合本》，中国人民公安大学出版社1995年版，第302～304页。

[③] 参见《甘毅盗窃股票案》，载《人民法院案例选（1992～1999年合订本）·刑事卷》（下），中国法制出版社2000年版，第784～785页。

票虽称为"无记名",但并非特别动产,无法认定为物,更不能直接认定为公私财物。所以,在涉及这些所谓无记名股票时,所谓财产指的是相应记名股票账户所表征的整体财产。而记名股票账户就其性质仍为记名权利凭证,其实质与记名银行存折或借记卡相同,只不过股票账户是以电子数据为表现形式而银行存折或借记卡以纸张或塑料卡片为表现形式。

此外,在权利凭证中,争议较大的尚有欠条、彩票、消费券消费卡等储值券卡。

多数涉及欠条判例为敲诈勒索案,在这类案件的判例中,司法机关倾向于将欠条视为敲诈勒索的手段,而非"公私财物"。如在毛文宏、黄玉明设置圈套敲诈勒索案中,司法机关未认定被告人以暴力威逼被害人写下欠条本身构成敲诈勒索罪;[1]在林建文、钟业强抢劫、敲诈勒索案中,司法机关亦未认定被告人逼使被害人写出一张数额为 600 元的欠条的行为构成犯罪;[2]在赵银安诈骗案中,司法机关也主张"被告人骗取 50 万元借据后,未实际获得财产,属犯罪未遂"。[3]

但在刘先武等抢劫、敲诈勒索、流氓案中,司法机关主张,79 刑法第154 条敲诈勒索罪的犯罪对象包括财物与财产性利益,欠条为财产性利益,认定"在本案中,被告人逼被害人打下欠条,构成敲诈勒索罪"。[4] 在孙吉勇利用他人过错敲诈勒索案中,司法机关主张,"对出借方而言,借条就是一种证明其给借用人出借了一定金额的金钱或者实物的凭证,是其向人民法院起诉主张债权的证据。从这个意义上说,借条就是财产,谁拥有该借条,谁就能获得该借条上载明的财产"。[5] 这样的解释显然过于极端了。因为欠条本身仅仅是财产性利益(债权)的凭证,而胁迫(敲诈勒索等)设立的债之法律效力为可撤销可变更的合同,换言之,这类情形中的欠条所表彰的财产性利益无法当然实现。如被害人交付欠条上所载数额的财物,则敲诈勒索的对象当为所交付的财物本身,而非欠条所表彰的财产性利益。

---

[1] 参见《毛文宏、黄玉明设置圈套敲诈勒索案》,载《人民法院案例选(1992～1999 年合订本)·刑事卷》(下),中国法制出版社 2000 年版,第 1014～1017 页。

[2] 参见《林建文、钟业强抢劫、敲诈勒索案》,载《中国审判案例要览·1993 年综合本》,中国人民公安大学出版社 1994 年版,第 206～209 页。

[3] 参见《赵银安诈骗案》,载《中国审判案例要览·2004 年刑事审判案例卷》,人民法院出版社、中国人民大学出版社 2005 年版,第 283～289 页。

[4] 参见《刘先武等抢劫、敲诈勒索、流氓案》,载《中国审判案例要览·1994 年综合本》,中国人民公安大学出版社 1995 年版,第 294～299 页。

[5] 《孙吉勇利用他人过错敲诈勒索案》,载《人民法院案例选》(2007 年第 2 辑,总第 60 辑),人民法院出版社 2007 年版,第 92 页。

或是因此之故，在孙吉勇利用他人过错敲诈勒索案中，司法机关又主张，"借条虽然可以作为财产的凭证，但债权的实现须有债务人自动履行债务行为或者法律的强制措施。从这个意义上说，借条本身还不是财产"。①

当然，如以消灭债务为目的，且欠条是证明债务的唯一凭证，在此情形下，欠条的法律意义有所不同。在戚道云伙同他人抢劫欠条逃债案中，司法机关即主张：

> 欠款凭证本身虽不是财产，但却是财产权利的主要证明凭证，有时甚至是惟一的证明凭证，丧失这种凭证，债权人就难以甚至根本无法向债务人主张自己的财产权利。被告人劫取被害人10万元欠条的行为，是为了剥夺被害人对该10万元的请求权。因此，可以说，在特定情况下，欠款凭证往往就等于同值的财产。……尽管欠条与支票、股票等有价证券有区别，不具有当然的价值，但它在特定的当事人间则具有价值，是一定的财产权凭证，具有表明一定财产所有关系的特征，体现为一定的民事权利，该民事权利的物化就是财产。因而欠条应当纳入抢劫罪侵犯对象的公私财物的范畴中。②

在韩继林抢劫案中，司法机关亦主张，"欠条系确认双方债权债务的惟一凭证，欠条的毁损，表明被害人已失去了向债务人主张债权的凭据。……被告人毁损欠条的行为，侵犯了他人合法的财产性利益，成立抢劫罪"。③

由此可见，所谓欠条作为公私财物的前提是该欠条为表彰债权的唯一证明，且获取该欠条仅以消灭本人债务为目的，非以取得债权为目的。如该欠条并非债权债务关系的唯一证明，或行为人获取欠条并非以消灭本人债务为目的，自不应将欠条纳入"公私财物"范畴。

彩票作为不记名、不挂失有价凭证，将之视为特别动产似无太多疑义。司法判例亦均主张彩票为公私财物。在叶静挪用资金案中，司法机关明确主张：

① 《孙吉勇利用他人过错敲诈勒索案》，载《人民法院案例选》（2007年第2辑，总第60辑），人民法院出版社2007年版，第93页。
② 《戚道云伙同他人抢劫欠条逃债案》，载《刑事审判参考》（第3卷上），法律出版社2002年版，第103～104页；《人民法院案例选》（第41辑），人民法院出版社2003年版，第60页。
③ 《韩继林抢劫案》，载《中国审判案例要览·2003年刑事审判案例卷》，人民法院出版社、中国人民大学出版社2004年版，第241页。

彩票是一种有价证券,在分类上属于期待权的有价证券,其上存有两种权利:一是持券人对构成证券的纸质载体的所有权;二是证券所表彰的可期待利益。彩票形成之是由购买人支付对价取得(即给付投注款),至兑奖之前,还可以做交易,开奖时可以作为期待利益实现与否的凭证,这表明彩票既具有价值,同时也具有使用价值,故在司法实践中仍应将彩票纳入刑法中的"财物"范畴。①

在刘必仲挪用资金案中,司法机关亦援引财政部〔2002〕13 号《彩票发行与销售管理暂行规定》第 2 条所规定的"彩票是国家为支持社会公益事业而特许专门机构垄断发行,供人们自愿选择和购买,并按照事前公布规则取得中奖权利的有价凭证",认定"彩票作为不记名有价凭证,具有可评价性……票额面值即是实际价值"。②

上述两案中,尽管司法机关均明确主张彩票为公私财物,不过司法机关同时充分考虑了两案被告人"欲在中大奖后以奖金补缴投注本金"的情节,声称"被告人不交款而取得彩票,与贪污犯罪中少交款而获取利益在性质上并无二致,结果是使单位本应收取的款项未能收到,即侵害了单位对购彩款的所有权。所以,本案中被告人的行为对象应是福彩中心应收取的购彩款";③"不交纳投注金购买彩票的行为,与直接挪用福利彩票投注站的资金购买彩票,在性质上是相同的,可视为挪用本单位资金购买彩票。……本案被告人未缴纳投注金而打印出彩票是一种变相侵犯公益资金使用权的行为"。④ 不过,如此一来,则显然扩张了挪用资金罪中"资金"的范畴。在叶静挪用资金案中,司法机关为此主张"对'资金'应作广义的理解,而不局限于有形的、实物的、可实际控制的钱财,如贪污犯罪中,对应交给单位款项而弄虚作假少交,从而享有了少交部分的利益,虽该利益的获得无任何财产的具体表现形式,也属贪污单位财物"。⑤

---

① 《叶静挪用资金案》,载《中国审判案例要览·2008 年刑事审判案例卷》,人民法院出版社、中国人民大学出版社 2009 年版,第 392 页。

② 参见《刘必仲挪用资金案》,载:《刑事审判参考》(总第 48 集),法律出版社 2006 年版,第 30～40 页;《人民法院案例选》(2007 年第 1 辑,总第 59 辑),人民法院出版社 2007 年版,第 66～71 页。

③ 参见《叶静挪用资金案》,载《中国审判案例要览·2008 年刑事审判案例卷》,人民法院出版社、中国人民大学出版社 2009 年版,第 393 页。

④ 参见《刘必仲挪用资金案》,载《刑事审判参考》(总第 48 集),法律出版社 2006 年版,第 30～40 页;《人民法院案例选》(2007 年第 1 辑,总第 59 辑),人民法院出版社 2007 年版,第 66～71 页。

⑤ 参见《叶静挪用资金案》,载《中国审判案例要览·2008 年刑事审判案例卷》,人民法院出版社、中国人民大学出版社 2009 年版,第 388～393 页。

由于彩票体现了彩票购买者与彩票机构之间的射幸合同关系,在彩票开奖前,通常情况下无人确知彩票中奖与否。在彩票开奖后,未能中奖的彩票不再具有价值,而中奖的彩票则成为领取中奖财物的凭证,具有类似于不记名、不挂失的提单之性质。在何忠宝盗窃案中,司法机关认定,"被告人盗窃彩票时系希望彩票能中奖而领取奖金,说明被告人主观上具有非法占有彩票奖金的目的,客观上被告人亦实施了领取奖金的行为,符合盗窃罪的构成要件","本案彩票中奖的奖金计入盗窃数额"。[①] 依此逻辑,自当全额认定既遂,但司法机关又主张"本案被告人已着手实施领取税后一定奖金 111816.80 元的行为,但因为意志以外的原因而未得逞,系犯罪未遂"。[②] 司法机关的这一处理方式与前述龚俊盗窃月饼预约券案[③]的处理方式大体相同,亦容有争议。[④]

随着商业的发达,商业机构发行的各种代币充值卡、消费卡、消费券等储值卡日益增多,如移动通信储值卡、交通卡、油卡、各种商业机构发行的 VIP 充值卡、网络服务运营商提供的游戏点卡,尽管司法判例大多承认上述各种储值卡(预付费卡)为公私财物,但在解释上可谓千奇百怪。

在周小波等盗窃案中,司法机关的逻辑就比较古怪。司法机关主张:

> 本案被害人将钱预存到加油卡内时,与加油站的交易行为已经完成,卡内的钱已经转化为与现金价值相当的汽油,加油站成为了汽油的保管人,再用预存卡进行消费的行为只是将本属于自己的所有物取走。……被害人中国电信集团购买加油卡已向加油站支付了现金,从而获得加油卡内相当于现金价值的汽油的所有权属,加油站对卡内的汽油只是拥有保管权,而无所有权。所有权是占有、使用、收益的权利,中国电信集团对加油卡内汽油的占有是通过加油卡而实现的,是

①  参见《何忠宝盗窃案》,载《中国审判案例要览·2008 年刑事审判案例卷》,人民法院出版社、中国人民大学出版社 2009 年版,第 340~341 页。

②  参见同上书,第 340 页。

③  参见同上书,第 333~337 页。

④  假定行为人窃取现金,尚未来得及消费即被抓获,可否认定行为人盗窃现金未遂? 对不记名、不挂失的权利凭证来说,凭证与权利合一,得失权利凭证即得失权利本身,且不记名、不挂失的权利凭证具有一定的流通性,故在民法上被纳入动产(特别动产),与现金并无实质区别。现金是由国家提供付款保证的不记名、不挂失的换取钱币的纸张。在金本位制下,相当于等值的金银。而非纸币特别动产与现金相比,其区别仅仅在于提供付款保证者有所不同,前者为商业机构,后者为国家(国库券、政府债券例外);也由于提供付款保证者不同,非纸币特别动产的流通性不如作为一般等价物的货币。因此,二者性质并无根本不同。

一种间接占有。①

　　这显然是超乎常理的解释，即便承认加油卡所有人"将钱预存到加油卡内，与加油站的交易行为已经完成"，所完成的仍不过是获得加油站提供等值加油服务的权利，而非等值的汽油本身。其理由是，作为所有权之对象的财物必须是特定化的，当且仅当持卡人加了特定的汽油后，所加的特定的汽油方为持卡人所有的汽油。因此也不存在所谓"代为保管"或"间接占有"问题。② 司法机关如此解释的目的只有一个，即坚持认定盗窃而非诈骗。司法机关坚持认定，由于前述卡内的汽油的所有权属被害人所有，因此，加油站不是本案的被害人，加油站"自愿交出的财物也不是其自己的财物，因此不能认定被告人的行为是诈骗"。③

　　其他涉及储值卡的判例大多为电子数据化储值卡。随着技术的进步，银行、证券公司等金融机构的账户系统已实现电子数据化，无折无卡存取款、转账支付等不过是金融机构账户系统的电子数据化向金融客户拓展的体现，纸质存折、塑料卡片、股东代码卡等不过是相关资金、股票数据信息载体。因此，权利凭证电子数据化，不限于各种储值卡，也包括了各类权利凭证，下文将一并讨论。

　　从形式上看，权利凭证的电子数据化似乎仅仅是改变了权利凭证载体的形式，即从传统的纸张、塑料卡片变成了电子数据，对其性质的认定似乎不应有重大区别。从司法判例来看，司法判例大多也支持涉及银行账户、股票账户等权利凭证电子数据适用有关权利凭证的传统立场。

　　在前述张卫兵盗窃案中，司法机关即已主张"电子资金"为"公私财物"。④ 在郝景文、郝景龙盗窃案中，司法机关认定，"被告人通过非法操纵计算机将银行资金划入个人存款账户，自该资金被划入个人存款账户内时

---

① 《周小波等盗窃案》，载《中国审判案例要览·2008 年刑事审判案例卷》，人民法院出版社、中国人民大学出版社 2009 年版，第 333～334 页。

② 众所周知，汽油的价格在不同时段是不一样的，使用加油卡加油时，每一次所加汽油的价格亦不同，同值的加油卡实际所加的油量通常很难完全一致，何来对汽油的所有权？况且，商业实践中往往可以将加油卡退卡，取回现金。如按照司法机关解释的逻辑，难道退卡的行为要解释成持有人将汽油卖回给加油站吗？

③ 参见《周小波等盗窃案》，载《中国审判案例要览·2008 年刑事审判案例卷》，人民法院出版社、中国人民大学出版社 2009 年版，第 334 页。事实上，司法机关在本案中亦承认"加油站工作人员未对行为人的身份进行核实就进行了划款操作，属于工作上违规，而且案发后加油站还因此对被害人进行了赔偿，符合诈骗罪的特点"。

④ 参见《张卫兵盗窃案》，载《中国审判案例要览·2006 年刑事审判案例卷》，人民法院出版社、中国人民大学出版社 2007 年版，第 273～278 页。

起,被告人已经在事实上通过该存款账户取得了划入款项的所有权,即被告人可凭存单随时支取存款账户内的钱款,其盗窃犯罪行为已经实施终了"。① 在浦平波盗窃案中,司法机关认定,"被告人实施了在其个人股票账户上非法虚增资金的行为后,证券交易部的计算机资金管理系统已确认被告人股票账户上所增加的资金,被告人在事实上已对其股票账户所增加的资金拥有了实际支配力,可以随时依据其个人股票账户上所增加的资金进行股票买卖或取款等行为,也就是说,被告人已通过该股票账户取得了所虚增资金的所有权,盗窃既遂"。②

而在严峻故意毁坏财物案与朱建勇故意毁坏财物案中,司法机关均认定以电子数据形式存在的股票账户及账户下的股票和资金为"公私财物"。③ 事实上,电子数据形式表达的账户及账内资金与卡折等形式表现的账户及账内资金并无区别,仅仅是载体不同,实质上均为以账户为表现形式的记名权利凭证;而以电子数据形式表达的证券公司开立股票账户内的流通股虽名为无记名股票,其实质亦是以账户(记名股票账户)为表现形式的记名权利凭证(记名股票账户内的流通股亦如银行账户内的资金,只是权利凭证所表彰的整体财产之部分)。

当然,值得注意的是,电子账户的使用与控制并不具有排他性,就证券交易所电子股票账户而言,任何人只要掌握股票账户号码和密码,均可同时使用和控制电子股票账户。因此,只要行为人未转移或未变相转移电子股票账户中的股票和资金,仍不构成侵犯财产罪。只有当行为人转移或变相转移被害人电子股票账户中的股票和资金,造成被害人财产损失,才能认定构成侵犯财产罪。在孔庆涛盗窃案中,司法机关即主张,"被告人并非将他人账上资金全部窃为己有,也就是说被害人并未丧失全部被盗用资金的所有权,被盗用的资金不是也不可能全部成为盗窃所占有的数额。因而

---

① 参见《郝景文、郝景龙盗窃案》,载《最高人民法院案例全集:1985~2001年》,中国民主法制出版社2001年版,第318~325页;《刑事审判参考》(第2卷),法律出版社2001年版,第143~148页;《中国审判案例要览·2001年刑事审判案例卷》,中国人民大学出版社2002年版,第246~252页。

② 参见《浦平波盗窃案》,载《人民法院案例选》(2003年第1辑,总第43辑),人民法院出版社2003年版,第39~44页。

③ 参见《严峻故意毁坏财物案》,载《人民法院案例选》(2005年第4辑,总第54辑),人民法院出版社2006年版,第48~53页;《中国审判案例要览·2005年刑事审判案例卷》,人民法院出版社、中国人民大学出版社2006年版,第280~285页。《朱建勇故意毁坏财物案》,载《中国审判案例要览·2003年刑事审判案例卷》,人民法院出版社、中国人民大学出版社2004年版,第315~318页。

不能以被害人账上资金数额作为盗窃数额"。① 在钱炳良盗窃案中,司法机关认定,"被告人不是直接非法占有被害人账户上的股票和资金,而是通过支付'对价'秘密窃取被害人账户上的股票,给付股票秘密将被害人股票账户上的资金转归己有,即通过买、卖股票的形式非法占有了其中的差价款。……由于被告人非法占有盗买盗卖股票的'获利'款,直接来源于被害人的财产损失,这种盗窃手段与直接非法占有被害人的财产在本质上是相同的,应以盗窃罪定罪处罚"。②

在杨志成盗窃案中,司法机关认定,"被告人利用破译 VIP 计分卡系统程序软件的方法,进入被害公司 VIP 积分充值系统,将作废的 VIP 计分卡激活重新充值后用于个人消费,其行为属于以非法占有为目的,秘密窃取他人财物的盗窃行为,且盗窃数额特别巨大,已构成盗窃罪"。③ 不过在该案中,司法机关主要讨论了该行为构成盗窃还是侵占,且强调"将作废的 VIP 计分卡激活重新充值后用于个人消费",判例中无法得知该 VIP 计分卡是否记名,司法机关究竟是否认定 VIP 计分卡本身即为"公私财物"并不非常清晰。④ 但在童文媛等盗窃案中,司法机关明确主张:

> 消费积分虽然不同于传统意义上的财物,但其实质是一种财产性权利(利益)凭证,其本身即具有一定的财产价值,消费者可以通过兑换积点等方式予以处分所获赠的积分,以实现直接消费或接受服务。……消费积分对于消费者和经营者来说,都意味着一定财产性利益的获得或付出。对于获赠消费积分的消费者而言,消费积分实质上是一种财产性权利凭证,而对于经营者来说,每赠送一定的消费积分则意味着一定财产性利益的支出。⑤

大体上,司法机关倾向于将各种电子数据形式表现的服务卡、计分卡、消费积分视同以纸质或卡片为载体储值卡,认定为财产性利益。

在丁昊等诈骗案中,司法机关明确将电子数据形式的储值卡与所谓虚拟财产区分开来,主张:

① 参见《孔庆涛盗窃案》,载《刑事审判参考》(第 3 卷上),法律出版社 2002 年版,第 90~94 页。
② 参见《钱炳良盗窃案》,载《刑事审判参考》(总第 41 集),法律出版社 2005 年版,第 38~49 页。
③ 参见《杨志成盗窃案》,载《最高人民法院公报》2008 年第 11 期。
④ 同上。
⑤ 童文媛等盗窃案,参见王信芳、沈解平、王连国:《虚增消费积分用于消费构成盗窃罪》,载《人民司法》2008 年第 2 期。

网易一卡通点数卡是网易公司为使其客户在其网站上更方便地享受付费服务而推出的储值卡,为预付费卡。其与虚拟货币不同,而与商场购物券、手机充值卡等功能类似,可以说是一种特殊的商品。①

在王彩坤诈骗、张娟销售赃物案中,司法机关亦主张,

骏币虽然是一种网路上的虚拟符号,……〔但〕事实上承担着一般等价物的功能,即承担着交易双方支付手段的功能,且客户与骏网公司的合作终止时,可以要求退回现金。因此,骏币体现着一定的货币价值,具有真实的财产性特点,属于财产的范畴,……且在本质上与其他财物无异,体现着一定的货币价值,行为人非法获取之后即完成犯罪。②

实务中争议较大的游戏点卡、Q币等,就其本质而言,仍是财产性利益的凭证。司法机关亦倾向于这一立场。在周玮盗窃案中,司法机关认定该案中没有实物载体、以电子数据的形式保存的游戏点卡为"无物流充值卡","不同于游戏世界中的装备等物,游戏点卡在现实市场中也可以流通,实际上是一种充值卡,与电话充值卡一样,在现实生活中有明确的相对应的财产数额,……体现网络公司提供的网络服务的劳动价值,应当属于刑法保护的客体",并明确主张"应当界定'虚拟财产'是专指游戏世界中的游戏装备等虚拟财产,与现实中以电子数据为表现方式的财产如本案中的游戏点卡区别开来"。③ 在朱仁盗取网络游戏充值卡案中,司法机关亦持同一立场,认定被告人盗取网络游戏充值卡的行为构成盗窃罪。④

在孟动、何立康网络盗窃案中,司法机关一方面认定:"Q币和游戏点卡是腾讯公司、网易公司在网上发行的虚拟货币和票证,是网络环境中的

① 《丁昊等诈骗案》,载《中国审判案例要览·2007年刑事审判案例卷》,人民法院出版社、中国人民大学出版社2008年版,第307页。
② 《王彩坤诈骗、张娟销售赃物案》,载《中国审判案例要览·2008年刑事审判案例卷》,人民法院出版社、中国人民大学出版社2009年版,第356~357页。
③ 参见《周玮盗窃案》,载《中国审判案例要览·2007年刑事审判案例卷》,人民法院出版社、中国人民大学出版社2008年版,第301~306页。
④ 《在朱仁盗取网络游戏充值卡案》,参见最高人民法院网站,http://www.court.gov.cn/html/article/200409/20/1237.shtml(访问日期:2010年1月31日)。

虚拟财产。用户以支付真实货币的方式购买Q币和游戏点卡后,就能得到发行Q币和游戏点卡的网络公司提供的等值网上服务"。① 如此,Q币和游戏点卡与前述以电子数据为表现形式的各种充值卡、储值卡并无本质差异,同样为获得有偿服务(网络公司提供的网上服务)的凭证,体现了权利人所享有的财产性利益。另一方面,司法机关又专门提出了一个一般论断,主张"行为人通过网络实施的虚拟行为如果对现实生活中刑法保护的客体造成危害构成犯罪的,应当受刑罚惩罚"。② 显然,如果Q币和游戏点卡代表着财产性利益(有偿网上服务),与前述判例中的各种手机充值卡、电信卡并无区别,完全没有必要提出这一危险且含糊的主张。如果司法机关意图区分以电子数据形式表现的财产性利益或财物(如资金账户)与专指游戏世界中的游戏装备等虚拟财产,司法机关所主张的这一标准亦无意义。因为,众所周知,网络游戏中游戏装备的交易非常频繁,实践中亦多以现实货币或其他财物来交换,那么盗窃网络游戏中的游戏装备是不是也意味着"对现实生活中刑法保护的客体造成危害"? 从该判例表述来看,也许困扰司法机关并促使司法机关作出前述一般论断的原因也许在于司法机关所陈述的"网络用户取得Q币和游戏点卡的方式,除了支付现实货币购买外,还可以通过网络游戏中的不断'修炼'而获得","这后一取得方式使Q币和游戏点卡的价格变得模糊"。司法机关所疑虑是似乎是以"这后一取得方式"获得的Q币和游戏点卡的价格问题。然而,以"这后一取得方式"获得的Q币和游戏点卡不过是经营者(网络公司)奖励客户(游戏者)的以Q币和游戏点卡形式表现的有偿网上服务(财产性利益),与支付现实货币购买的Q币和游戏点卡所表彰的有偿网上服务并无区别,二者价格并无区别,谈不上模糊的问题。③ 因此,司法机关所称的"至于网络用户在网络游戏中通过不断'修炼'而获得的Q币和游戏点卡,只是网络公司用以吸引客户的一种手段。这部分Q币和游戏点卡由于不参加网络公司与网络客户之间的交换,因此不影响Q币和游戏点卡

---

① 参见《孟动、何立康网络盗窃案》,载《最高人民法院公报》2006年第11期;《刑事审判参考》(总第53集),法律出版社2007年版,第42~49页。

② 同上。

③ 在前述童文媛等盗窃案中,司法机关即明确认定"消费者通过消费获赠一定的消费积分并进而通过处分积分来获取一定的财产或财产性利益;经营者则通过赠送积分鼓励消费者主动消费来获取预期的额外收益……消费积分是经营者为鼓励消费而赠与消费者的一种财产性权利(利益)凭证"。本案中所谓以"这后一取得方式"获得的Q币和游戏点卡与童文媛等盗窃案中的消费积分性质并无不同。参见童文媛等盗窃案,参见王信芳、沈解平、王连国:《虚增消费积分用于消费构成盗窃罪》,载《人民司法》2008年第2期。

的交易价格",①则完全不知所云。因此,我们也许有理由推断司法机关不过是借此案强行对已成社会热点问题的"网络虚拟财产"发表一般论断,尽管这一论断如前所述与本案并无直接关联。司法机关甚至据此论断进一步主张:

> 这些以电磁记录为载体表现出来的虚拟物品,理论上将其称之为虚拟财产。其主要是网络游戏玩家通过申请游戏账号、购买游戏点卡、在线升级等手段获得的货币、武器、装备等。从其来源形式看,主要为:一是玩家投入大量的时间、精力和金钱在游戏中不停"修炼"获得……应该指出,对于来源于玩家自身"修炼"获得的虚拟财产价值的确很难确定;但对于通过交易方式取得的虚拟财产价值则是可以衡量的,而且进一步说,从财产保护的平等性出发,只要具有财产属性就应当给予平等的法律保护,至于财产价值确定的难易不能成为法律是否给予保护的根据。②

所谓"修炼"获得的网络游戏虚拟装备、武器是一回事,通过消费(网络游戏)获得经营者所赠与的增值服务是另一回事,司法机关有意混淆二者之间显而易见的区分,也许只能说明司法机关的野心吧。

也许正是出于对所谓的"行为人通过网络实施的虚拟行为如果对现实生活中刑法保护的客体造成危害构成犯罪的,应当受刑罚惩罚"这一论断的反感,在金科等侵犯通信自由案中,司法机关表达了截然不同的立场,司法机关一方面承认"Q币是用于计算机用户使用腾讯网站各种增值服务的种类、数量或时间等的一种统计代码",但同时有坚持"Q币必须依附于腾讯网站中各用户的QQ号码使用,不能用于腾讯网站增值服务以外的任何商品或服务","不属于刑法意义上的财产保护对象"。③司法机关在此表达了对无限扩张侵犯财产罪中"公私财物"范畴的担忧。司法机关在该案中重申强调盗窃罪的犯罪对象是"公私财物","在我国刑法第91、92条及最高人民法院《关于审理盗窃案件具体应用法律若干问题的解释》对公私财产的含义及其种类所作界定中,未将Q币等纳入刑法保护的财产之

---

① 参见《孟动、何立康网络盗窃案》,载《最高人民法院公报》2006年第11期;《刑事审判参考》(总第53集),法律出版社2007年版,第42~49页。
② 同上书,第47~48页。
③ 参见《金科等侵犯通信自由案》,载《中国审判案例要览·2008年刑事审判案例卷》,人民法院出版社、中国人民大学出版社2009年版,第283~291页。

列"，其谨慎可见一斑。[①] 但既然司法机关承认使用 Q 币可以获得腾讯网站的各种增值服务，即意味着 Q 币代表着获得腾讯网站提供的网上服务这一财产性利益，而将表彰财产性利益的、以电子数据形式存在的有价凭证纳入"公私财物"范畴已是我国司法判例中几乎少有争议主张。因此，本判例不无矫枉过正之嫌。[②]

不过，必须指出的是，尽管在通常情形下，电子数据化的权利凭证适用有关权利凭证的传统立场不会导致法律解释逻辑的混乱，但当涉及无记名证券的电子数据化时，有必要进一步考察直接适用有关权利凭证的传统立场是否妥当。如前文所述，传统权利凭证中的无记名证券为特别动产，应以全额认定；而涉及非特别动产的权利凭证的财产犯罪则以所造成实际损失予以认定。但当权利凭证电子数据化之后，将无记名证券认定为特别动产的基本要件及其社会需求即已丧失。

如前文所述，无记名证券只有具备有体物的外观条件时才被认定为特别动产。而无记名证券一旦电子数据化，则其有体物的外观要件即已不存在。更为重要的是，在电子网络兴起之前，无记名证券之所以被认定为特别动产，其根基在于维护交易便捷，降低交易成本。无记名证券之持有人即被认定为权利人，持有无记名证券（即占有之外观）则足以表征权利，买受人因此无须审查无记名证券之持有人是否为权利人。事实上，如果要求买受人必须审查无记名证券之持有人是否为权利人，那么这一任务即便不是不可能完成的至少也是需要付出巨额的成本才能完成。如此，则无记名证券这一商业发明的意义也就不复存在了。而这一规则无疑以无记名证券实际权利人承受一定的风险为代价的。

但在电子网络兴起之后，以电子数据形式存在的无记名证券在电子网络中流转，其流转在技术上均可追踪，电子数据化无记名证券的签发人在无记名证券被实际消费前，理论上均可控制并预防损失的发生；且在电子

---

① 参见《金科等侵犯通信自由案》，载《中国审判案例要览·2008 年刑事审判案例卷》，人民法院出版社、中国人民大学出版社 2009 年版，第 283～291 页。

② 当然，QQ 号码虽可买卖，但其本身却并不代表获得特定有偿服务的有价凭证。如同各种特殊类型的号码，尽管可买卖，却非"公私财物"。本案司法机关就 QQ 号码性质的认定应当可以成立。参见《金科等侵犯通信自由案》，载《中国审判案例要览·2008 年刑事审判案例卷》，人民法院出版社、中国人民大学出版社 2009 年版，第 283～291 页。另外，在王微、方继民诈骗案中，司法机关即主张手机号码（本案所涉号码为＊＊＊＊＊＊8888、＊＊＊＊＊＊6666 等手机号码）"本身只是一种通讯代码，不具有价值，不具备财物的属性"。可与本案对 QQ 号码的认定相参证。参见《王微、方继民诈骗案》，载《刑事审判参考》（总第 71 集），法律出版社 2010 年版，第 36～41 页。

网络中,随着各种电子交易系统身份认证机制的发展,电子数据化无记名证券之持有人均可以明确,将前述传统形式的无记名证券认定为特别动产的核心理由(即审查无记名证券持有人是否为权利人在技术上已经完全可能且审查成本亦已大大降低)已不再重要。因此,在电子网络环境下继续将无记名证券认定为特别动产的传统规则适用于电子数据形式的无记名证券,继续让无记名证券实际权利人承受风险是否有必要、是否正当,有必要重新考量。最后,更为关键的是,在电子网络系统中,电子数据化的无记名证券必须存在于特定的电子网络账户下,在这一意义上,所谓电子数据化的无记名证券不过表彰了记名电子网络账户下的具体财产价值(如股票账户中的无记名股票、电子银行中的"电子资金")。因此,在电子网络环境下,无记名证券之"无记名"的意义已不复存在;在电子网络环境下,区分是否为不记名、不挂失、能否随即兑现等已无必要。故而,笔者认为,电子数据形式存在的所有权利凭证均应适用以整体财产实际损失数额作为认定的标准。

不过,很遗憾,从目前的司法判例来看,司法机关的立场大体上倾向于直接套用传统权利凭证的规则,将电子数据形式的无记名证券视为特别动产予以全额认定。在徐剑心盗窃案中,司法机关即认定:"充值卡数据是一种电信资费,电信部门通过对充值卡新生成或修改为用户提供通讯服务……被告人进入系统将充值卡数据进行修改,并将数据保存在自己的电脑中,其所修改部分此时便已脱离联通公司的控制而为其本人实际控制,犯罪便已既遂。"[1]显然,在司法机关看来,充值卡电子数据与通常所见纸质或卡片式充值卡并无区别,均为无记名、不挂失有价凭证,为"公私财物"。在程稚瀚盗窃案中,司法机关亦主张"诸如账号、密码等代表或可代表一定财产权益的数字也可以成为盗窃罪的犯罪对象","充值卡的明文密码及与之相对应的密码共同代表着一定金额的电信服务,明文密码是充值卡有效充值的依据,不论何人获得,均可通过充值程序获得享受固定金额的电信服务的权利,所以该密码本身具有一定的财产价值,同属于财物范畴,能够作为盗窃罪的对象"。[2] 在上述两案中,司法机关均以面值全额认定了上述电子数据形式的无记名证券,令人遗憾。

---

[1] 参见《徐剑心盗窃案》,载《中国审判案例要览·2006年刑事审判案例卷》,人民法院出版社、中国人民大学出版社2007年版,第283~287页。

[2] 参见《程稚瀚盗窃案》,载《刑事审判参考》(总第72集),法律出版社2010年版,第38~46页;《中国审判案例要览·2007年刑事审判案例卷》,人民法院出版社、中国人民大学出版社2008年版,第293~300页。

从上述判例所讨论的各种类型的有价凭证来看,尽管司法判例无法对各种类型的有价凭证予以系统的梳理分类,但大体上,我们可以认为,有价凭证为权利凭证,所表彰的权利大多为债权①或股权,以刑法通行的术语来指称则均为"财产性利益",而"财产性利益"为我国刑法保护的财产,在司法判例中亦均得到较为一致的认可。随着商业的发达以及对交易便捷安全的强调,各国都将不记名财产权利凭证视为特别动产,因此,表彰"财产性利益"的有价凭证中亦分化出无记名证券,司法判例中对侵犯不记名财产权利凭证大多予以全额认定,可以说无记名证券已成为有价凭证中的独立类别。由于技术进步带来的财产权利凭证电子数据化的盛行,司法机关通常将表彰不记名财产权利的电子数据直接纳入"公私财物"范畴。但必须指出的是,在电子网络环境下,电子数据形式存在的无记名证券的电子化使得将无记名证券认定为特别动产已无意义,因此,以电子数据形式存在的无记名证券应当适用记名有价凭证的规则,不宜直接认定为"公私财物",而应以整体财产损失来衡量。对记名有价凭证,尽管我国两部《盗窃解释》作了更详细的区分,但就司法判例来看,大体上司法机关以行为人实际取得财产性利益、被害人财产遭受实际损失来认定,并不固守两部《盗窃解释》中能否随即兑现、票面价值已定未定的复杂分类标准。从司法判例来看,司法机关亦不倾向于直接认定记名有价凭证为"公私财物"。从诸判例的解释来看,司法机关的主张与其说认定行为人侵害了记名有价凭证,还不如说侵害了被害人的整体财产。因为仅仅获得记名有价凭证,如无后续使用行为,则记名有价凭证通常既不能为行为人带来财产利益,也不会使被害人财产利益遭受损失。

不过,财产权利凭证的电子数据化以及自助设备的大规模出现,也使得传统上记名与不记名的区分的意义逐渐模糊,由此亦使得本已聚讼纷纭的盗窃记名有价凭证究竟应认定盗窃还是诈骗问题进一步复杂化。因为记名有价凭证所载明的财产性利益的实现需债务人为交付方能实现,即便如可以背书转让的票据,亦涉及对"记名"的审查问题,行为人欲实现记

---

① 获得有偿服务的权利亦为债权;银行存款亦为债权。就银行存款,尽管我国民法理论中经常有人依据《宪法》所规定的"国家保护公民的合法收入、储蓄、房屋其他合法财产的所有权。国家依照法律规定保护公民的私有财产的继承权"以及《民法通则》所规定的规定公民个人拥有所有权的生活资料范围包括"合法收入、房屋、储蓄、文物和图书资料、林木、牲畜、生活用品",认定存款人享有银行存款的所有权。但从2007年《物权法》第54条、第65条来看,存款人对银行存款享有的应为债权。而各国无论大陆法系抑或英美法系各国存款人对银行存款享有债权早已成为定论。参见曹新友:《论存款所有权的归属》,载《现代法学》2000年第2期;刘丹冰:《银行存款所有权的归属与行使——兼论存款合同的性质》,载《法学评论》,2003年第1期。

有价凭证所载明的财产性利益势必需要使用"冒用"手段。以各种银行卡盗窃为例,司法判例中以"机器不能被骗"为由对行为人至柜台取款转账与至自动存取款机取款转账分别定诈骗罪与盗窃罪势必难以服众,但随着通讯、网络的发达,仅凭账号及密码就能够完成取款转账支付等行为,尽管行为人行为的本质仍属"冒用",但对商业便捷的需求在技术的催化下很大程度上已使付款人放弃了或无法实现对"记名"审查的义务,由此,"机器不能被骗"似乎反倒成为一个更合适的解决问题的手段。[①] 至于由于上述现象引起的有价凭证记名与不记名区分意义的日益模糊,究竟将会导致我国司法实践对有价凭证立场产生何种变化,尚无法预期。

### (四) 虚拟财产、电信码号及其他

所谓虚拟财产问题这几年在社会中有着广泛争议,司法判例亦多有涉及。前文亦已讨论过,在宽泛的"虚拟财产"一词下,有必要对之加以区分。在前述周玮盗窃案中,司法机关亦已明确主张"应当界定'虚拟财产'是专指游戏世界中的游戏装备等虚拟财产,与现实中以电子数据为表现方式的财产如本案中的游戏点卡区别开来"。[②] 就目前所见判例来看,除前述纯属借题发挥的孟动、何立康网络盗窃案[③]外,司法机关仅在颜亿凡盗窃案中明确主张"本案涉及的〔网络游戏〕装备属于虚拟财产,与普通商品一样具有价值和使用价值,具有财产属性,属现行法律,包括刑法的调整对象"。[④] 如果抛开司法机关程式化的论证,诸如"虚拟装备具有使用价值;其次,虚拟装备具有价值,为获取游戏装备,玩家以支付金钱和劳动为对价。再次,虚拟装备能够为玩家所控制。最后,虚拟装备具有流通性"等,那么,也许真正促成司法机关将网络游戏中的装备、武器认定为"公私财物"的理由在于,司法机关所称的"……该劳动成果可通过售卖的形式来换

---

① 需要说明的是,在涉及自动设备的情形下,"机器不能被骗"这一观点在逻辑上显然存在解释困难,但如果在技术上审查是否"冒用"难以实现,则"机器不能被骗"亦可视为便利的解决方式。当然,在目前情形下,更为妥当的方式或许是参酌《日本刑法典》第246条之二(使用电子计算机诈骗)、我国台湾地区现行刑法第339条之一(不正利用收费设备诈欺罪)、第339条之二(不正利用自助付款设备诈欺罪)、第339条之三(不正使用电脑诈欺罪)在我国刑法中专条予以明确。另参见黄寒:《在银行存入假币后领取真币的行为如何定性》,载刘宪权主编:《刑法学研究》(第2卷),上海人民出版社2006年版,第231~239页。

② 参见《周玮盗窃案》,载《中国审判案例要览·2007年刑事审判案例卷》,人民法院出版社、中国人民大学出版社2008年版,第301~306页。

③ 《孟动、何立康网络盗窃案》,载《最高人民法院公报》2006年第11期;《刑事审判参考》(总第53集),法律出版社2007年版,第42~49页。

④ 参见《颜亿凡盗窃案》,载《中国审判案例要览·2007年刑事审判案例卷》,人民法院出版社、中国人民大学出版社2008年版,第279~289页。

取现实生活中的货币,因此虚拟财产和现实生活中的货币是紧密相连的,具备了商品的一般属性……"①如果承认这一逻辑的话,那么,事实上将无法界定何为"公私财物"。在市场高度发达的社会中,一切皆可交易,一切皆与"现实生活中的货币紧密相连",那么,顺理成章,一切皆为"公私财物"。如此一来,对"公私财物"的讨论、将侵犯财产罪犯罪对象表述为"公私财物"都不再有意义。②因此,笔者认为,所谓"虚拟财产"问题在目前的情形下亦无必要纳入"公私财物"从而适用侵犯财产罪章罪名处理。③在前述金科等侵犯通信自由案中,司法机关认定"窃取他人 QQ 号码"行为构成侵犯通信自由罪,即为较为妥当的处理方式。而根据全国人大常委会 2000 年 12 月 28 日通过的《关于维护互联网安全的决定》第 4 条第 2 项、第 3 项规定,"非法截获、篡改、删除他人电子邮件或者其他数据资料,侵犯公民通信自由和通信秘密"、"利用互联网进行盗窃、诈骗、敲诈

---

① 参见《颜亿凡盗窃案》,载《中国审判案例要览·2007 年刑事审判案例卷》,人民法院出版社、中国人民大学出版社 2008 年版,第 279～289 页。

② 司法机关在颜亿凡盗窃案中援引我国台湾地区"法务部"2001 年 11 月 23 日作出〔90〕法检决字第 039030 号函释所主张的观点以为支持,该函释主张:"线上游戏之账号角色及宝物资料,均系以电磁记录之方式储存于游戏服务器,游戏账号所有人对于角色及宝物之电磁记录拥有支配权……上述角色及宝物虽为虚拟,然于现实世界中均有一定之财产价值,……与现实世界之财物并无不同,故线上游戏之角色及宝物似无不得作为刑法之盗窃罪或诈欺罪保护客体之理由。"参见《颜亿凡盗窃案》,载《中国审判案例要览·2007 年刑事审判案例卷》,人民法院出版社、中国人民大学出版社 2008 年版,第 279～289 页。

　　不过,我国台湾地区"法务部"上述函释所依据的是 1997 年台湾刑法修订第 323 条增列电磁记录以动产论之规定(修订后条文为"电能、热能及其他能量或电磁记录,关于本章之罪,以动产论"),但该修订于 2003 年台湾刑法再次修订时被删除,2003 年的修订将窃取电磁记录行为纳入新增的第 36 章(妨害电脑使用罪章)中规范。台湾地区检察署 2004 年 10 月 21 日法检字第 0930803840 号亦明确"窃取虚拟游戏装备实物者"以修订后刑法第 36 章(妨害电脑使用罪章)定罪处罚。

　　另一方面,正如许玉秀教授所指出的,"目前针对电脑使用的规范方式,从立法经验的具体到抽象演化史来看,只会是一个过渡的方式;……将电脑的使用独立成一个罪章,比较直接的意义,是显示立法者防堵眼下损害的急切,而告诉乃论的规定,暴露了立法者对于电脑在人类生活中的意义还不确定"。参见许玉秀:《新学林分科六法:刑法》(第 9 版),台湾新学林出版股份有限公司 2008 年版,第 A688～A689 页、第 107 页。

③ 在颜亿凡盗窃案中,司法机关辩称,1998 年《盗窃解释》第 1 条第 3 项对"公私财物"的理解,只规定"包括电力、煤气、天然气等"。"因为最高人民法院的解释只是列举了电力、煤气、天然气三种非实物物质,明确了'包括'的内容,并没有限定只有这三种物质才能适用该解释,所以可以理解为包括其他具有财物属性的公私财物亦属盗窃罪调整范围,当然包括本案涉及的虚拟财产","虚拟财产归入刑法调整范围并未扩大刑法适用范围"。而根据任何基本的法律训练,都无法得出所谓"虚拟财产"与"电力、煤气、天然气等"是同类事物、将"虚拟财产归入刑法调整范围并未扩大刑法适用范围"的结论。关于 1998 年《盗窃解释》第 1 条第 3 项的理解,前文已说明,此处不赘。参见《颜亿凡盗窃案》,载《中国审判案例要览(2007 年刑事审判案例卷)》,人民法院出版社、中国人民大学出版社 2008 年版,第 279～289 页。

勒索"构成犯罪的,依照刑法有关规定追究刑事责任。所谓虚拟财产(网络游戏中的装备、武器等)自可谓"其他数据资料",但侵害"虚拟财产"并不侵犯公民通信自由和通信秘密;而所谓"利用互联网进行盗窃、诈骗、敲诈勒索",按照最高人民法院研究室的理解,指的是诸如"擅自侵入银行计算机服务网站,将他人银行账号上的存款转到自己名下,或者利用电子商务(如签订电子合同、网上拍卖、网上招聘、网上购物、网上租赁等)进行诈骗,或者以在线发布他人隐私或毁损他人名誉的主页、电子邮件等方式相威胁,勒索他人财物的行为",①所谓侵害"虚拟财产"显然也不构成"利用互联网进行盗窃、诈骗、敲诈勒索"。

所谓盗窃"虚拟财产",本质上不过是秘密修改了网络游戏运营商控制的相关数据,对于此类情节严重的行为亦可考虑适用 2009 年 2 月 28 日发布的《刑法修正案(七)》增订的 97 刑法第 285 条第 2 款规定的"非法获取计算机信息系统数据、非法控制计算机信息系统罪"处罚。

就我国刑事立法实践看,近年来刑事立法并不倾向于将所有有价格之物事纳入侵犯财产罪章处理,97 刑法第 285 条第 2 款即是一例。类似的规定还有 2005 年 2 月 28 日发布的《刑法修正案(五)》增订的第 177 条之一第 2 款(窃取、收买或者非法提供他人信用卡信息资料罪)、2009 年 2 月 28 日发布的《刑法修正案(七)》增订的 97 刑法第 253 条之一第 2 款(非法获取公民个人信息罪)。事实上,行为人窃取信用卡信息资料、公民个人信息最主要的原因在于可以出卖谋利(这些信用卡信息资料、公民个人信息亦有市场价格,亦可流通),②立法机关并未将这些行为规定在侵犯财产罪章,而是分别在破坏金融管理秩序罪章与侵犯公民人身权利、民主权利罪章中予以专条规定,亦反映了立法机关的态度。

而在电信码号判例的演变中,我们倒是可以发现司法机关另一种倾向,即限制早期判例对"公私财物"的扩大解释。③ 在早期判例中,司法机

① 参见最高人民法院研究室编:《刑事司法解释理解与适用》,法律出版社 2009 年版,第 240 页。
② 司法当局曾指出,出售或者非法提供公民个人信息的活动之所以越来越猖獗,一个十分重要的原因就在于有庞大的市场需求。参见最高人民法院研究室编:《刑事司法解释理解与适用》,法律出版社 2009 年版,第 207 页。
③ 在有关电信码号案中,盗接他人通信线路、复制他人电信码号并使用或者以虚假、冒用的身份证件办理入网手续并使用移动电话的案件中,行为人侵犯的是通信线路合法使用者、电信码号合法持有者的财产性利益或移动电话运营商的有偿服务,并不涉及电信码号问题,此处不予讨论。这些判例如《方学玲盗用他人电话号码通话案》,载《人民法院案例选(1992~1999 年合订本)·刑事卷》(下),中国法制出版社 2000 年版,第 917~919 页;《郭伯毅盗窃案》,载《中国审判案例要览·1996 年刑事审判卷》,中国人民大学出版社 1997 年版,第 348~350 页;《王庆诈骗案》,载《刑事审判参考》(第 4 卷上),法律出版社 2004 年版,第 159~164 页。

关均主张复制他人移动电话码号，"致使邮电部门漏收入网费"，并坚持最高人民法院 1995 年 9 月 13 日发布的《关于对非法复制移动电话码号案件如何定性问题的批复》所规定的"盗窃数额以当地邮电部门规定的移动电话入网费计算"，[①]如前文已指出的，这一规定及相关判例的立场是不可思议的，因为如以入网费计算犯罪数额，那么非法复制移动电话码号的行为究竟侵犯的是什么呢？号码如果是资源的话，重号只是影响了已有号码用户的权利，对邮电部门利益并无损害。事实上，电信码号资源只是"由数字、符号组成的用于实现电信功能的用户编号和网络编号"（信息产业部《电信网码号资源管理办法》），为公共资源，在这一意义上，电信码号与任何公共服务码号（如身份证号码、车船牌号、门牌号码、土地房屋权属登记号等）并无区别，本身并无价值。当然，至于使用码号获取电信服务，则是以支付电信资费为前提的，这与电信码号本身所谓"入网费"的价值并不是一回事。也正是基于这一理由，信息产业部《关于电信网码号资源收费问题的通知》（信部清〔2003〕140 号）等部门规章明确规定禁止电信业务经营者向电信用户收取码号资源占用费。因此，在王微、方继民诈骗案中，司法机关亦明确主张：

> 单纯的手机号码没有价值，因而没有财物属性。……虽然刑法第 265 条规定"以牟利为目的，盗接他人通信线路、复制他人电信码号或者明知是盗接、复制的电信设备、设施而使用的，依照盗窃罪的规定定罪处罚"，但该条规定主要适用于两种情况：
>
> 一是使被害人产生初装费、入网费损失的。定盗窃罪是以电话初装费、移动电话入网费的存在为前提的，且行为人盗窃侵害的对象不是电信码号本身，而是电信码号所承载的入网费用。在移动电话已经取消入网费的前提下，手机号码本身只是一种通讯代码，不具有价值，不具备财物的属性。
>
> 二是使被害人产生话费损失的。这里盗窃罪侵害的对象是他人的电信资费而不是号码本身。单纯复制号码本身并不能造成他人财产损失，也不能使自己获利，电信码号只是作为电信资费的载体存

---

[①] 参见《田嘉玮、王国赐、唐伟、高静盗窃案》，载《最高人民法院案例全集：1985～2001 年》，中国民主法制出版社 2001 年版，第 262～266 页；《杨先立将窃取的他人移动电话的电子串号复制成副机出售案》，载《人民法院案例选（1992～1999 年合订本）·刑事卷》（下），中国法制出版社 2000 年版，第 925～928 页。

在的。①

可以说,这是司法机关立场的一个重要转变。当然,尚须说明的是,尽管我国已明确禁止电信业务经营者向电信用户收取码号资源占用费,但我国仍实行电信资源有偿使用制度(《中华人民共和国电信条例》第 27 条)。此处所谓的有偿使用制度是从自然资源的角度作出的规定,并不能由此得出结论认为,电信资源本身是财产。在这一意义上,电信资源有偿使用制度与排污指标制度(《水污染防治法》第 18 条、《大气污染防治法》第 30 条等)并无区别。② 同样,排污指标亦可交易,亦有价格,但就此认定排污指标为财产恐怕不无困难。排污指标尽管是极端的例子,但足以说明问题。不过,司法机关却未能将王微、方继民诈骗案的立场扩张到其他类似情形中,不无遗憾。

在林通武盗窃案中,司法机关认定,网络"域名是互联网用户申请注册的名称和地址……具有唯一性、确定性、可直接支配性,能够被人们所控制和占有。域名的取得需交付真实的货币……域名交易,把域名价值通过拍卖的形式变成了现实,域名……能够成为盗窃罪的犯罪对象"。③ 结合前文所述,域名与电信码号并无区别,并不能因其可以交易、有价格而径直纳入"公私财物"范畴中。

在詹伟东、詹伟京盗窃案中,司法机关认定,"按照现行国家政策,纺织品出口配额可转让,具有财产属性即经济价值和可支配性,可视为财物"。④ 如前所述,作为国家贸易管制措施的出口配额,在本质上与排污指标并无区别,仅以出口配额可转让有价格即认定出口配额为公私财物,亦难以服众。⑤

综上所述,我国司法解释中尽管未对侵犯财产罪的"公私财物"概念或称财产概念专门作出解释,但通过对侵犯财产罪相关司法解释的分析,我

---

① 《王微、方继民诈骗案》,载《刑事审判参考》(总第 71 集),法律出版社 2010 年版,第 39~40 页。

② 二者本质上均为国民授权国家行使的行政规制权力,国家行政机构采用市场的方式分配所管制的资源并不意味着上述资源本身为财产。下文林通武盗窃案中的"网络域名"、詹伟东、詹伟京盗窃案的"出口配额"亦同。

③ 参见《林通武盗窃案》,载《中国审判案例要览·2008 年刑事审判案例卷》,人民法院出版社、中国人民大学出版社 2009 年版,第 337 页。

④ 参见《詹伟东、詹伟京盗窃案》,载《刑事审判参考》总第 66 集,法律出版社 2009 年版,第 54~61 页;姜君伟、涂平一:《窃取纺织品出口配额构成盗窃罪》,载《人民司法》2008 年第 24 期。

⑤ 上述两案中,司法机关的论证逻辑与颜亿凡盗窃案等案件中司法机关论证的逻辑并无二致,已无必要一一重述,尽可参见前文对颜亿凡盗窃案等案件司法机关论证逻辑的评论。

们认为,我国司法当局对侵犯财产罪中的"公私财物"的内涵的解释还是相对谨慎的,其核心为:所谓"公私财物"为他人所有或有权占有的具有经济(交换)价值之物。其中的"物"包括无形物质,如电力、煤气、天然气,但不包括非物质与权利。就权利凭证而言,只有那些在民法上足以被认定为动产(特别动产)的权利凭证被直接纳入公私财物的范围。而非动产权利凭证、信用卡以及长途账号、电信码号等则可借助"损失"的概念将之纳入侵犯财产罪规制的范围,同时也回避了是否将之认定为"公私财物"的问题。就盗窃、抢劫违禁品(如毒品、淫秽物品、假币)以及盗窃增值税发票,司法当局尽管主张适用盗窃罪、抢劫罪定罪,但同时亦不主张计算上述物品的数额,而以数量代替,似乎表达了司法当局是否将违禁品与增值税发票纳入公私财物的矛盾态度。可以说,司法解释对社会变迁的回应是就事论事的,如果说有什么整体性的解释方式,或许可以将之描述为"价格+损失"模式了。所谓"价格",即"公私财物"须为可交易之物,相当于我国传统民法理论中的流通物与限制流通物的概念;所谓"损失",则为经济上可度量的整体财产的损失。

与司法解释的审慎相比,我国司法判例对"公私财物"概念的讨论则涉及了更多的对象,也提出了更多的新问题以及解决的方式。从司法判例来看,我们可以认为,判例中所主张的刑法侵犯财产罪章"公私财物"概念的内涵与民法上的财产概念并无实质区别,所谓"公私财物",应为有经济价值之物,即有价格,狭义上限于流通物,广义上包括存在非法市场价格的违禁品;应为可支配、可控制之物,有形物还是无形物在所不论;应为他人占有或管理之物,狭义为合法占有或管理,广义包括非法的实际占有或管理。大体上,我们也由此可以将"公私财物"称为有经济价值、可控制支配的他人之物。

就具体对象而言,司法机关大体上还是倾向于将无价值之物排除出公私财物的范畴;司法机关大体上倾向于将本人财物认定为"公私财物",但并不主张扩大处罚范围,故同时认为如客观上不会造成占有人财产的损失,主观上也不具有非法占有的目的,不宜认定本人财物为"公私财物";就权利凭证,司法判例大体上将之纳入"财产性利益"处理,并对侵犯不记名财产权利凭证大多予以全额认定,可以说无记名证券已成为有价凭证中的独立类别,但对记名有价凭证,大体上以行为人实际取得财产性利益、被害人财产遭受实际损失来认定,司法机关的主张与其说认定行为人侵害了记名有价凭证,还不如说侵害了被害人的整体财产;就虚拟财产,尽管司法判例的立场差异较大,但随着《刑法修正案(七)》增订了"非法获取计算机信息系统数据、非法控制计算机信息系统罪”,司法判例的立场或将趋于克制。

当然,总体上而言,前述绝大部分判例延续了我国司法实践倾向于采用刑事制裁解决社会问题、倾向于入罪的传统。在刑法中缺乏合适罪名惩治某些新类型的具有一定社会危害性的行为时,往往通过扩大解释公私财物概念,通过曲解财产的本义,适用侵犯财产罪章诸罪名予以惩治;而由于市场交易的发达,几乎任何物品均可交易(只不过交易是否合法而已),均有价格(经济价值),几乎任何行为均可能造成被害人经济上的不利益,因此,适用侵犯财产罪章诸罪名惩治上述行为,看上去似乎不会有多大的障碍。在前述杨聪慧、马文明盗窃机动车号牌案中,司法机关足以贻笑天下的“举重以明轻”①一词可以充分说明我国司法实践中的这一倾向。司法机关近年来的转变(如以侵犯通信自由罪惩治盗卖 QQ 案、以非法处置扣押财物罪惩治盗窃公权力扣押下本人之物等)令人赞赏,但严格界定公私财物概念,不任意扩大,不任意曲解,避免无限入罪,仍将任重道远。

---

① 参见《杨聪慧、马文明盗窃机动车号牌案》,载《刑事审判参考》总第 70 集,法律出版社 2010 年版,第 54~59 页。

# 结　语

　　我国刑法典制定始自 20 世纪 50 年代初,初期的一些草案可以看到苏联刑法的压倒性的影响,至 1957 年 6 月 27 日《刑法草案》,我国现行刑法典的基本格局至此奠定。就刑法侵犯财产罪之财产概念问题,无论是总则概念性条文还是侵犯财产罪章各罪条文对财产之表述,在 1957 年 6 月 27 日的《刑法草案》中即已初步定型,至 1963 年 2 月《刑法草案》已告完成,此后为 79 刑法、97 刑法沿用而几无更动,长期以来似乎亦少有人提议修改"公私财物"的措词。可以想像,"公私财物"这一措词在可见的将来似乎仍将沿用。

　　不过,"公私财物"在刑法侵犯财产罪章中的意义却是远比这一简洁的措词来得复杂。从刑法文本而言,至少有两个问题必须注意,其一是"公私财物"是否等同于"侵犯财产罪"这一章名中所使用的"财产"? 其二是 97 刑法第 91 条、第 92 条是否即为"公私财物"或"财产"之解释? 如前文所述,如果不纠缠于犯罪客体与犯罪对象的区分问题,我们有理由相信,在立法者看来,"侵犯财产罪"中的"财产"与"公私财物"只是不同表达而已,其实质并无区别。[①] 而 97 刑法第 91 条、第 92 条虽则貌似立法者对"财产"或"公私财物"给出的概念解释条文,然如前文所分析的,97 刑法第 91 条、第 92 条的政治宣示意义远大于其规范意义,且事实上亦不能为侵犯财产罪章财产概念的解释提供规范性指引,因此不足以视为"公私财物"或"财产"之解释。

　　然则究竟该如何理解侵犯财产罪章中的"公私财物"或"财产"呢? 无论如何,20 世纪 50 年代对"公私财物"或"财产"的理解显然与今天的理解并不全然相同。

　　从立法史上看,1957 年 6 月 27 日《刑法草案》之前诸案延续苏联刑法

---

① 当然,如果一定要从犯罪客体与犯罪对象区分上去理解,"侵犯财产罪"章名中的"财产"或可解释为"财产关系"。

立法例,在侵犯财产罪各罪规定中分别使用"财物"和"财产"的措词,但自1957年6月27日《刑法草案》则统一为"公私财物"、"他人财物"的措词。尽管从理论上说,这一"合并"似乎说明所谓"财物"应为"财产+财物",不过在当时,以不可见物质形态表现出来的财产却少之又少,最典型的当为电力。然而,窃电问题在该稿中已经明确被排除出了财物的范畴。① 而从同期的民法立法实践来看,20世纪50年代民法草案中均主张"民事权利客体是指人们能够支配的财产",而"民事权利的客体包括物和权利"。② 似乎也可验证刑法中所谓"财物"应为"财产+财物"。但上述草案均为1957年1月之前的草案,此后直至1986年《民法通则》,诸民法草案不再使用"物和权利"的措词和区分,仅仅是在所有权篇中直接规定所有权的权利对象,这些权利对象基本上具有可见的物质形态(生产资料和生活资料),仅有少数例外,这些例外在20世纪50年代的草案中主要是国家公债、外国证券储蓄、公债券、公私合营的定股定息,而从60年代的草案开始直至1986年《民法通则》则主要为储蓄和存款。③ 少数概念性的规定出现在1963年7月9日的《中华人民共和国民法(草稿)》以及1964年3月的《中华人民共和国民法草稿》(修改稿)中。前者在第24条第2款中规定"本法所说的财产,是指生产资料、生活资料、货币、有价证券以及其他一切财物";后者在第4条第2款中规定"本法所说的财产,是指生产资料,生活资料,货币以及其他一切财物"。④ 可以说,1957年1月之后的民法草案中以不可见物质形态表现出来的财产几乎只有"储蓄"这一具有中国特色的所有权对象。⑤ 这应该也是刑法典立法者所理解的刑法侵犯财产罪章的"财

---

① 1956年11月《刑法草案》第148条专门规定了"窃用电力",但到1957年6月27日《刑法草案》中即删除了该条款。其理由是"大的偷窃电力在社会主义改造完成以前私营工厂是有过的,……自改造完成后,这类事情已经很少了,今天有的主要是小量偷窃,如需要处理的由电业管理部门按行政法规即可办理,不必用刑罚来解决……"从中可以发现立法者并不认为电力为侵犯财产罪章中的"财物"。参见《有关草拟〈中华人民共和国刑法草案(初稿)〉的若干问题——李琪同志在刑法教学座谈会上的报告》,载高铭暄、赵秉志编:《新中国刑法立法文献资料总览》(下册),中国人民公安大学出版社1998年版,第1950页。

② 参见何勤华、李秀清、陈颐编:《新中国民法典草案总览》(上册),法律出版社2003年版,第6、17、29、39页。

③ 分别参见何勤华、李秀清、陈颐编:《新中国民法典草案总览》(上册),法律出版社2003年版,第7～164页;何勤华、李秀清、陈颐编:《新中国民法典草案总览》(下册),法律出版社2003年版,第13～208页;第382～573页。

④ 何勤华、李秀清、陈颐编:《新中国民法典草案总览》(下册),法律出版社2003年版,第52页;第208页。

⑤ 至于1963年7月9日的《中华人民共和国民法(草稿)》中所谓的"有价证券",在全国人大常委会办公厅法律室民法组所汇辑的《中华人民共和国民法第一、二篇(草稿)意见汇辑》(转下页)

物"范畴。可以说,从 1957 年 6 月 27 日《刑法草案》开始,刑法草案中侵犯财产罪中的"财物"为具有可见的物质形态、且有经济价值的生产资料和生活资料以及"储蓄"。这也是 1979 年 3 月《刑法草案》第 83 条("公民私有财产"条)增加"储蓄"二字并为此后草案及 79 刑法、97 刑法沿用不辍的原因所在。

但随着改革开放以来社会经济的发展,刑法中的"财物"概念不断扩张,先是 1983 年 9 月 1 日水利电力部发布《全国供用电规则》第 80 条明确规定"窃电系盗窃国家财产",1990 年 5 月 28 日能源部、公安部发布的《关于严禁窃电的通告》第 4 条第 2 款中明确"窃电数额较大,情节严重,构成犯罪的,依法追究刑事责任";此后在 1984 年《盗窃解释》中明确将有价证券及粮票等无价证券纳入"财物"的范畴;而 1992 年《盗窃解释》更是总结司法实践经验,明确将"电力、煤气、天然气、重要技术成果等无形财物"纳入"财物"范畴,并明确"盗用他人长途电话账号、码号造成损失……以盗窃罪定罪"。在 1994 年 6 月 3 日两高发布的《关于办理伪造、倒卖、盗窃发票刑事案件适用法律的规定》(法发〔1994〕12 号/高检会〔1994〕25 号)第 4 条中,明确将盗窃增值税专用发票行为以盗窃罪追究刑事责任,这一规定并为全国人大常委会 1995 年 10 月 30 日通过的《关于惩治虚开、伪造和非法出售增值税专用发票犯罪的决定》第 7 条以及 97 刑法第 210 条直接沿用。可以说,这一时期,只要刑法中找不到合适的罪名或相应罪名处刑似乎过轻,则几乎任何能够换取经济利益的物事(远不限于有经济价值之物与财产性利益)均被纳入侵犯财产罪章定罪处刑。[②]

而自 97 刑法修订开始,无论立法还是司法实践,似乎倾向于限制侵犯财产罪章中"财物"的解释。如 97 刑法第 265 条以专条形式规定"盗接他人通信线路、复制他人电信码号或者明知是盗接、复制的电信设备、设施而使用"构成盗窃罪,第 210 条以准用的形式规定盗窃、骗取增值税专用发票或者可以用于骗取出口退税、抵扣税款的其他发票构成盗窃罪和诈骗罪;第 219 条规定盗窃涵盖技术成果在内的商业秘密的构成侵犯商业秘密罪,

---

(接上页)中,有两种非常不一致的主张,一种意见认为"'有价证券'最好改为别的名称,以区别于资本主义国家的有价格的、可以买卖的'有价证券',外国没有证券市场",换言之,其时我国并无通常意义上的有价证券;另一种意见认为"应在'有价证券'后面加上'无价证券',因现在粮票、布票、肉票、侨汇票还可能成为争执标的"。但从根据上述《意见汇辑》修改的 1964 年 3 月《中华人民共和国民法草稿》(修改稿)看,显然,立法者采用了前一种意见。参见何勤华、李秀清、陈颐编:《新中国民法典草案总览》(下册),法律出版社 2003 年版,第 83~84 页。

② 尽管这一时期缺乏丰富的判例材料,但从上述法律、法规、司法解释以及前文第三章第二节引述的早期判例中即可感知这一倾向。

从而限缩了侵犯财产罪章"财物"的解释。而如前文所讨论的,1998年《盗窃解释》将1992年《盗窃解释》所规定的"盗窃的公私财物,既指有形财物,也包括电力、煤气、天然气、重要技术成果等无形财物"改为"盗窃的公私财物,包括电力、煤气、天然气等"似乎也并不仅仅是解决"重要技术成果"是否为财物的问题,而是放弃了"无形财物"这一概念,在这一意义上,亦限缩了此前十余年无限扩张的侵犯财产罪之"财物"的解释,至于前文详述的以侵犯通信自由罪惩治盗卖 QQ 案,[①]同样体现了司法机关的这一倾向。不过,有必要指出的是,对于这一倾向,我们或许应该抱持一种谨慎的乐观,毕竟,滥用侵犯财产罪以便入罪重刑的传统着实根深蒂固,前文已言及,此处不赘。

自 97 刑法尤其是 1998 年《盗窃解释》以来,我国刑法实践通过判例试图逐步厘清侵犯财产罪章中的"公私财物"概念的努力无论如何还是值得认真对待,亦是值得赞赏的。

从司法实践来看,司法机关就侵犯财产罪章所谓"公私财物"大体上已经形成了这样的主张,即,有经济价值之物(包括无记名证券,即特别动产)自为"公私财物",无经济价值之物则不是"财物";非特别动产的权利文书所表彰的财产权利(具有经济价值的、民法上所谓"请求权"性质的权利)以及其他财产性利益(如有偿服务)等亦为"财物",但其入罪须以造成权利人财产损失为前提;我国刑事司法实践并未如德日及台湾地区刑法,在侵犯财产罪中区分对物之犯罪及对物与财产性利益之犯罪;我国刑事司法实践亦未讲求本权与占有之区分,唯一限制在于他人占有下之本人财物问题,如客观上不会造成占有人财产损失,主观上也不具有非法占有占有人财产(向占有人索赔)的目的,则不认定为犯罪。而随着权利凭证的电子数据化以及各种自助设备的广泛应用(如自动存取款机器、手机银行、网络银行等),权利凭证记名与否对犯罪人获取被害人财产的重要性大大降低,因此,我国刑事司法实践亦不讲求因权利凭证记名与否所带来的盗窃、抢夺、抢劫与诈骗的区分。

可以说,我国刑法中侵犯财产罪之财产概念的变迁,恰可验证"法律乃由历史与社会现实层积冲刷而成"之说。在人类社会之初,市场尚未发达之时,法律所保护的是人对于物之占有秩序,所谓的"财物"仅为"物",并不带有经济评价意义的"财"之意味,早期刑法对侵犯财产罪之规制亦强调盗

---

① 《曾智峰、杨医男盗卖 QQ 号码侵犯通信自由案》,载《人民法院案例选》(2007 年第 1 辑,总第 59 辑),人民法院出版社 2007 年版,第 48～54 页。

窃、抢劫、毁弃等直接针对实质有形的物的行为；而随着市场交换的发达，市场价值成为评估一切物的手段，物之意义便与"财"捆绑在一起了，法律于兹强调对于经济价值或曰"财产"之保护，且由于市场交换的发达，各种便利交易的权利凭证开始盛行，各种经济性利益亦被纳入"财产"范畴，诈骗罪于此背景下被纳入侵犯财产罪并成为侵犯财产罪最重要的亦是涵盖对象最为宽泛的类型之一，[①]这也是德日及台湾地区刑法强调诈骗罪为对整体财产的犯罪的原因所在。就我国而言，20 世纪 50 年代将社会主义理解为计划经济，基本上取消了市场交易行为，与市场交换有关的财产性利益也好、权利凭证也好，自然难以纳入刑法侵犯财产罪之"财物"范畴。[②]在取消市场交易，整个社会上层计划经济、下层自然经济的经济社会状态下，法律概念自是毋庸复杂，极简洁的"公私财物"措词亦不致产生解释上的困难。而自改革开放、搞活经济以来，一方面市场侵蚀了整个社会，一切物均被卷入市场体系中去，一切物似乎均可纳入刑法侵犯财产罪章之财产概念中，而从有计划商品经济到社会主义市场经济的经济转型中，国家对经济、对市场一方面试图维持计划体制下的高度控制，另一方面又面临着经济、市场转轨带来的摆脱国家控制的离心力量，因此，无限扩张刑法侵犯财产罪之财产概念，适用包括侵犯财产罪章诸罪名在内的各项罪名控制经济市场势所必然。而随着经济转轨的逐步完成，国家控制方式的转型以及对新的控制手段的逐步熟悉，国家已无须凡事均借助扩张侵犯财产罪之财产概念、适用侵犯财产罪诸罪名入罪重刑来实现对经济市场的控制，故此，侵犯财产罪之财产概念在近十余年来有所限缩。上述每一次社会变迁所带来的规范及其实践解释的变化都被层积了下来。套用一个不够严谨妥帖的比喻，我国刑法侵犯财产罪之财产概念经历近 60 年的衍化至今，恰如一副风蚀地貌，最底层为继受自苏联的 20 世纪 50 年代早期的刑法草案，而 1957 年 6 月 27 日《刑法草案》则是在这一底色之上重新铺上了一层厚实的地层，几乎掩盖了这一底色，只在某些有限的地方裸露出了这一底色，而 79 刑法以来，每一次细微的变革都在上述地层上增添了新的层积物，每一次都多多少少改变了整体的地貌。当然，每一次堆叠上去的层积物都得面对风雨的侵蚀，而每一次侵蚀也在考验着新堆叠上去的层积物，这些层

---

① 张明楷：《诈骗罪与金融诈骗罪研究》，清华大学出版社 2006 年版，第 1 页。

② 至于使用"财物"而非"物"的措词，一方面自可理解为用语习惯；另一方面则与马克思主义理论有关，在马克思主义理论中，社会主义本是建立在高度发达的资本主义基础之上；再次亦与刑法中的社会危害性概念有关，在涉及侵犯财产罪的情形下，通常认为无价值之物的社会危害性较低。

积物在一次次的风雨侵蚀后势必洗去较柔软易蚀的表层,留下更为坚硬的内核。

当然,这些层积下来的规范及其实践解释本身亦已如一件"百衲衣",不复为一整全的体系,因此也势必带来整体解释的困难。学理的意义即在于为某一特定时期所层积的"地貌"描绘一个合乎逻辑的整体的体系化的视图,进而影响立法者、司法者,使之运用于整理这一"地貌",重建一个整全的体系。在这一意义上,萨维尼所谓的"藉由这一理论与实践之间的相互接近,法律的实施必将获得切实的改善,……我们的理论也同样必须更加具有可实践性,而我们的实践则须较迄今为止更为科学化"将得以成为现实,由此,理论与实践得以反复,理论源自实践,并在实践中得到检验、完善。[①] 这应当是当代中国刑法学的使命所在。不过,这一任务已远远超出了本书所能承载的范围,也远远超出了作者的能力所及,它有赖于一代乃至数代刑法学者的不懈努力方能完成。

---

① 参见〔德〕萨维尼:《论立法与法学的当代使命》,许章润译,中国法制出版社 2001 年版,第 94 页;陈颐:《萨维尼历史法学方法论简释》,载《比较法研究》2005 年第 5 期。

# 附录一 缩略语表

| 简 称 | 全 称 |
|---|---|
| 1950 年 7 月《刑法大纲草案》 | 《中华人民共和国刑法大纲草案》（中央人民政府法制委员会 1950 年 7 月 25 日印发） |
| 1954 年 9 月《刑法原则草案》 | 《中华人民共和国刑法指导原则草案（初稿）》（中央人民政府法制委员会 1954 年 9 月 30 日印发） |
| 1956 年 11 月《刑法草案》 | 《中华人民共和国刑法草案（草稿第 13 次稿）》（全国人大常委会办公厅法律室 1956 年 11 月 12 日印发） |
| 1957 年 6 月 27 日《刑法草案》 | 《中华人民共和国刑法草案（草稿第 21 次稿）》（全国人大常委会法律室 1957 年 6 月 27 日印发） |
| 1957 年 6 月 28 日《刑法草案》 | 《中华人民共和国刑法草案（初稿第 22 次稿）》（全国人大常委会办公厅 1957 年 6 月 28 日印发） |
| 1962 年 12 月《刑法草案》 | 《中华人民共和国刑法草案（初稿第 27 次稿）》（全国人大常委会办公厅 1962 年 12 月修改稿） |
| 1963 年 2 月《刑法草案》 | 《中华人民共和国刑法草案（初稿第 30 次稿）》（全国人大常委会办公厅 1963 年 2 月 27 日印发） |
| 1978 年 12 月《刑法草案》 | 《中华人民共和国刑法草案（修订稿，第 34 次稿）》（《中华人民共和国刑法草案》联合修订组 1978 年 12 月印发） |
| 1979 年 2 月《刑法草案》 | 《中华人民共和国刑法草案（修订二稿，第 35 次稿）》（《中华人民共和国刑法草案》修订组 1979 年 2 月印发） |
| 1979 年 3 月《刑法草案》 | 《中华人民共和国刑法草案（法制委员会修正第一稿，第 36 次稿）》（全国人大常委会办公厅 1979 年 3 月 31 日印发） |
| 1979 年 5 月《刑法草案》 | 《中华人民共和国刑法草案（法制委员会修正第二稿，第 37 次稿）》（全国人大常委会法工委员会办公室 1979 年 5 月 12 日印发） |

| 简　称 | 全　称 |
|---|---|
| 1988 年 9 月《刑法草案》 | 《中华人民共和国刑法（修改稿）》（全国人大常委会法工委 1988 年 9 月印发） |
| 1988 年 11 月《刑法草案》 | 《中华人民共和国刑法（修改稿）》（全国人大常委会法工委 1988 年 11 月 16 日印发） |
| 1988 年 12 月《刑法草案》 | 《中华人民共和国刑法（修改稿）》（全国人大常委会法工委 1988 年 12 月 25 日印发） |
| 1993 年 10 月《刑法分则草案》 | 《刑法分则条文汇集（体系、结构）》（全国人大常委会法工委刑法修改小组 1993 年 10 月 19 日印发） |
| 1993 年 11 月《刑法分则草案》 | 《刑法分则条文汇集》（全国人大常委会法工委刑法修改小组 1993 年 11 月 21 日印发） |
| 1995 年 8 月《刑法总则草案》 | 《中华人民共和国刑法（总则修改稿）》（全国人大常委会法工委刑法修改小组 1995 年 8 月 8 日印发） |
| 1996 年 6 月《刑法总则草案》 | 《中华人民共和国刑法（总则修改稿）》（全国人大常委会法工委 1996 年 6 月 24 日印发） |
| 1996 年 8 月《刑法草案》 | 《中华人民共和国刑法（修改草稿）》（全国人大常委会法工委 1996 年 8 月 31 日印发） |
| 1996 年 8 月《刑法分则草案》 | 《刑法分则修改草稿》（全国人大法制委 1996 年 8 月 8 日印发） |
| 1996 年 10 月《刑法草案》 | 《中华人民共和国刑法（修订草案）》（征求意见稿）（全国人大常委会法工委 1996 年 10 月 10 日印发） |
| 1996 年 12 月 20 日《刑法草案》 | 《中华人民共和国刑法（修订草案）》（全国人大常委会办公厅秘书局 1996 年 12 月 20 日印发） |
| 1996 年 12 月中旬《刑法草案》 | 《中华人民共和国刑法（修订草案）》（全国人大常委会法工委 1996 年 12 月中旬印发） |
| 1997 年 1 月《刑法草案》 | 《中华人民共和国刑法（修订草案）》（全国人大法律委、内务司法委讨论用）（全国人大常委会法工委 1997 年 1 月 10 日印发） |
| 1997 年 2 月《刑法草案》 | 《中华人民共和国刑法（修订草案）》（修改稿）（全国人大常委会办公厅秘书局 1997 年 2 月 17 日印发） |
| 1997 年 3 月《刑法草案》 | 《中华人民共和国刑法（修订草案）》（1997 年 3 月 13 日八届全国人大五次会议主席团第三次会议通过）（八届全国人大五次会议秘书处 1997 年 3 月 13 日印发） |
| 79 刑法 | 《中华人民共和国刑法》（五届全国人大二次会议 1979 年 7 月 1 日通过） |

| 简　称 | 全　称 |
|---|---|
| 97 刑法 | 《中华人民共和国刑法》（八届全国人大五次会议 1997 年 3 月 14 日修订） |
| 《刑法修正案（八）》 | 《中华人民共和国刑法修正案（八）》（十一届全国人大常委会第十九次会议 2011 年 2 月 25 日通过） |
| 1984 年《盗窃解答》 | 最高人民法院、最高人民检察院 1984 年 11 月 2 日发布的《关于当前办理盗窃案件中具体应用法律的若干问题的解答》 |
| 1992 年《盗窃解释》 | 最高人民法院、最高人民检察院 1992 年 12 月 11 日发布的《关于办理盗窃案件具体应用法律若干问题的解释》 |
| 1998 年《盗窃解释》 | 最高人民法院 1997 年 11 月 4 日发布的《关于审理盗窃案件具体应用法律若干问题的解释》（法释〔1998〕4 号） |
| 2000 年《抢劫解释》 | 最高人民法院 2000 年 11 月 22 日发布的《关于审理抢劫案件具体应用法律若干问题的解释》（法释〔2000〕35 号） |
| 2002 年《抢夺解释》 | 最高人民法院 2002 年 7 月 16 日发布的《关于审理抢夺刑事案件具体应用法律若干问题的解释》（法释〔2002〕18 号） |
| 2005 年《抢劫、抢夺意见》 | 最高人民法院 2005 年 6 月 8 日发布的《关于审理抢劫、抢夺刑事案件适用法律若干问题的意见》（法发〔2005〕8 号） |
| 1996 年《诈骗解释》 | 最高人民法院 1996 年 12 月 24 日发布的《关于审理诈骗案件具体应用法律的若干问题的解释》（法发〔1996〕32 号） |
| 2011 年《诈骗解释》 | 最高人民法院、最高人民检察院 2011 年 3 月 1 日发布的《关于办理诈骗刑事案件具体应用法律若干问题的解释》（法释〔2011〕7 号） |

# 附录二　判例表①

### 安明华盗窃案

载中国高级法官培训中心、中国人民大学法学院编:《中国审判案例要览·1993年综合本》,中国人民公安大学出版社1994年版,第220~222页。

### 包胜芹等故意伤害、抢劫案

江苏省宿迁市中级人民法院2000年6月21日终审裁定,载最高人民法院刑事审判第一庭、第二庭编:《刑事审判参考》(第3卷上),法律出版社2002年版,第95~99页。

### 曹阿孝等盗窃案

浙江省宁波市中级人民法院〔1993〕甬刑初字第56号判决,载中国高级法官培训中心、中国人民大学法学院编:《中国审判案例要览·1994年综合本》,中国人民公安大学出版社1995年版,第299~302页。

### 曾琼芳非法处置扣押财产案

四川省成都市高新技术产业开发区人民法院〔2006〕高新刑初字第112号判决,载《人民司法》2008年第22期(标题为"用被扣押银行卡的配套存折取走赃款构成非法处置扣押财产罪")。

### 曾智峰、杨医男盗卖QQ号码侵犯通信自由案

广东省深圳市南山区人民法院〔2006〕深南法刑初字第56号判决,载最高人民法院中国应用法学研究所编:《人民法院案例选》(2007年第1辑,总第59辑),人民法院出版社2007年版,第48~54页。

### 陈夫敬利用签订劳动合同诈骗应聘人员的钱财案

载最高人民法院中国应用法学研究所编:《人民法院案例选》(2004年刑事专辑,总第47辑),人民法院出版社2005年版,第382~385页。

---

① 本判例表以判例名称拼音为序。因各判例集就判例裁判文书信息著录格式差异较大,是否著录亦有不同,本表亦难以统一处理,特此说明。

## 陈建伍盗窃案

载最高人民法院刑事审判第一、二、三、四、五庭编:《刑事审判参考》(总第 58 集),法律出版社 2008 年版,第 40~47 页。

## 陈立军、王航盗窃案

黑龙江省哈尔滨市中级人民法院〔1992〕刑上字第 39 号判决,载中国高级法官培训中心、中国人民大学法学院编:《中国审判案例要览·1993 年综合本》,中国人民公安大学出版社 1994 年版,第 232~235 页。

## 陈龙平乘旅客掉车之机窃取其钱财案

载最高人民法院中国应用法学研究所编:《人民法院案例选(1992~1999 年合订本)·刑事卷》(下),中国法制出版社 2000 年版,第 865~867 页。

## 程剑诈骗案

安徽省黄山市中级人民法院 2003 年 4 月 29 日终审判决,载最高人民法院刑事审判第一庭、第二庭编:《刑事审判参考》(总第 33 集),法律出版社 2003 年版,第 41~45 页。

## 程稚瀚盗窃案

北京市高级人民法院〔2006〕高刑终字第 440 号裁定,载最高人民法院刑事审判第一、二、三、四、五庭编:《刑事审判参考》(总第 72 集),法律出版社 2010 年版,第 38~46 页;载国家法官学院、中国人民大学法学院编:《中国审判案例要览·2007 年刑事审判案例卷》,人民法院出版社、中国人民大学出版社 2008 年版,第 293~300 页。

## 迟晖等人勾结民警关达以查案为名进行盗窃案

北京市高级人民法院 1993 年 3 月 30 日终审裁决,载最高人民法院中国应用法学研究所编:《人民法院案例选(1992~1999 年合订本)·刑事卷》(下),中国法制出版社 2000 年版,第 788~791 页。

## 邓格勤以借款为名盗窃巨款案

湖南省高院 1992 年 3 月 3 日二审终审判决,载最高人民法院中国应用法学研究所编:《人民法院案例选(1992~1999 年合订本)·刑事卷》(下),中国法制出版社 2000 年版,第 753~756 页。

## 邓玉财、于敏、隋国华、王嘉棋盗窃增值税专用发票案

载最高人民法院公报编辑部编审:《最高人民法院案例全集(1985~2001 年)》,中国民主法制出版社 2001 年版,第 184~187 页。

## 邓玉财、于敏、隋国华等人盗窃增值税专用发票案

载最高人民法院中国应用法学研究所编:《人民法院案例选(1992~1999 年合订本)·刑事卷》(下),中国法制出版社 2000 年版,第 819~823 页。

**丁东狗盗窃他人的隐藏物案**

载最高人民法院中国应用法学研究所编:《人民法院案例选(1992~1999年合订本)·刑事卷》(下),中国法制出版社 2000 年版,第 808~811 页。

**丁昊等诈骗案**

北京市第一中级人民法院〔2006〕一中刑终字第 3705 号终审判决,载国家法官学院、中国人民大学法学院编:《中国审判案例要览·2007 年刑事审判案例卷》,人民法院出版社、中国人民大学出版社 2008 年版,第 306~310 页。

**范小利入户抢劫其外祖母的钱财未遂案**

载最高人民法院中国应用法学研究所编:《人民法院案例选》(2004 年刑事专辑,总第 47 辑),人民法院出版社 2005 年版,第 304~307 页。

**方学玲盗用他人电话号码通话案**

广东省广州市中级人民法院 1991 年 10 月 25 日判决,载最高人民法院中国应用法学研究所编:《人民法院案例选(1992~1999 年合订本)·刑事卷》(下),中国法制出版社 2000 年版,第 917~919 页。

**甘毅盗窃股票案**

深圳市罗湖区人民法院 1993 年 3 月 5 日判决,载最高人民法院中国应用法学研究所编:《人民法院案例选(1992~1999 年合订本)·刑事卷》(下),中国法制出版社 2000 年版,第 784~785 页。

**高井树锯毁他人的苹果树破坏集体生产案**

载最高人民法院中国应用法学研究所编:《人民法院案例选(1992~1999年合订本)·刑事卷》(下),中国法制出版社 2000 年版,第 1031~1033 页。

**耿利炳盗窃案**

载最高人民法院中国应用法学研究所编:《人民法院案例选》(2003 年第1 辑,总第 43 辑),人民法院出版社 2003 年版,第 35~39 页。

**宫会友等人将他人失散的羊只宰杀卖肉不构成盗窃罪案**

载最高人民法院中国应用法学研究所编:《人民法院案例选(1992~1999年合订本)·刑事卷》(下),中国法制出版社 2000 年版,第 880~884 页。

**龚俊盗窃月饼预约券案**

上海市第二中级人民法院 2002 年 5 月 17 日终审裁定,载最高人民法院中国应用法学研究所编:《人民法院案例选》(2004 年刑事专辑,总第 47辑),人民法院出版社 2005 年版,第 333~337 页。

**顾佩林侵占案**

载国家法官学院、中国人民大学法学院编:《中国审判案例要览·2005

年刑事审判案例卷》,人民法院出版社、中国人民大学出版社 2006 年版,第 266～270 页。

### 顾文清盗窃信用卡冒名使用案

上海市高级人民法院 1994 年 1 月 18 日终审裁决,载最高人民法院中国应用法学研究所编:《人民法院案例选(1992～1999 年合订本)·刑事卷》(下),中国法制出版社 2000 年版,第 830～832 页。

### 郭伯毅盗窃案

福建省漳州市芗城区人民法院〔1995〕刑字第 225 号判决,载中国高级法官培训中心、中国人民大学法学院编:《中国审判案例要览·1996 年刑事审判卷》,中国人民公安大学出版社 1997 年版,第 348～350 页。

### 郭如鳌、张俊琴、赵茹贪污、挪用公款案

山东省高级人民法院 2004 年 3 月 10 日终审裁定,载最高人民法院刑事审判第一、二、三、四、五庭编:《刑事审判参考》(总第 48 集),法律出版社 2006 年版,第 41～57 页。

### 郭玉敏盗窃案

天津市第二中级人民法院 2000 年 5 月 15 日裁定,载最高人民法院中国应用法学研究所编:《人民法院案例选》(2003 年第 1 辑,总第 43 辑),人民法院出版社 2003 年版,第 31～35 页。

### 韩继林抢劫案

浙江省金华市中级人民法院〔2002〕金中刑二终字第 114 号裁定,载国家法官学院、中国人民大学法学院编:《中国审判案例要览·2003 年刑事审判案例卷》,人民法院出版社、中国人民大学出版社 2004 年版,第 237～241 页。

### 郝景文、郝景龙盗窃案〔郝景文等盗窃案〕

江苏省高级人民法院 2000 年 1 月 29 日终审裁定,载最高人民法院公报编辑部编审:《最高人民法院案例全集(1985～2001 年)》,中国民主法制出版社 2001 年版,第 318～325 页;载国家法官学院、中国人民大学法学院编:《中国审判案例要览·2001 年刑事审判案例卷》,中国人民大学出版社 2002 年版,第 246～252 页。

### 何忠宝盗窃案

福建省厦门市湖里区人民法院〔2007〕湖刑初字第 83 号判决,载国家法官学院、中国人民大学法学院编:《中国审判案例要览·2008 年刑事审判案例卷》,人民法院出版社、中国人民大学出版社 2009 年版,第338～341 页。

**胡永新盗窃案**

重庆市第一中级人民法院〔1998〕渝一中刑终字第 24 号裁定,载国家法官学院、中国人民大学法学院编:《中国审判案例要览·1999 年刑事审判案例卷》,中国人民大学出版社 2002 年版,第 216～220 页。

**胡子明误将假币当真币盗窃案**

载最高人民法院中国应用法学研究所编:《人民法院案例选(1992～1999年合订本)·刑事卷》(下),中国法制出版社 2000 年版,第 863～865 页。

**黄勇、郑洪忠、葛发云抢劫、敲诈勒索案**

四川省高级人民法院刑事裁定书〔1991〕川法刑一字第 889 号终审裁定,载中国高级法官培训中心、中国人民大学法学院编:《中国审判案例要览·1992年综合本》,中国人民公安大学出版社 1992 年版,第 218～223 页。

**及长龙烧毁他人承包的蔬菜棚破坏集体生产案**

载最高人民法院中国应用法学研究所编:《人民法院案例选(1992～1999年合订本)·刑事卷》(下),中国法制出版社 2000 年版,第 1040～1041 页。

**江贤红盗窃案**

湖南省怀化市中级人民法院〔1998〕怀中刑初字第 58 号判决,载国家法官学院、中国人民大学法学院编:《中国审判案例要览·1999 年刑事审判案例卷》,中国人民大学出版社 2002 年版,第 213～216 页。

**姜灵盗窃、故意毁坏公私财物案**

上海市闵行区人民法院刑事判决书〔1991〕刑字第 48 号判决,载中国高级法官培训中心、中国人民大学法学院编:《中国审判案例要览·1992年综合本》,中国人民公安大学出版社 1992 年版,第 227～229 页。

**蒋运刚侵占案**

载国家法官学院、中国人民大学法学院编:《中国审判案例要览·2007年刑事审判案例卷》,人民法院出版社、中国人民大学出版社 2008 年版,第 316～318 页。

**金科等侵犯通信自由案**

广东省深圳市南山区人民法院〔2007〕深南法刑初字第 653 号判决,载国家法官学院、中国人民大学法学院编:《中国审判案例要览·2008 年刑事审判案例卷》,人民法院出版社、中国人民大学出版社 2009 年版,第 283～291 页。

**康金东盗窃案**

载最高人民法院刑事审判第一庭、第二庭编:《刑事审判参考》(第 3 卷下），法律出版社 2002 年版，第 161～166 页。

**孔庆涛盗窃案**

海南省海口市中级人民法院 1998 年 2 月 26 日终审裁定，载最高人民法院刑事审判第一庭、第二庭编：《刑事审判参考》（第 3 卷上），法律出版社 2002 年版，第 90～94 页。

**孔玉春盗卖他人的建筑机械案**

载最高人民法院中国应用法学研究所编：《人民法院案例选》（2003 年第 1 辑，总第 43 辑），人民法院出版社 2003 年版，第 65～69 页。

**黎刚等抢劫案**

新疆维吾尔自治区克拉玛依市克拉玛依区人民法院〔1993〕刑初字第 87 号判决，载中国高级法官培训中心、中国人民大学法学院编：《中国审判案例要览·1994 年综合本》，中国人民公安大学出版社 1995 年版，第 291～294 页。

**李立新盗窃信用卡购买物品案**

新疆维吾尔自治区乌鲁木齐市中级人民法院 1995 年 9 月 22 日终审判决，载最高人民法院中国应用法学研究所编：《人民法院案例选（1992～1999 年合订本）·刑事卷》（下），中国法制出版社 2000 年版，第 875～877 页。

**李善庆等抢劫案**

福建省泉州市中级人民法院〔1999〕泉刑终字第 312 号终审裁定，载国家法官学院、中国人民大学法学院编：《中国审判案例要览·2000 年刑事审判案例卷》，中国人民大学出版社 2002 年版，第 203～207 页。

**李旭东抢劫、盗窃案**

北京市第二中级人民法院〔2004〕二中刑初字第 01615 号判决，载国家法官学院、中国人民大学法学院编：《中国审判案例要览·2005 年刑事审判案例卷》，人民法院出版社、中国人民大学出版社 2006 年版，第 239～246 页。

**李羊保被控破坏集体生产案**

载最高人民法院中国应用法学研究所编：《人民法院案例选（1992～1999 年合订本）·刑事卷》（下），中国法制出版社 2000 年版，第 1041～1045 页。

**梁四海盗窃案**

载最高人民法院中国应用法学研究所编：《人民法院案例选》（2006 年第 1 辑，总第 55 辑），人民法院出版社 2006 年版，第 64～67 页。

**林建文、钟业强抢劫、敲诈勒索案**

广东省惠阳县人民法院〔1992〕惠法刑字第 59 号判决,载中国高级法官培训中心、中国人民大学法学院编:《中国审判案例要览·1993 年综合本》,中国人民公安大学出版社 1994 年版,第 206～209 页。

**林进聪等盗窃案**

福建省高级人民法院〔2007〕闽刑终字第 349 号判决,载国家法官学院、中国人民大学法学院编:《中国审判案例要览·2008 年刑事审判案例卷》,人民法院出版社、中国人民大学出版社 2009 年版,第 320～326 页。

**林通武盗窃案**

福建省厦门市思明区人民法院〔2007〕思刑初字第 410 号判决,载国家法官学院、中国人民大学法学院编:《中国审判案例要览·2008 年刑事审判案例卷》,人民法院出版社、中国人民大学出版社 2009 年版,第 334～338 页。

**刘必仲挪用资金案**

江苏省滨海县人民法院〔2005〕滨刑初字第 104 号判决、江苏省盐城市中级人民法院〔2005〕盐刑二终字第 82 号裁定,载《最高人民法院公报》2006 年第 2 期;最高人民法院刑事审判第一、二、三、四、五庭编:《刑事审判参考》(总第 48 集),法律出版社 2006 年版,第 30～40 页;最高人民法院中国应用法学研究所编:《人民法院案例选》(2007 年第 1 辑,总第 59 辑),人民法院出版社 2007 年版,第 66～71 页。

**刘国芳等诈骗案〔刘国芳、高登基诈骗案〕**

贵州省高级人民法院 2000 年 3 月 14 日终审裁决,载最高人民法院刑事审判第一庭、第二庭编:《刑事审判参考》(第 4 卷上),法律出版社 2004 年版,第 165～171 页;最高人民法院中国应用法学研究所编:《人民法院案例选》(第 36 辑),人民法院出版社 2001 年版,第 27～36 页。

**刘汉福等抢劫案〔刘汉福邀人抢劫夫妻共同财产案〕**

重庆市江北区人民法院 2000 年 10 月 26 日判决,载最高人民法院刑事审判第一庭、第二庭编:《刑事审判参考》(第 3 卷下),法律出版社 2002 年版,第 119～126 页;最高人民法院中国应用法学研究所编:《人民法院案例选》(第 40 辑),人民法院出版社 2002 年版,第 25～36 页。

**刘丽信用卡诈骗案**

江苏省金坛市人民法院〔2007〕坛刑初字第 157 号判决,载《人民司法》2008 年第 12 期(标题为"捡到已知密码的信用卡在自动取款机上取款行为的定性")。

## 刘清祥盗窃案

福建省厦门市中级人民法院〔2003〕厦刑终字第 120 号终审判决,载国家法官学院、中国人民大学法学院编:《中国审判案例要览·2004 年刑事审判案例卷》,人民法院出版社、中国人民大学出版社 2005 年版,第273~276 页。

## 刘先武等抢劫、敲诈勒索、流氓案

四川省资中县人民法院〔1993〕资法刑初字第 196 号判决,载中国高级法官培训中心、中国人民大学法学院编:《中国审判案例要览·1994 年综合本》,中国人民公安大学出版社 1995 年版,第 294~299 页。

## 刘作友等人盗窃案

湖南省长沙市雨湖区人民法院〔2006〕雨刑初字第 227 号判决、湖南省长沙市中级人民法院〔2006〕长中刑二终字第 0169 号裁定,载最高人民法院中国应用法学研究所编:《人民法院案例选》(2007 年第 2 辑,总第 60 辑),人民法院出版社 2007 年版,第 76~87 页。

## 龙永刚非法处置扣押的财产案

载最高人民法院中国应用法学研究所编:《人民法院案例选》(2002 年第 3 辑,总第 41 辑),人民法院出版社 2003 年版,第 69~72 页。

## 娄树惠等职务侵占、行贿案

吉林省图们市人民法院〔2005〕图刑初字第 69 号判决,载国家法官学院、中国人民大学法学院编:《中国审判案例要览·2006 年刑事审判案例卷》,人民法院出版社、中国人民大学出版社 2007 年版,第 296~301 页。

## 陆惠忠、刘敏非法处置扣押的财产案

无锡市南长区人民法院 2005 年 9 月 29 日判决,载最高人民法院刑事审判第一、二、三、四、五庭编:《刑事审判参考》(总第 51 集),法律出版社 2006 年版,第 26~32 页。

## 罗大树将灭鼠毒药投入他人拉运中的猪食桶内致使他人大批生猪被毒死案

载最高人民法院中国应用法学研究所编:《人民法院案例选(1992~1999 年合订本)·刑事卷》(下),中国法制出版社 2000 年版,第 1027~1031 页。

## 罗辉、王凌云等侵占案

载最高人民法院原刑事审判第一庭编:《刑事审判参考》(1999 年卷),法律出版社 2000 年版,第 125~131 页。

**罗扬非法处置查封的财产案**

上海市第一中级人民法院终审裁定,载最高人民法院刑事审判第一、二、三、四、五庭编:《刑事审判参考》(总第54集),法律出版社2007年版,第42~51页。

**罗忠兰盗窃案**

载最高人民法院刑事审判第一庭、第二庭编:《刑事审判参考》(第4卷上),法律出版社2004年版,第155~158页。

**吕秀胜等抢劫,覃福疆抢劫、强奸案**

载国家法官学院、中国人民大学法学院编:《中国审判案例要览·2000年刑事审判案例卷》,中国人民大学出版社2002年版,第211~217页。

**马晓东侵占他人财产类推案**

载最高人民法院公报编辑部编审:《最高人民法院案例全集(1985~2001年)》,中国民主法制出版社2001年版,第104~105页。

**毛文宏、黄玉明设置圈套敲诈勒索案**

江苏省常州市郊区人民法院1997年1月13日判决,载最高人民法院中国应用法学研究所编:《人民法院案例选(1992~1999年合订本)·刑事卷》(下),中国法制出版社2000年版,第1014~1017页。

**孟动、何立康网络盗窃案〔孟动、何立康盗窃案〕**

上海市黄浦区人民法院2006年6月26日一审判决,载《最高人民法院公报》2006年第11期,第33~40页;载最高人民法院刑事审判第一、二、三、四、五庭编:《刑事审判参考》(总第53集),法律出版社2007年版,第42~49页。

**苗××为盗窃塑料管而砍断光电缆故意毁坏财物案**

载最高人民法院中国应用法学研究所编:《人民法院案例选》(2003年第3辑,总第45辑),人民法院出版社2004年版,第76~79页。

**明安华抢劫案**

载最高人民法院刑事审判第一庭、第二庭编:《刑事审判参考》(第3卷下),法律出版社2002年版,第140~144页。

**潘勇、王伟职务侵占、虚报注册资本、贷款诈骗案**

江苏省高级人民法院2002年2月7日终审裁定,载最高人民法院刑事审判第一庭、第二庭编:《刑事审判参考》(第4卷下),法律出版社2004年版,第106~112页。

**浦平波盗窃案**

江苏省高级人民法院2001年7月9日终审裁定,载最高人民法院中国应用法学研究所编:《人民法院案例选》(2003年第1辑,总第43辑),人民法院出版社2003年版,第39~44页。

**戚道云等抢劫案〔戚道云伙同他人抢劫欠条逃债案〕**

上海市第一中级人民法院2000年10月17日裁决,载最高人民法院刑事审判第一庭、第二庭编:《刑事审判参考》(第3卷上),法律出版社2002年版,第100~104页;最高人民法院中国应用法学研究所编:《人民法院案例选》(第41辑),人民法院出版社2003年版,第53~62页;《人民司法》2000年第11期(标题为"暴力抢劫欠条构成抢劫罪")。

**钱炳良盗窃案**

江苏省高级人民法院2003年9月8日终审裁定,载最高人民法院刑事审判第一庭、第二庭编:《刑事审判参考》(总第41集),法律出版社2005年版,第38~49页。

**邱泽平超量抽血盗卖血浆案**

福建省漳州市中级人民法院1993年5月25日终审判决,载最高人民法院中国应用法学研究所编:《人民法院案例选(1992~1999年合订本)·刑事卷》(下),中国法制出版社2000年版,第785~788页。

**商华诈骗案**

四川省重庆市沙坪坝区人民法院〔1991〕沙刑公字第112号判决,载中国高级法官培训中心、中国人民大学法学院编:《中国审判案例要览·1992年综合本》,中国人民公安大学出版社1992年版,第239~241页。

**沈健在银行实习期间侵占银行的财产案**

载最高人民法院中国应用法学研究所编:《人民法院案例选》(2004年刑事专辑,总第47辑),人民法院出版社2005年版,第400~403页。

**沈晓东贪污案**

载中国高级法官培训中心、中国人民大学法学院编:《中国审判案例要览·1994年综合本》,中国人民公安大学出版社1995年版,第341~344页。

**史建清、张桂破坏集体生产案**

最高人民法院中国应用法学研究所编:《人民法院案例选(1992~1999年合订本)·刑事卷》(下),中国法制出版社2000年版,第1037~1039页。

**孙吉勇利用他人过错敲诈勒索案**

新疆维吾尔自治区昌吉市人民法院〔2006〕昌刑初字第0053号判决;新疆维吾尔自治区昌吉回族自治州中级人民法院〔2006〕昌中刑终字第

103 号裁定,载最高人民法院中国应用法学研究所编:《人民法院案例选》(2007 年第 2 辑,总第 60 辑),人民法院出版社 2007 年版,第 88～93 页。

**孙静故意毁坏公私财物案**

载最高人民法院刑事审判第一庭、第二庭编:《刑事审判参考》(总第 39 集),法律出版社 2005 年版,第 39～43 页。

**孙潇强盗窃其质押给债权人的质物案**

河南省洛阳市吉利区人民法院 2001 年 5 月 10 日判决,载最高人民法院中国应用法学研究所编:《人民法院案例选》(2002 年第 3 辑,第 41 辑),人民法院出版社 2003 年版,第 62～65 页。

**谭学超诉史小婷侵占其遗忘物案**

载最高人民法院中国应用法学研究所编:《人民法院案例选》(第 33 辑),人民法院出版社 2001 年版,第 35～41 页。

**田嘉玮、王国赐、唐伟、高静盗窃案**

深圳市中级人民法院一审判决,载最高人民法院公报编辑部编审:《最高人民法院案例全集(1985～2001 年)》,中国民主法制出版社 2001 年版,第 262～266 页。

**田云锋盗窃案**

载国家法官学院、中国人民大学法学院编:《中国审判案例要览·2008 年刑事审判案例卷》,人民法院出版社、中国人民大学出版社 2009 年版,第 317～320 页。

**童文媛等盗窃案**

上海市黄浦区人民法院〔2007〕黄刑初字第 348 号判决;上海市第二中级人民法院〔2007〕沪二中刑终字第 531 号终审裁定,载《人民司法》2008 年第 2 期(标题为"虚增消费积分用于消费构成盗窃罪")。

**王彩坤诈骗、张娟销售赃物案**

北京市第一中级人民法院〔2007〕一中刑终字第 1743 号终审裁定,载国家法官学院、中国人民大学法学院编:《中国审判案例要览·2008 年刑事审判案例卷》,人民法院出版社、中国人民大学出版社 2009 年版,第 352～357 页;《人民司法》2008 年第 14 期(标题为"利用网络漏洞套取网络币行为的认定")。

**王福建盗窃案**

四川省重庆市北碚区人民法院〔1993〕碚刑初字第 87 号判决,载中国高级法官培训中心、中国人民大学法学院编:《中国审判案例要览·1994

年综合本》,中国人民公安大学出版社 1995 年版,第 302～304 页。

**王功国盗窃案**

福建省将乐县人民法院〔2002〕将刑初字第 121 号判决,载国家法官学院、中国人民大学法学院编:《中国审判案例要览·2003 年刑事审判案例卷》,人民法院出版社、中国人民大学出版社 2004 年版,第 247～250 页。

**王菊牙盗窃自己与他人共有的耕牛案**

江西省分宜县人民法院 2003 年 11 月 30 日判决,载最高人民法院中国应用法学研究所编:《人民法院案例选》(2004 年刑事专辑,总第 47 辑),人民法院出版社 2005 年版,第 353～357 页。

**王庆诈骗案**

北京市第二中级人民法院 2001 年 9 月 19 日终审裁定,载最高人民法院刑事审判第一庭、第二庭编:《刑事审判参考》(第 4 卷上),法律出版社 2004 年版,第 159～164 页。

**王微、方继民诈骗案**

浙江省余姚市人民法院一审判决,载最高人民法院刑事审判第一、二、三、四、五庭编:《刑事审判参考》(总第 71 集),法律出版社 2010 年版,第 36～41 页。

**王晓光等抢劫案**

河北省高级人民法院〔1995〕刑上字第 380 号终审裁定,载中国高级法官培训中心、中国人民大学法学院编:《中国审判案例要览·1996 年刑事审判卷》,中国人民公安大学出版社 1997 年版,第 366～368 页。

**王一辉、金珂、汤明职务侵占案**

载最高人民法院刑事审判第一、二、三、四、五庭编:《刑事审判参考》(总第 58 集),法律出版社 2008 年版,第 48～61 页。

**王有才等抢劫、打击报复证人案**

载国家法官学院、中国人民大学法学院编:《中国审判案例要览·2001 年刑事审判案例卷》,中国人民大学出版社 2002 年版,第 243～246 页。

**王治祥、徐小彬、罗光富共同盗窃麻醉药品案**

沈阳军区沈阳军事法院 1994 年 1 月 19 日判决,载最高人民法院中国应用法学研究所编:《人民法院案例选(1992～1999 年合订本)·刑事卷》(下),中国法制出版社 2000 年版,第 811～816 页。

**王治祥、徐小彬、罗光富共同盗窃麻醉药品案**

载最高人民法院中国应用法学研究所编:《人民法院案例选(1992～1999

年合订本）·刑事卷》（下），中国法制出版社 2000 年版，第 811～816 页。

**韦国权盗窃案**

　　载《最高人民法院公报》2006 年第 4 期，第 41～45 页；最高人民法院刑事审判第一、二、三、四、五庭编：《刑事审判参考》（总第 50 集），法律出版社2006 年版，第 28～35 页。

**文某被控盗窃案**

　　江西省南昌市西湖区人民法院 2000 年 3 月 13 日判决，载最高人民法院刑事审判第一庭、第二庭编：《刑事审判参考》（第 3 卷下），法律出版社2002 年版，第 151～155 页。

**邬双美盗窃案**

　　载中国高级法官培训中心、中国人民大学法学院编：《中国审判案例要览·1993 年综合本》，中国人民公安大学出版社 1994 年版，第 227～229 页。

**吴关云等三人毒杀他人耕牛并销售有毒牛肉案**

　　载最高人民法院中国应用法学研究所编：《人民法院案例选（1992～1999年合订本）·刑事卷》（下），中国法制出版社 2000 年版，第 1033～1036 页。

**吴伟盗窃、扰乱社会秩序案**

　　载中国高级法官培训中心、中国人民大学法学院编：《中国审判案例要览·1992 年综合本》，中国人民公安大学出版社 1992 年版，第 233～236 页。

**吴先明盗走其他旅客放在坐席下的钱包案**

　　载最高人民法院中国应用法学研究所编：《人民法院案例选》（2004 年刑事专辑，总第 47 辑），人民法院出版社 2005 年版，第 330～332 页。

**吴献荣盗窃案**

　　浙江省高级人民法院〔1992〕浙法刑上字第 255 号终审裁定，载中国高级法官培训中心、中国人民大学法学院编：《中国审判案例要览·1993 年综合本》，中国人民公安大学出版社 1994 年版，第 216～220 页。

**吴序文将他人放于 KTV 房内的手提电话拿走构成盗窃罪案**

　　载最高人民法院中国应用法学研究所编：《人民法院案例选（1992～1999年合订本）·刑事卷》（下），中国法制出版社 2000 年版，第 922～925 页。

**向灵、刘永超挪用资金、职务侵占案**

　　载最高人民法院刑事审判第一庭、第二庭编：《刑事审判参考》（总第 37集），法律出版社 2004 年版，第 47～53 页。

## 徐剑心盗窃案

重庆市九龙坡区人民法院〔2005〕九刑初字第 476 号判决,载国家法官学院、中国人民大学法学院编:《中国审判案例要览·2005 年刑事审判案例卷》,人民法院出版社、中国人民大学出版社 2006 年版,第 283～287 页。

## 徐君在工厂盗窃备件时将部分赃物扔出墙外案

载最高人民法院中国应用法学研究所编:《人民法院案例选(1992～1999 年合订本)·刑事卷》(下),中国法制出版社 2000 年版,第 892～896 页。

## 徐明辉盗窃转账支票后交给顾耀忠骗取财物案

上海市高级人民法院 1994 年 2 月 19 日终审判决,载最高人民法院中国应用法学研究所编:《人民法院案例选(1992～1999 年合订本)·刑事卷》(下),中国法制出版社 2000 年版,第 840～844 页。

## 徐英强、金俊盗窃重要技术成果案

载最高人民法院中国应用法学研究所编:《人民法院案例选(1992～1999 年合订本)·刑事卷》(下),中国法制出版社 2000 年版,第 909～913 页。

## 许成呆职务侵占、诈骗案

福建省高级人民法院〔2006〕闽刑终字第 324 号裁定,载国家法官学院、中国人民大学法学院编:《中国审判案例要览·2007 年刑事审判案例卷》,人民法院出版社、中国人民大学出版社 2008 年版,第 324～334 页。

## 薛佩军等盗窃案

北京市高级人民法院终审判决,载最高人民法院刑事审判第一庭、第二庭编:《刑事审判参考》(第 4 卷下),法律出版社 2004 年版,第 94～99 页。

## 严峻故意毁坏财物案

上海市第二中级人民法院〔2004〕沪二中刑终字第 208 号裁定,载最高人民法院中国应用法学研究所编:《人民法院案例选》(2005 年第 4 辑,总第 54 辑),人民法院出版社 2006 年版,第 48～53 页;国家法官学院、中国人民大学法学院编:《中国审判案例要览·2005 年刑事审判案例卷》,人民法院出版社、中国人民大学出版社 2006 年版,第 280～285 页。

## 阎华侵占他人遗忘物案

载最高人民法院中国应用法学研究所编:《人民法院案例选(1992～1999 年合订本)·刑事卷》(下),中国法制出版社 2000 年版,第 983～986 页。

**颜亿凡盗窃案**

广东省广州市中级人民法院〔2006〕穗中法刑二终字第 68 号裁定,载国家法官学院、中国人民大学法学院编:《中国审判案例要览·2007 年刑事审判案例卷》,人民法院出版社、中国人民大学出版社 2008 年版,第 279～289 页。

**杨聪慧、马文明盗窃机动车号牌案**

江苏省苏州市平江区人民法院判决,载最高人民法院刑事审判第一、二、三、四、五庭编:《刑事审判参考》(总第 70 集),法律出版社 2010 年版,第 54～59 页。

**杨仕均故意毁坏他人责任地内的柑桔树案**

载最高人民法院中国应用法学研究所编:《人民法院案例选(1992～1999 年合订本)·刑事卷》(下),中国法制出版社 2000 年版,第 1045～1047 页。

**杨先立将窃取的他人移动电话的电子串号复制成副机出售案**

海南省海口市中级人民法院 1997 年 11 月 27 日终审判决,载最高人民法院中国应用法学研究所编:《人民法院案例选(1992～1999 年合订本)·刑事卷》(下),中国法制出版社 2000 年版,第 925～928 页。

**杨永明、孙承贵等诈骗、行贿、盗窃案**

载最高人民法院中国应用法学研究所编:《人民法院案例选》(2006 年第 2 辑,总第 56 辑),人民法院出版社 2006 年版,第 77～89 页。

**杨志成盗窃案**

郑州市中级人民法院 2008 年 3 月 19 日终审裁定,载《最高人民法院公报》2008 年第 11 期。

**叶静挪用资金案**

重庆市綦江县人民法院〔2006〕綦刑初字第 25 号判决,载国家法官学院、中国人民大学法学院编:《中国审判案例要览·2008 年刑事审判案例卷》,人民法院出版社、中国人民大学出版社 2009 年版,第 388～393 页。

**叶文言、叶文语等盗窃案**

浙江省温州市中级人民法院 2002 年 8 月 27 日终审裁定,载最高人民法院刑事审判第一庭、第二庭编:《刑事审判参考》(总第 43 集),法律出版社 2005 年版,第 37～44 页。

**袁辉等职务侵占案**

江苏省镇江市京口区人民法院〔1999〕京刑初字第 169 号判决,载国家法官学院、中国人民大学法学院编:《中国审判案例要览·2000 年刑事审判案例卷》,中国人民大学出版社 2002 年版,第 222～226 页。

## 詹伟东、詹伟京盗窃案

深圳市中级人民法院〔2006〕深中法刑二初字第 90 号判决,载最高人民法院刑事审判第一、二、三、四、五庭编:《刑事审判参考》(总第 66 集),法律出版社 2009 年版,第 54～61 页;《人民司法》2008 年第 24 期(标题题为:《窃取纺织品出口配额构成盗窃罪》)。

## 张鹏、孙德锋盗用他人上网费案

上海市黄浦区人民法院 2000 年 11 月 13 日判决,载最高人民法院中国应用法学研究所编:《人民法院案例选》(2003 年第 1 辑,总第 43 辑),人民法院出版社 2003 年版,第 44～49 页。

## 张卫兵盗窃案

福建省厦门市翔安区人民法院〔2005〕翔刑初字第 162 号判决,载国家法官学院、中国人民大学法学院编:《中国审判案例要览·2006 年刑事审判案例卷》,人民法院出版社、中国人民大学出版社 2007 年版,第 273～278 页。

## 张泽容、屈自强盗窃案

重庆市第一中级人民法院终审裁定,载最高人民法院刑事审判第一、二、三、四、五庭编:《刑事审判参考》(总第 52 集),法律出版社 2007 年版,第 22～28 页。

## 章国新破坏生产经营案

载最高人民法院刑事审判第一庭、第二庭编:《刑事审判参考》(总第 37 集),法律出版社 2004 年版,第 54～62 页。

## 章杨盗窃案

福建省高级人民法院 1999 年 6 月 17 日终审判决,载最高人民法院原刑事审判第一庭编:《刑事审判参考》(第 2 卷),法律出版社 2001 年版,第 133～136 页。

## 赵银安诈骗案

上海市第一中级人民法院〔2003〕沪一中刑终字第 245 号终审裁定,载国家法官学院、中国人民大学法学院编:《中国审判案例要览·2004 年刑事审判案例卷》,人民法院出版社、中国人民大学出版社 2005 年版,第 283～289 页。

## 周华盗窃重要技术成果案

载最高人民法院中国应用法学研究所编:《人民法院案例选(1992～1999 年合订本)·刑事卷》(下),中国法制出版社 2000 年版,第 914～917 页。

**周玮盗窃案**

江苏省无锡市北塘区人民法院〔2006〕北刑初字第 167 号判决,载国家法官学院、中国人民大学法学院编:《中国审判案例要览·2007 年刑事审判案例卷》,人民法院出版社、中国人民大学出版社 2008 年版,第 301～306 页。

**周小波等盗窃案**

北京市顺义区人民法院〔2007〕顺刑初字第 481 号判决,载国家法官学院、中国人民大学法学院编:《中国审判案例要览·2008 年刑事审判案例卷》,人民法院出版社、中国人民大学出版社 2009 年版,第 330～334 页。

**朱建勇故意毁坏财物案**

上海市静安区人民法院〔2002〕静刑初字第 146 号判决,载国家法官学院、中国人民大学法学院编:《中国审判案例要览·2003 年刑事审判案例卷》,人民法院出版社、中国人民大学出版社 2004 年版,第 315～318 页。

**朱仁盗取网络游戏充值卡案**

北京第一中级人民法院〔2004〕一中刑终字第 3107 号裁定,最高人民法院网,http://www.court.gov.cn/html/article/200409/20/1237.shtml。

# 参 考 文 献

**一、法典、立法文献与判例汇编**

1. 《〈中华人民共和国物权法〉条文说明、立法理由及相关规定》,全国人大常委会法工委民法室编,北京大学出版社 2007 年版。

2. 《〈中华人民共和国刑法〉条文说明、立法理由及相关规定》,全国人大常委会法制工作委员会刑法室编,北京大学出版社 2009 年版。

3. 《德国民法典》,陈卫佐译注,法律出版社 2006 年第 2 版。

4. 《德国刑法典》(附德文),冯军译,中国政法大学出版社 2000 年版。

5. 《德国刑法典》,徐久生、庄敬华译,中国法制出版社 2000 年版。

6. 《德日刑法典》,蔡墩铭译,台湾五南图书出版有限公司 1993 年版。

7. 《德意志联邦共和国民法典》,上海社会科学院法学研究所译,法律出版社 1984 年版。

8. 《法学阶梯》,〔古罗马〕优士丁尼著,徐国栋译,中国政法大学出版社 1999 年版。

9. 《罗马法民法大全选译·物与物权》(第 2 版),〔意〕斯奇巴尼编,中国政法大学出版社 2009 年版。

10. 《美国模范刑法典及其评注》,〔美〕美国法学会编,刘仁文、王祎等译,法律出版社 2005 年版。

11. 《欧洲侵权法原则:文本与评注》,欧洲侵权法小组编著,于敏、谢鸿飞译,法律出版社 2009 年版。

12. 《人民法院案例选(1992~1999 年合订本)·刑事卷》(下),最高人民法院中国应用法学研究所编,中国法制出版社 2000 年版。

13. 《人民法院案例选》(2003 年第 1 辑,总第 43 辑),最高人民法院中国应用法学研究所编,人民法院出版社 2003 年版。

14. 《人民法院案例选》(2003 年第 3 辑,总第 45 辑),最高人民法院中国应用法学研究所编,人民法院出版社 2004 年版。

15. 《人民法院案例选》(2004 年刑事专辑,总第 47 辑),最高人民法院中国应用法学研究所编,人民法院出版社 2005 年版。

16. 《人民法院案例选》(2005 年第 4 辑,总第 54 辑),最高人民法院中国应用法学研究所编,人民法院出版社 2006 年版。

17. 《人民法院案例选》(2006 年第 1 辑,总第 55 辑),最高人民法院中国应用法学研究所编,人民法院出版社 2006 年版。

18. 《人民法院案例选》(2006 年第 2 辑,总第 56 辑),最高人民法院中国应用法学研究所编,人民法院出版社 2006 年版。

19.《人民法院案例选》(2007年第1辑,总第59辑),最高人民法院中国应用法学研究所编,人民法院出版社2007年版。

20.《人民法院案例选》(2007年第2辑,总第60辑),最高人民法院中国应用法学研究所编,人民法院出版社2007年版。

21.《人民法院案例选》(第33辑),最高人民法院中国应用法学研究所,人民法院出版社2001年版。

22.《人民法院案例选》(第36辑),最高人民法院中国应用法学研究所,人民法院出版社2001年版。

23.《人民法院案例选》(第40辑),最高人民法院中国应用法学研究所,人民法院出版社2002年版。

24.《人民法院案例选》(第41辑),最高人民法院中国应用法学研究所,人民法院出版社2003年版。

25.《日本民法典》,王书江译,中国法制出版社2000年版。

26.《日本刑法典》(1880年),载《新译日本法规大全(点校本)》(第2卷),南洋公学译书院初译,商务印书馆编译所补译校订,李秀清点校,商务印书馆2007年版,第465~522页。

27.《日本刑法典》,张明楷译,法律出版社1998年版。

28.《苏俄刑法典》(1926年),载〔苏联〕A.盖尔青仲:《苏联和苏俄刑事立法史料汇编(1917~1952)》,郑华、王增润、赵涵舆译,法律出版社1956年版。

29.《苏俄刑法典》(1961年),王增润译,法律出版社1962年版。

30.《苏俄刑法典》(1978年修订版),曹子丹译,北京政法学院刑法教研室1980年版。

31.《苏联和苏俄刑事立法史料汇编(1917~1952)》,〔苏联〕A.盖尔青仲编,郑华、王增润、赵涵舆译,法律出版社1956年版。

32.《宪法分解参考资料》,中国政治法律学会编,人民出版社1954年版。

33.《新学林分科六法:刑法》(第9版),许玉秀,台湾新学林出版股份有限公司2008年版。

34.《新中国刑法立法文献资料总览》(上中下册),高铭暄、赵秉志编,中国人民公安大学出版社1998年版。

35.《新中国民法典草案总览》(上中下册),何勤华、李秀清、陈颐编,法律出版社2003年版。

36.《刑事审判参考》(1999年卷),最高人民法院原刑事审判第一庭编,法律出版社2000年版。

37.《刑事审判参考》(第2卷),最高人民法院刑事审判第一庭编,法律出版社2001年版。

38.《刑事审判参考》(第3卷上),最高人民法院刑事审判第一庭、第二庭编,法律出版社2002年版。

39.《刑事审判参考》(第3卷下),最高人民法院刑事审判第一庭、第二庭编,法律出版社2002年版。

40.《刑事审判参考》(第4卷上),最高人民法院刑事审判第一庭、第二庭编,法律出版社2004年版。

41.《刑事审判参考》(第4卷下),最高人民法院刑事审判第一庭、第二庭编,法律出版社2004年版。

42.《刑事审判参考》(总第33集),最高人民法院刑事审判第一庭、第二庭编,法律出版社 2003 年版。

43. 《刑事审判参考》(总第 37 集),最高人民法院刑事审判第一庭、第二庭编,法律出版社 2004 年版。

44. 《刑事审判参考》(总第 39 集),最高人民法院刑事审判第一庭、第二庭编,法律出版社 2005 年版。

45. 《刑事审判参考》(总第 41 集),最高人民法院刑事审判第一庭、第二庭编,法律出版社 2005 年版。

46. 《刑事审判参考》(总第 43 集),最高人民法院刑事审判第一庭、第二庭编,法律出版社 2005 年版。

47. 《刑事审判参考》(总第 48 集),最高人民法院刑事审判第一、二、三、四、五庭编,法律出版社 2006 年版。

48. 《刑事审判参考》(总第 50 集),最高人民法院刑事审判第一、二、三、四、五庭编,法律出版社 2006 年版。

49. 《刑事审判参考》(总第 51 集),最高人民法院刑事审判第一、二、三、四、五庭编,法律出版社 2006 年版。

50. 《刑事审判参考》(总第 52 集),最高人民法院刑事审判第一、二、三、四、五庭编,法律出版社 2007 年版。

51. 《刑事审判参考》(总第 53 集),最高人民法院刑事审判第一、二、三、四、五庭编,法律出版社 2007 年版。

52. 《刑事审判参考》(总第 54 集),最高人民法院刑事审判第一、二、三、四、五庭编,法律出版社 2007 年版。

53. 《刑事审判参考》(总第 58 集),最高人民法院刑事审判第一、二、三、四、五庭编,法律出版社 2008 年版。

54. 《刑事审判参考》(总第 66 集),最高人民法院刑事审判第一、二、三、四、五庭编,法律出版社 2009 年版。

55. 《刑事审判参考》(总第 70 集),最高人民法院刑事审判第一、二、三、四、五庭编,法律出版社 2010 年版。

56. 《刑事审判参考》(总第 71 集),最高人民法院刑事审判第一、二、三、四、五庭编,法律出版社 2010 年版。

57. 《刑事审判参考》(总第 72 集),最高人民法院刑事审判第一、二、三、四、五庭编,法律出版社 2010 年版。

58. 《刑事司法解释理解与适用》,沈德咏主编、最高人民法院研究室编,法律出版社 2009 年版。

59. 《中国侵权责任法学者建议稿及其立法理由》,〔德〕布吕格迈耶尔、朱岩著,北京大学出版社 2009 年版。

60. 《中国审判案例要览·1992 年综合本》,中国高级法官培训中心、中国人民大学法学院编,中国人民公安大学出版社 1992 年版。

61. 《中国审判案例要览·1993 年综合本》,中国高级法官培训中心、中国人民大学法学院编,中国人民公安大学出版社 1994 年版。

62. 《中国审判案例要览·1994 年综合本》,中国高级法官培训中心、中国人民大学法学院编,中国人民公安大学出版社 1995 年版。

63. 《中国审判案例要览·1996 年刑事审判卷》,中国高级法官培训中心、中国人民大学法学院编,中国人民公安大学出版社 1997 年版。

64.《中国审判案例要览·1999 年刑事审判案例卷》,国家法官学院、中国人民大学法学院编,中国人民大学出版社 2002 年版。

65.《中国审判案例要览·2000 年刑事审判案例卷》,国家法官学院、中国人民大学法学院编,中国人民大学出版社 2002 年版。

66.《中国审判案例要览·2001 年刑事审判案例卷》,国家法官学院、中国人民大学法学院编,中国人民大学出版社 2002 年版。

67.《中国审判案例要览·2003 年刑事审判案例卷》,国家法官学院、中国人民大学法学院编,人民法院出版社、中国人民大学出版社 2004 年版。

68.《中国审判案例要览·2004 年刑事审判案例卷》,国家法官学院、中国人民大学法学院编,人民法院出版社、中国人民大学出版社 2005 年版。

69.《中国审判案例要览·2005 年刑事审判案例卷》,国家法官学院、中国人民大学法学院编,人民法院出版社、中国人民大学出版社 2006 年版。

70.《中国审判案例要览·2006 年刑事审判案例卷》,国家法官学院、中国人民大学法学院编,人民法院出版社、中国人民大学出版社 2007 年版。

71.《中国审判案例要览·2007 年刑事审判案例卷》,国家法官学院、中国人民大学法学院,人民法院出版社、中国人民大学出版社 2008 年版。

72.《中国审判案例要览·2008 年刑事审判案例卷》,国家法官学院、中国人民大学法学院,人民法院出版社、中国人民大学出版社 2009 年版。

73.《中国物权法草案建议稿:条文、说明、理由与参考立法例》,中国物权法研究课题组,社会科学文献出版社 2000 年版。

74.《最高人民法院案例全集(1985~2001 年)》,最高人民法院公报编辑部编审,中国民主法制出版社 2001 年版。

75.《最高人民法院公报》2006 年第 11 期。

76.《最高人民法院公报》2006 年第 2 期。

77.《最高人民法院公报》2006 年第 4 期。

78.《最高人民法院公报》2008 年第 11 期。

## 二、著作

1. 蔡墩铭:《刑法各论》(修订 5 版),台湾三民书局 2006 年版。

2. 陈兴良:《刑法各论的一般理论》,内蒙古大学出版社 1992 年版。

3. 陈兴良主编:《刑法学》(第 2 版),复旦大学出版社 2009 年版。

4. 陈志龙:《人性尊严与刑法体系入门》(修订 5 版),1998 年自版印行。

5. 丁天球:《侵犯财产罪重点疑点难点问题判解研究》,人民法院出版社 2005 年版。

6. 董玉庭:《盗窃罪研究》,中国检察出版社 2002 年版。

7. 甘雨沛、何鹏:《外国刑法学》(下册),北京大学出版社 1985 年版。

8. 高铭暄、马克昌主编,赵秉志执行主编:《刑法学》(第 4 版),北京大学出版社、高等教育出版社 2010 年版。

9. 顾军主编:《侵财犯罪的理论与司法实践》,法律出版社 2008 年版。

10. 何鹏:《外国刑法简论》,吉林大学出版社 1985 年版。

11. 何鹏主编,高格、金凯副主编:《刑法概论》,吉林人民出版社 1981 年版。

12. 黄立:《民法总则》,中国政法大学出版社 2002 年版。

13. 金海统：《资源权论》，法律出版社 2010 年版。
14. 金子桐、郑大群、顾肖荣：《罪与罚：侵犯财产罪和妨害婚姻、家庭罪的理论与实践》，上海社科院出版社 1987 年版。
15. 李庆海、孙丕志编写：《浅谈侵犯财产罪》，黑龙江人民出版社 1981 年版。
16. 梁慧星、陈华彬：《物权法》（第 4 版），法律出版社 2007 年版。
17. 梁慧星：《民法总论》（第 3 版），法律出版社 2007 年版。
18. 梁慧星主编：《中国物权法研究》（上册），法律出版社 1998 年版。
19. 刘明祥：《财产罪比较研究》，中国政法大学出版社 2001 年版。
20. 刘树德：《敲诈勒索罪判解研究》，人民法院出版社 2005 年版。
21. 刘宪权、吴允锋：《侵犯知识产权犯罪理论与实务》，北京大学出版社 2007 年版。
22. 刘宪权主编：《刑法学（第 2 版）》（下册），上海人民出版社 2008 年版。
23. 刘宪权主编：《中国刑法理论前沿问题研究》，人民出版社 2005 年版。
24. 刘志伟：《侵占犯罪的理论与司法适用》，中国检察出版社 2000 年版。
25. 马忠志：《刑法疑案详解》（下册），群众出版社 1989 年版。
26. 欧阳涛、张绳祖等：《〈中华人民共和国刑法〉注释》，北京出版社 1980 年版。
27. 钱明星：《物权法原理》，北京大学出版社 1994 年版。
28. 上海社会科学院法学研究所编译：《民法》，知识出版社 1981 年版。
29. 沈志民：《抢劫罪论》，吉林人民出版社 2005 年版。
30. 史尚宽：《民法总论》，中国政法大学出版社 2000 年版。
31. 史尚宽：《债法总论》，中国政法大学出版社 2000 年版。
32. 苏惠渔主编：《刑法学》（第 4 版），中国政法大学出版社 2009 年版。
33. 孙森焱：《民法债编总论》（上册），法律出版社年版。
34. 孙宪忠：《德国当代物权法》，法律出版社 1997 年版。
35. 孙宪忠：《中国物权法总论》，法律出版社 2003 年版。
36. 佟柔主编：《中国民法学·民法总则》，中国人民公安大学出版社 1990 年版。
37. 王礼仁：《盗窃罪的定罪与量刑》，人民法院出版社 2008 年版。
38. 王玉珏：《刑法中的财产性质及财产控制关系研究》，法律出版社 2009 年版。
39. 王泽鉴：《民法实例研习·民法总则》，1995 年自版印行。
40. 王泽鉴：《民法物权（二）占有》，1999 年自版印行。
41. 王泽鉴：《侵权行为法（一）基本原理·一般侵权行为》，2000 年自版印行。
42. 王作富主编：《刑法分则实务研究》（中册），中国方正出版社 2007 年第 3 版。
43. 吴冷西：《十年论战：中苏关系回忆录(1956～1966)》（上册），中央文献出版社 1999 年版。
44. 谢在全：《民法物权论》（下册），中国政法大学出版社 1999 年版。
45. 薛瑞麟：《犯罪客体论》，中国政法大学 2008 年版。
46. 杨春洗、杨敦先、郭自力主编：《中国刑法论》（第 4 版），北京大学出版社 2008 年版。
47. 杨兴培等：《"犯罪客体"的反思与批评》，法律出版社 2009 年版。
48. 尹田：《法国物权法》，法律出版社 1998 年版。
49. 张国轩：《抢劫罪的定罪与量刑》（修订版），人民法院出版社 2008 年版。
50. 张明楷：《法益初论》（修订版），中国政法大学出版社 2003 年版。
51. 张明楷：《外国刑法纲要》，清华大学出版社 2007 年版。
52. 张明楷：《刑法学》（第 3 版），法律出版社 2007 年版。

53. 张明楷:《诈骗罪与金融诈骗罪研究》,清华大学出版社 2006 年版。
54. 张明楷:《罪刑法定与刑法解释》,北京大学出版社 2009 年版。
55. 张千帆:《宪法学导论》,法律出版社 2004 年版。
56. 张勇:《犯罪数额研究》,中国方正出版社 2004 年版。
57. 张志勇:《诈骗罪研究》,中国检察出版社 2008 年版。
58. 赵秉志主编:《侵犯财产罪》,中国人民公安大学出版社 2003 年版。
59. 赵秉志主编:《侵犯财产罪研究》,中国法制出版社 1998 年版。
60. 赵秉志主编:《外国刑法各论·大陆法系》,中国人民大学出版社 2006 年版。
61. 赵秉志主编:《刑法学各论研究述评(1978～2008)》,北京师范大学出版社 2009 年版。
62. 赵秉志主编:《中国刑法案例与学理研究(第 4 卷)侵犯公民人身权利·民主权利罪、侵犯财产罪》,法律出版社 2004 年版。
63. 赵永林:《我国刑法中盗窃罪的理论与实践》,1989 年版。
64. 郑厚勇:《挪用型职务犯罪新论》,中国检察出版社 2005 年版。
65. 郑伟:《刑法个罪比较研究》,河南人民出版社 1990 年版。
66. 郑玉波:《民法物权》(修订二版),台湾三民书局股份有限公司 2003 年版。
67. 中央政法干部学校刑法刑事诉讼法教研室编:《中华人民共和国刑法分则讲义》,群众出版社 1980 年版。
68. 周光权:《刑法各论讲义》,清华大学出版社 2003 年版。
69. 〔奥〕H. 考茨欧主编:《侵权法的统一:违法性》,张家勇译,法律出版社 2009 年版。
70. 〔德〕卡尔·拉伦茨:《德国民法通论》(上册),王晓晔、邵建东、程建英、徐国建、谢怀栻译,法律出版社 2004 年版。
71. 〔德〕康德:《康德著作全集(第 6 卷)纯然理性界限内的宗教·道德形而上学》,李秋零、张荣译,中国人民大学出版社 2007 年版。
72. 〔德〕克雷斯蒂安·冯·巴尔:《欧洲比较侵权行为法》(下册),焦美华译,张新宝审校,法律出版社 2001 年版。
73. 〔德〕克雷斯蒂安·冯·巴尔:《欧洲比较侵权行为法》(上册),张新宝译,法律出版社 2001 年版。
74. 〔德〕马克思、〔德〕恩格斯:《马克思恩格斯全集》(第 1 卷),中共中央马克思恩格斯列宁斯大林著作编译局译,人民出版社 1956 年版。
75. 〔德〕梅迪库斯:《德国民法总论》,邵建东译,法律出版社 2000 年版。
76. 〔德〕萨维尼:《论立法与法学的当代使命》,许章润译,中国法制出版社 2001 年版。
77. 〔法〕弗朗索瓦·泰雷、菲利普·森勒尔:《法国财产法》(上册),中国法制出版社 2008 年版。
78. 〔古罗马〕盖尤斯:《法学阶梯》,黄风译,中国政法大学出版社 1996 年版。
79. 〔美〕克里贝特、约翰逊、芬德利、史密斯:《财产法:案例与材料》(第 7 版),齐东祥、陈刚译,中国政法大学出版社 2003 年版。
80. 〔美〕约翰·G. 斯普兰克林:《美国财产法精解》(第 2 版),钟书峰译,北京大学出版社 2009 年版。
81. 〔苏联〕Б. A. 库利诺夫:《盗窃国家财产和盗窃公共财产的刑事责任》,刘玉瓒、雷良荽、陈炽基、刘秀丰译,法律出版社 1955 年版。
82. 〔苏联〕Д. M. 坚金主编:《苏维埃民法》(第二册),康宝田、李光谟、邬志雄译,法律出版社 1956 年版。

83. 〔苏联〕T. Л. 谢尔盖耶娃:《苏维埃刑法对社会主义所有制的保护》,〔苏联〕A. H. 瓦西里耶夫审校,薛秉忠、王更生、高铭暄译,法律出版社 1957 年版。

84. 〔苏联〕库德利雅夫采夫主编:《苏联法律辞典(第二分册)刑法部分)》,刑芳译,法律出版社 1957 年版。

85. 〔苏联〕苏联司法部全苏联法律科学研究所编:《苏维埃刑法分则》,中国人民大学刑法教研室译,法律出版社 1956 年版。

86. 〔日〕大塚仁:《刑法概说·各论》(第 3 版),冯军译,中国人民大学出版社 2003 年版。

87. 〔日〕我妻荣:《我妻荣民法讲义(I)新订民法总则》,中国法制出版社 2008 年版。

88. 〔意〕彼德罗·彭梵得:《罗马法教科书》,黄风译,中国政法大学出版社 1992 年版。

89. 〔意〕毛罗·布萨尼、〔美〕弗农·瓦伦丁·帕尔默主编:《欧洲法中的纯粹经济损失》,张小义、钟洪明译,林嘉审校,法律出版社 2005 年版。

90. 〔英〕F. H. 劳森、伯纳德·冉得:《英国财产法导论》,曹培译,法律出版社 2009 年版。

91. Theodore F. T. Plucknett, *A Concise History of the Common Law*, 中信出版社 2003 年影印版。

## 三、论文、译文及文章

1. 白云:《论受贿罪的贿赂标的:"财物"》,载《长沙铁道学院学报(社会科学版)》2004 年第 1 期。

2. 蔡明诚:《民法物权编的发展与展望》,载谢在全、蔡明诚、陈荣传等:《民法七十年之回顾与展望纪念论文集(三)物权、亲属编》,中国政法大学出版社 2002 年版。

3. 蔡圣伟:《概说:所有权犯罪与侵害整体财产之犯罪》(上),载《月旦法学教室》第 69 期。

4. 蔡圣伟:《概说:所有权犯罪与侵害整体财产之犯罪》(下),载《月旦法学教室》第 70 期。

5. 蔡英:《盗窃罪犯罪客体及对象研究》,载《西南政法大学学报》2005 年第 4 期。

6. 曹新友:《论存款所有权的归属》,载《现代法学》2000 年第 2 期。

7. 曾淑瑜:《刑法第二百六十六条第一项赌博罪所称"财物"》,载《法令月刊》第 50 卷(1999 年)第 10 期。

8. 陈爱娥:《"司法院"大法官会议解释中财产权概念之演变》,载刘孔中、李建良主编:《宪法解释之理论与实务》,台湾地区"中央"研究院中山人文社会科学研究所 1998 年版,第 393~420 页。

9. 陈洪兵:《财产罪法益上的所有权说批判》,载《金陵法律评论》2008 年春季卷。

10. 陈洪兵:《经济的财产说之主张》,载《华东政法大学学报》2008 年第 1 期。

11. 陈兴良:《盗窃罪的认定与处罚》,载姜伟主编:《刑事司法指南》2002 年第 3 期,法律出版社 2002 年版,第 1~67 页。

12. 陈颐:《萨维尼历史法学方法论简释》,载《比较法研究》2005 年第 5 期。

13. 陈云良、周新:《虚拟财产刑法保护路径之选择》,载《法学评论》2009 年第 2 期。

14. 程为清、张薇:《用被扣押银行卡的配套存折取走赃款构成非法处置扣押财产罪》,载《人民司法》2008 年第 22 期。

15. 杜晓:《刑法修正案拟将恶意欠薪定为犯罪受好评如何认定"恶意"尚存困难——恶意欠薪追刑责能否根治拖欠工资痼疾》,载《法制日报》2011 年 2 月 25 日第 4 版。

16. 冯哲、关芳:《利用网络漏洞套取网络币行为的认定》,载《人民司法》2008 年第 14 期。

17. 高学哲:《恶意欠薪入罪是否必要》,载《21 世纪经济报道》2010 年 10 月 19 日第 2 版。

18. 何承斌:《侵犯财产罪客体新探》,载《河北法学》2004 年第 1 期。

19. 侯国云:《论网络虚拟财产刑事保护的不当性——让虚拟财产永远待在虚拟世界》,载《中国人民公安大学学报(社会科学版)》2008 年第 3 期。

20. 黄桂武、刘跃挺、孟媛媛:《新论财产罪法益——与张明楷教授商榷》,载《学术交流》2007 年第 1 期。

21. 黄寒:《在银行存入假币后领取真币的行为如何定性》,载刘宪权主编:《刑法学研究》(第 2 卷),上海人民出版社 2006 年版,第 231~239 页。

22. 黄金富、黄曙:《盗窃、诈骗犯罪中的客体问题研究》,载《中国刑事法杂志》2006 年第 6 期。

23. 黄自强:《论没收财产刑中的"财产"》,载《太原大学学报》2007 年第 4 期。

24. 姜君伟、涂平一:《窃取纺织品出口配额构成盗窃罪》,载《人民司法》2008 年第 24 期。

25. 姜琳:《"恶意欠薪"入罪,有助威慑"恶老板"》,载《新华每日电讯》2010 年 8 月 25 日第 3 版。

26. 黎宏:《论财产犯中的占有》,载《中国法学》2009 年第 1 期。

27. 黎宏:《论财产犯罪的保护法益》,载《人民检察》2008 年第 23 期。

28. 李果:《盗窃罪的特殊对象问题新探》,载《法学家》1996 年第 5 期。

29. 李秀清:《新中国刑事立法移植苏联模式考》,载《法学评论》2002 年第 6 期。

30. 林东茂:《窃盗罪的动产》,载《月旦法学教室》第 5 期。

31. 林东茂:《诈欺罪的财产损害》,载氏著:《一个知识论上的刑法学思考》(增订 3 版),中国人民大学出版社 2009 年版,第 144~153 页。

32. 林敏生:《论刑法上财物之概念》,载蔡墩铭主编:《刑法分则论文选辑》(下),台湾五南图书出版公司 1984 年版,第 713~730 页。

33. 刘丹冰:《银行存款所有权的归属与行使——兼论存款合同的性质》,载《法学评论》2003 年第 1 期。

34. 刘复光:《试论侵犯非法财产的犯罪问题》,载《法学家》1992 年第 5 期。

35. 刘晖:《侵犯财产罪犯罪对象的演变及发展——以网络虚拟财产为视角》,载《山西省政法管理干部学院学报》2009 年第 3 期。

36. 刘明祥:《论侵犯财产罪的对象》,载《法律科学》1999 年第 6 期。

37. 刘明祥:《论诈骗罪中的财产损害》,载《湘潭工学院学报(社会科学版)》2001 年第 1 期。

38. 刘清华、韦丽婧:《财产型犯罪中财物的界定》,载《广西警官高等专科学校学报》2006 年第 3 期。

39. 刘伟:《论贿赂罪中的财物——兼论刑法意义上"物"的概念》,载《黑龙江省政法管理干部学院学报》2002 年第 3 期。

40. 陆晓伟:《暴力抢劫欠条构成抢劫罪》,《人民司法》2000 年第 11 期。

41. 潘玉森：《财产犯罪客体和犯罪对象之理论冲突与协调》，载《黑龙江省政法管理干部学院学报》2007 年第 4 期。

42. 齐文远、张克文：《对盗窃罪客体要件的再探讨》，载《法商研究》2000 年第 1 期。

43. 时延安：《论民法意义的所有权与刑法意义的所有权之间的关系》，载《中国刑事法杂志》2003 年第 1 期。

44. 孙瑞灼：《恶意欠薪入罪还需明确"三个问题"》，载《人民法院报》2010 年 8 月 27 日第 2 版。

45. 唐世月：《评刑法对公、私财产之解释》，载《法学评论》2003 年第 5 期。

46. 童伟华：《财产罪的法益——修正的"所有权说"之提倡》，载《安徽大学法律评论》2009 年第 1 辑。

47. 童伟华：《论盗窃罪的对象》，载《东南大学学报〈哲学社会科学版〉》2009 年第 4 期。

48. 童伟华：《诈欺不法原因给付财物与利益之刑法分析》，载《汕头大学学报（人文社会科学版）》2009 年第 1 期。

49. 童之伟等：《宪法学者评〈物权法（草案）〉的违宪与合宪之争》，载《法学》2006 年第 3 期。

50. 汪庆红、干梅君：《对我国私有财产权宪法地位的思考》，载《天津市政法管理干部学院学报》2001 年第 4 期。

51. 汪庆红：《中国革命宪法"私有财产"概念解析》，载《广西政法管理干部学院学报》2005 年第 6 期。

52. 王骏：《抢劫、盗窃利益行为探究》，载《中国刑事法杂志》2009 年第 12 期。

53. 王信芳、沈解平、王连国：《虚增消费积分用于消费构成盗窃罪》，载《人民司法》2008 年第 2 期。

54. 王昭振：《数额犯中"数额"概念的展开》，载《法学论坛》2006 年第 3 期。

55. 王震、范伟：《试论故意毁坏财物罪的客观方面及犯罪对象》，载《黑龙江省政法管理干部学院学报》2009 年第 4 期。

56. 魏东：《侵占罪犯罪对象要素之解析检讨》，载《中国刑事法杂志》2005 年第 5 期。

57. 吴正顺：《财产犯罪之本质、保护法益》，载蔡墩铭主编：《刑法分则论文选辑》（下），台湾五南图书出版公司 1984 年版，第 667~686 页。

58. 吴正顺：《论刑法上物之持有》，载蔡墩铭主编：《刑法分则论文选辑》（下），台湾五南图书出版公司 1984 年版，第 787~804 页。

59. 肖松平：《刑法第 265 条探究——兼论我国财产犯罪的犯罪对象》，载《政治与法律》2007 年第 5 期。

60. 肖中华、闵凯：《侵占罪中"代为保管的他人财物"之含义》，法学家 2006 年第 5 期。

61. 叶巍、茅仲华：《侵犯"网络财产"行为的刑法规制》，载《法律适用》2005 年第 5 期。

62. 于志刚：《论网络游戏中虚拟财产的法律性质及其刑法保护》，载《政法论坛（中国政法大学学报）》2003 年第 6 期。

63. 张春宇、刘中发：《窃取公权力支配下的本人财物之行为定性研究》，载《中国刑事法杂志》2009 年第 8 期。

64. 张建文、朱帅：《捡到已知密码的信用卡在自动取款机上取款行为的定性》，载《人民司法》2008 年第 12 期。

65. 张克文：《对盗窃罪保护客体的重新认识》，载《中央政法管理干部学院学报》1999 年第 5 期。

66. 张明楷:《财产性利益是诈骗罪的对象》,载《法律科学(西北政法学院学报)》2005年第3期。

67. 张明楷:《机器不能成为诈骗罪的受骗者》,载刘宪权主编:《刑法学研究》(第2卷),上海人民出版社2006年版,第71~96页。

68. 张明楷:《论诈骗罪中的财产损失》,载《中国法学》2005年第5期。

69. 张天一:《财产犯罪在欧陆法制史上之发展轨迹——从罗马法时代至现代德国法》,载《玄奘法律学报》第8期(2007年)。

70. 张天一:《论刑法上"财产概念"之内涵》,载《刑事法杂志》第47卷第1期。

71. 赵秉志、阴建峰:《侵犯虚拟财产的刑法规制研究》,载《法律科学(西北政法大学学报)》2008年第4期。

72. 赵秉志、于志刚:《论侵占罪的犯罪对象》,载《政治与法律》1999年第2期。

73. 周光权:《死者的占有与犯罪界限》,载《法学杂志》2009年第4期。

74. 庄永廉、郑赫南、宋识径、谢文英:《刑法修正案(八)草案八大亮点引人关注》,载《检察日报》2010年8月24日第2版。

75. 〔美〕肯尼斯·万德威尔德:《十九世纪的新财产:现代财产概念的发展》,王战强译,载《经济社会体制比较》1995年第1期。

76. 〔苏联〕特拉依宁等:《社会主义刑法总则与分则的体系问题》,卢优先译,徐立根校,载中国人民大学刑法教研室编译:《苏维埃刑法论文选译》(第1辑),中国人民大学刑法教研室1955年10月。

## 四、学位论文

1. 邓超:《财产犯罪原理论》,中国政法大学博士学位论文,2007年。

2. 邱琦:《纯粹经济上损失之研究》,台湾大学博士学位论文,2002年。

3. 王玉珏:《刑法中的财产性质及财产控制关系研究》,华东政法大学博士学位论文,2008年。

4. 张天一:《刑法上之财产概念——探索财产犯罪之体系架构》,台湾辅仁大学博士学位论文,2007年。

5. 赵威:《数额犯研究》,吉林大学博士学位论文,2005年。

## 五、网络文献

1. 《2008年全国法院审理刑事一审案件情况统计表》,最高人民法院网,http://www.court.gov.cn/qwfb/sfsj/201002/t20100221_14100.htm,访问日期:2010年4月15日。

2. 《2009年全国法院审理刑事一审案件情况统计表》,最高人民法院网,http://www.court.gov.cn/qwfb/sfsj/201004/t20100408_3855.htm,访问日期:2010年4月15日。

3. 《六十载光辉历程 一甲子司法为民——数说人民法院审判工作60年》,最高人民法院网,http://www.court.gov.cn/qwfb/sfsj/201002/t20100221_1368.htm,访问日期:2010年4月15日。

4. 《民法学者力挺物权法草案质疑北大教授公开信》,http://news.xinhuanet.com/legal/2006-02/28/content_4236357.htm,访问日期:2010年4月15日。

5. 《刑法修改五大看点:宽严相济保护民生》,中国人大网2011年2月28日报道,

http://www.npc.gov.cn/huiyi/cwh/1119/2011-02/28/content_1627449.htm,访问日期:2011 年 4 月 5 日。

6. 《中国将修改刑法规定:经政府责令仍逃避支付劳动者报酬将受刑罚》,新华网 2011 年 2 月 23 日报道,http://news.xinhuanet.com/legal/2011-02/23/c_121114736.htm,访问日期:2011 年 4 月 5 日。

7. 《朱仁盗取网络游戏充值卡案》,最高人民法院网站,http://www.court.gov.cn/html/article/200409/20/1237.shtml,访问日期:2010 年 4 月 15 日。

8. 巩献田:《一部违背宪法的〈物权法(草案)〉——为〈宪法〉第 12 条和 86 年〈民法通则〉第 73 条的废除写的公开信》,http://www.chinaelections.org/NewsInfo.asp?NewsID=45986,访问日期:2010 年 4 月 15 日。

9. 巩献田:《致胡锦涛、吴邦国公开信》,http://article.chinalawinfo.com/Article_Detail.asp?ArticleID=35906,访问日期:2010 年 4 月 15 日。

10. 全国人大常委会法制工作委员会:《刑法修正案(草案)条文及草案说明》,http://www.npc.gov.cn/npc/flcazqyj/2010-08/28/content_1592773.htm,访问日期:2011 年 4 月 5 日。

**图书在版编目(CIP)数据**

我国刑法侵犯财产罪之财产概念研究/周旋著. —上海：上海
三联书店,2013.1
ISBN 978 - 7 - 5426 - 3822 - 9

Ⅰ.①我… Ⅱ.①周… Ⅲ.①侵犯财产罪－研究－中国
Ⅳ.①D924.354

中国版本图书馆 CIP 数据核字(2012)第 072538 号

我国刑法侵犯财产罪之财产概念研究

著　者/周　旋

责任编辑/王笑红
特约编辑/冯　静
装帧设计/豫　苏
监　　制/李　敏
责任校对/张大伟

出版发行/上海三联书店
　　　　　(201199)中国上海市都市路 4855 号 2 座 10 楼
邮购电话/24175971
印　　刷/上海惠顿实业公司印刷部

版　次/2013 年 1 月第 1 版
印　次/2013 年 1 月第 1 次印刷
开　本/710×1000　1/16
字　数/260 千字
印　张/14.25
书　号/ISBN 978 - 7 - 5426 - 3822 - 9/D·197
定　价/39.00 元

告读者,如发现本书有质量问题。请与印刷厂联系 021 - 56475597